경 성 을
뒤 흔 든
11 가 지
연애사건

경성을 뒤흔든 11가지 연애사건

초판 1쇄 발행 2008년 6월 26일
초판 5쇄 발행 2021년 9월 6일

지은이 이철
펴낸이 김선식

경영총괄 김은영
콘텐츠사업4팀장 김대한 **콘텐츠사업4팀** 황정민, 임소연, 박혜원, 옥다애
마케팅본부장 이주화 **마케팅1팀** 최혜령, 박지수, 오서영
미디어홍보본부장 정명찬 **홍보팀** 안지혜, 김재선, 이소영, 김은지, 박재연, 오수미, 이예주
뉴미디어팀 김선욱, 허지호, 염아라, 김혜원, 이수인, 임유나, 배한진, 석찬미
저작권팀 한승빈, 김재원
경영관리본부 허대우, 하미선, 박상민, 권송이, 김민아, 윤이경, 이소희, 이우철, 김혜진, 김재경, 최완규, 이지우

펴낸곳 다산북스 **출판등록** 2005년 12월 23일 제313-2005-00277호
주소 경기도 파주시 회동길 490 다산북스 파주사옥
전화 02-702-1724 **팩스** 02-703-2219 **이메일** dasanbooks@dasanbooks.com
홈페이지 www.dasanbooks.com **블로그** blog.naver.com/dasan_books
인쇄 · 출력 민언프린텍

ISBN 978-89-93285-08-6 (03900)

다산북스(DASANBOOKS)는 독자 여러분의 책에 관한 아이디어와 원고 투고를 기쁜 마음으로 기다리고 있습니다.
책 출간을 원하는 아이디어가 있으신 분은 다산북스 홈페이지 '원고투고'란으로 간단한 개요와 취지, 연락처 등을 보내주세요.
머뭇거리지 말고 문을 두드리세요.

경성을
뒤흔든
11가지
연애사건

【이철 지음】

다산
초당

근대 조선에 불어 닥친
뜨거운 연애 바람

192,30년대는 '연애의 시대'였다. 물론 남녀노소 할 것 없이 연애를 꿈꾸고, 연애의 대상을 찾아 헤매는 오늘날에 비하면 그때는 일부 소수의 사람만이 자유연애를 누렸다. 하지만 연애가 개인이나 사회에 미친 영향이나 자못 뜨겁게 전개된 연애 논쟁만을 놓고 보자면 단연 '연애의 시대'는 현재가 아니라 8,90년 전 근대 조선 사회였다. 신문에는 매일 끊이지 않고 애절한 사랑 이야기, 비극으로 끝난 사랑 이야기, 바람난 남편과 아내, 결혼 해소(이혼)에 관한 기사가 등장했으며, '돈 연애', '밥 연애' 심지어는 '개 연애', '뱀 연애'라는 단어까지 횡행할 정도였다.

일장기 말소 사건 당시 동아일보 편집국장이었던 언론인 설의식은 그가 남긴 수필에서 일본 시모노세키에 사는 오쓰야마 다이스케의 맏딸 하나코라는 구체적 주소와 이름까지 밝히며 뱀과 연애하다 미친 한 여인의 사건을 자못 진지하게 전하고 있다. 이러한 풍경은 아직 '남녀칠세부동석'의 봉건풍을 벗어나지 못한 사회에는 매우 당황스럽고 낯선 것이어서 구세대의 저항 또한 만만치 않았다. 폭풍우로 가옥이 무너져도 연애 탓이라는 목사의 설교가 있을 정도였다. 그러나 새 시대의 열정을 담은 강력한 연애의 매력은 젊은이들의 마음을 강타했고 그 여진은 일본 제국주의의 파쇼 통치가 강화되는 1930년대 말까지 계속됐다.

그러한 시대였던 만큼 세간에 충격을 던진 많은 연애 사건들이 있었다. 이런 연애 사건들은 3.1 독립만세운동 이후 만발한 근대 매체 덕택에 순식간에 전국의 사람들이 공유할 수 있었으며, 사람들을 때로는 감동시키기도 하고, 때로는 비분강개에 쌓이게 하기도 했다.

이 책은 당시 근대 조선을 매혹시킨 연애 사건을 연애 유형별로 분류한 후 그 연애 형태를 가장 분명하게 드러낼 수 있는 사건만을 모은 책이다. 즉 사건으로 보는 근대 연애의 역사이다.

제1부에서는 기생 강명화, 신여성 윤심덕, 여급 김봉자를 통해 순차적으로 연애와 정사의 주역이 변화했음을 드러냈다. 특히 화류계 여성과 달리 신여성인 윤심덕에게 세간의 비난이 집중됐다는 점을 통해 신여성의 연애에 대해 비판적이었던 당시의 시대상을 느낄 수 있을 것이다. 제2부에서는 가장 대표적인 연애론 중 하나였던 낭만주의 연애론을 실천한 신여성들의 사랑과 삶을 통해 자유연애가 어

떠한 사회적 적응 과정을 거쳤는지 알 수 있다. 제3부는 동성애와 남편 독살에 관한 이야기들로서 연애의 과도기에 나타난 색다른 모습들을 보여주고 있다. 그리고 제4부는 낭만주의 연애론을 부르주아의 연애라 비판하며 당시 혁명가들을 중심으로 펼쳐진 프롤레타리아 연애 사건들을 다루고 있다. 낭만주의 연애의 실천자들이 봉건적 유습과의 싸움을 거쳐야 했던 반면에 이들은 아무런 거리낌 없이 독립과 혁명의 대의 아래 자유연애를 행했다는 점에서 특색이 있다.

이 책을 쓰면서 가장 고심했던 점은 독자에게 재미있게 전달하면서도 그 사건이 담고 있는 연애의 의미도 딱딱하지 않게 읽힐 수 있도록 해야 한다는 것이었다. 즉, 각각의 연애 사건을 둘러싼 연애 담론까지 다루고자 했으나 나의 능력 부족으로 말미암아 두 마리 토끼를 다 놓친 것은 아닌지 하는 생각이 든다. 어쨌든 읽는 사람으로 하여금 재미와 감동, 그리고 연애에 대해 다시 한 번 고민해 보게 한다면 저자로서는 만족이다.

이 책은 당연히 다른 연구자들의 앞선 연구가 없었다면 탄생하지 못했을 것이다. 그러나 대중서이다 보니 일일이 주석을 통해 인용의 출처를 밝히지 못했다. 이 점에 대해서는 연구자들의 양해를 바라며 그들에게 감사 드린다. 그 중에서도 특히 《연애의 시대》(권보드래 지음/현실문화연구)가 없었다면 이 책은 기획되지 못했을 것이다.

그리고 약속한 기한보다 늦춰진 원고를 참을성 있게 기다려 주신 다산북스 김선식 사장님과 김상영, 김계옥 두 분 편집자께도 감사 드린다. 마지막으로 초보 작가의 스트레스를 온전히 받아 주며 지난 5

개월 동안 이 책의 첫 독자로서 적절한 충고와 조언을 해 준 사랑하는 아내 이윤영에게 감사 드린다.

2008년 5월

이철 씀

제 三 부

경성 연애의 색다른 얼굴, 충격적 연애 사건

제 四 부

경성을 붉은색으로 물들인 혁명적 연애 사건

제三화 죽음의 연애 공식을 따라 죽은 연인들

한강에 투신자살한 두 남녀의 사연·

열일곱 처녀가 카페 여급이 되기까지·

죽음의 연애 공식, 情死-情死는 死·

간통죄로 고소당한 김동자·

연애 공식을 실현한 노병운·

신문에 대서특필된 · 비련의 애화·

새롭게 떠오른 1930년대 연애의 주역, 여급·

유행처럼 번진 조선 남녀의 연애자살·

제
一
부

경성을 울린
비극적 연애 사건

경성을 울린 비극적 연애 사건

모던보이와
절세미녀의
자살여행

장병천과 강명화, 한국사 최고의 정사 사건을 일으키다

❀ 절세 미녀의 죽음을 둘러싼 내막

　　　　　　　　　　물산장려운동이 한창이던 1923
년 초여름, 충청남도 온양에 있는 여관에서 한 젊은 여성이 쥐약을
먹고 자살하는 사건이 발생했다. 여성이 죽은 지 3일 후 동아일보에
보도된 사건 소식을 접한 장안의 내로라하는 화류객들은 놀라움을
금치 못했다. 자살한 여성이 기생으로 이름을 날리던 강명화이기 때
문이었다.

　　기명을 명화明花라 하여 일시 경성 화류계에서 이름이 있다 하는 평양 태생

의 강도천(25세)은 경북 재산가 장길상씨의 아들 장병천의 애첩이 되어 도쿄

로, 경성으로 그 남편과 같이 왕래하더니 최근 온양 온천에 그 남편과 함께 가

서 유숙하던 중 12일 온천 여관에서 남편이 없는 틈을 타서 자살할 결심으로

독약을 먹었음으로 즉시 의사의 치료를 받았으나 회생치 못하고 절명했는데

시체는 어제 경성으로 운반해 매장할 터이며 자살한 원인은 장씨의 가정 사정

과 기타 복잡한 내막이 있더라.

–⟨강명화의 자살, 내막은 매우 복잡⟩, 《동아일보》 1923년 6월 15일자

　자살 전부터 화류계를 중심으로 소문이 자자하던 강명화와 장병천
의 연애는 이 보도로 인해 단번에 세간의 주목을 받게 됐다. 장병천
이 당시 조선에서 백만장자로 일컬어지던 장길상의 아들이었고, 강
명화 또한 명기로 이름을 날린 여성이기 때문이었다. 게다가 당시 흔
하던 한강 투신자살도 아니고, 음독이라는 고통스러운 방법으로 자
살해 더 큰 충격을 안겨 주었다.

　기생이라면 누구나 바라던 백만장자의 아들인 장병천을 두고 왜
강명화는 고통스러운 음독자살을 했을까? 동아일보가 말한 '가정 사
정과 기타 복잡한 내막'은 대체 무엇이었을까?

✿ 기생이라는 운명 속으로 팔려 가다

　　　　　　　　　　　　　강명화는 1901년 6월 12일
평안남도 대동군 남형제산면에서 강기덕과 윤씨 사이의 맏딸로 태어
났다. 그녀가 태어난 집안은 동네에서 둘째가라면 서러워할 만큼 가

난한 집안이었다. 그럼에도 아버지 강기덕은 금광과 노름에 미쳐 집 밖으로만 떠돌아 가족의 생계는 어머니 윤씨가 책임져야 했다.

당시에는 '전답 좋은 것은 철로로 가고 계집애 고운 것은 갈보로 간다'라는 말이 유행할 만큼 가난한 집안에서 태어난 여자아이가 얼굴이 예쁘장하면 기생으로 팔리는

【강명화 자살 사건】 강명화의 정사 사건은 1920년대 초반 장안에 큰 화젯거리였다. 이 사건은 최초의 정사 사건은 아니었지만 끼친 영향 면에서 보면 가히 최고의 정사 사건이었다. 《동아일보》 1923년 6월 16일자

경우가 많았다. 《제국신문》에서 '어떤 무지한 놈은 자식을 몇 백 냥 돈 천씩 받고, 남의 종으로도 팔고 창기로도 팔아먹는 폐단이 있다'라고 한탄했지만 이 야만적 풍습은 사라지지 않았다. 딸을 낳으면 '살림 밑천'이라고 하는 덕담도 실은 이런 악습에서 유래한 것이었다.

시대의 굴레는 가난한 집에서 태어난 강명화를 비껴가지 않았다. 어머니 윤씨가 돈에 팔려 시집온 것처럼 강명화도 11살에 한 평양 기생의 수양딸로 팔리게 됐다.

"명화야, 못난 부모 탓에……. 이 어미를 용서해 다오."

"아니에요. 어머니, 유명한 기생이 되어 호강시켜 드릴 테니 아무 걱정 마세요."

강명화의 호언장담이 근거가 없는 것은 아니었다. 당시 평양 기생 중에는 명기가 많았으며, 부자의 첩으로 들어가 호강하는 경우도 많

【평양기생학교】기생 학교를 다니는 학생들의 나이는 보통 13~15세였다. 여자고등보통학교를 다니다가 형편이 안 좋아져 기생 학교에 들어온 학생도 더러 있었다. 기생 학교의 수업 시간에는 주로 창가, 무용, 시조, 서화 등을 가르쳤다.

앉기 때문이었다. 오죽하면 흥선대원군이 조선의 세 가지 폐단으로 충청도 사대부와 전주 아전과 평양 기생을 꼽을 정도였을까.

기생의 수양딸이 된 강명화는 유명한 평양기생학교에서 가무를 익히기 시작했다. 예쁘고 단정하면서도 총명한 성품을 타고난 강명화는 기생 어미의 가르침을 성실하게 익혀 6여 년 만에 춤과 소리에 있어 명무, 명가라는 칭찬을 듣게 될 정도가 됐다.

17세가 되던 해 강명화는 지방에서 기생 생활을 하는 것보다는 경성으로 가는 것이 낫다고 생각해 가족과 함께 경성으로 올라갔다. 그녀는 평양 기생들의 조합인 대정권번에 기적을 등록하고 본격적으로 기생 영업에 나섰다. 얼마 되지 않아 강명화는 절세의 미기, 최고의 재기, 최고의 가기라는 극찬을 받으며 화류계에 그 이름을 날리기 시작했다.

당시 경성 장안서 평양 기생 강명화의 이름을 웬만한 풍류객치고 모르는 이가 없었다. 어글어글한 두 눈, 불이 붙는 듯한 분홍빛 입술, 빚은 듯한 상큼한 코 – 게다가 소리 잘하고 춤 잘 추고 더구나 제 마음속에 근심 가득하매 저절로 엉키어져 그 수심이 노래로 화함인가. 수심가 한 곡조와 배따라기 한 마디는 평양 기생 300명 중 으뜸간다 했다.

　　　　　–〈미인박명애사, 사랑은 길고 인생은 짧다든〉, 《삼천리》 1935년 8월호

　김동인, 나도향, 현진건 같은 유명한 문인들도 그녀를 자주 찾았다. 그 중에서도 근대 최초의 개인 시집을 냈던 시인 김억은 강명화에게 반해 하루가 멀다고 그녀를 찾아다녔다. 이런 인기 탓에 강명화는 쉴 틈조차 없이 몸을 움직여야 했다. 그녀를 부르려면 3,4일 전에 예약하지 않으면 안 될 정도였으며, 놀이판에 강명화가 없으면 재미가 없다는 평판까지 얻게 됐다.

❀ 자유연애의 선두주자, 모던보이와 기생

　　　　　　　　이 무렵 기생들은 술자리의 여흥을 돋우는 역할만 한 것은 아니었다. 기생은 다양한 사회적 정체성을 가지고 있었는데, 연예인이면서 판소리 등 전통예술의 전수자였으며, 한편으로는 독립운동가이자 여권운동가였다. 또한 다른 여성들보다 사회적 제약에서 훨씬 자유로웠던 기생들은 '자유연애'를 최초로 실천한 주인공이기도 했다. '연戀'과 '애愛'가 합쳐서 만들어진 단어인 '연애戀

愛'가 근대 조선에서 본격적으로 등장한 때는 강명화가 기생이 됐을 무렵이었다. 19세기 말 일본에서부터 본격적으로 사용하기 시작한 '연애'라는 단어는 서양 선교사들이 'Love'를 번역한 말로 쓰이면서 역사에 등장했다.

조선에서는 이수일과 심순애를 주인공으로 한 번안 소설 〈장한몽〉과 이광수의 〈무정〉이 선풍적 인기를 끌면서 '자유연애'의 사상이 널리 유포됐다. 하지만 대다수의 여성들이 일개 축물畜物과 같은 대우를 받는 시대적 상황 속에서, 신성神聖 연애에 목말라 있던 모던보이들이 발견한 첫 번째 연애 대상은 '기생'이었다.

> 나는 언제든지 자유연애 문제가 토론될 때는 조선 여자 중에 연애를 할 줄 안다 하면 기생밖에는 없다고 말해 왔다. 실로 여학생계는 너무 이성에 대한 교제의 경험이 없으므로 다만 그 이성 간에 존재하는 불가사의한 본능성으로만 무의식적으로 이성에게 접근할 수 있으나 오직 기생계에는 남성 교제의 충분한 경험으로 그 인물을 선택할 만한 판단력이 있고 보통사람 중에는 오직 한 사람을 좋아할 기회가 있음으로 여학생계의 사랑은 피동적이요, 일시적인 반면에 기생계의 이러한 자에 한해만은 자동적이요, 영속적일 줄 안다. 그러므로 조선에 만일 여자로서 진정한 사랑을 할 줄 알고 줄 줄 아는 자는 기생계를 제하고는 없다고 말할 수 있는 것이다.
>
> —나혜석, 〈강명화의 자살에 대하야〉, 《동아일보》 1923년 7월 8일자

대표적인 신여성인 나혜석이 진정한 연애를 할 줄 아는 집단으로 기생을 꼽을 정도로 기생을 둘러싼 연애전은 치열했다.

기생 중에서도 미인으로 꼽혔던 강명화였으니 구애하는 남자들이 끊이질 않았다. 그러나 이제 막 조선에 유행하기 시작한 '연애만이 최고 Love is best'라는 신성 연애의 사상에 물든 강명화는 오직 목숨을 걸고 사랑할 수 있는 남성을 만날 때까지 절개를 지키기로 결심했다. 그러나 숱한 남성들의 구애

【자유연애와 모던보이】 한 청년이 연애와 성 관련 책들을 탐독하고 있는 모습. 모던보이들은 연애소설을 읽으며 자유연애를 꿈꾸었지만 기생 외에 평범한 여성 중에서 연애 대상을 찾는 것은 하늘에 별 따기만큼 어려웠다.

에도 도도하게 굴던 강명화가 자신을 연애의 낙원으로 인도해 줄 천생연분을 만나기까지는 그리 오랜 시간이 걸리지 않았다.

✿ 첫 눈에 사랑에 빠진 두 사람

　　　　　　　1920년 여름, 명월관에서 열린 한 일본 유학생의 송별연 자리에서 강명화는 운명적 사랑에 빠질 남성을 만났다. 강명화가 첫눈에 반해 버린 남성은 바로 그 송별연의 주인공 장병천이었다. 도쿄에서 대학을 다니는 유학생이던 장병천은 대구 갑부이자 은행가였던 장길상의 외아들인 데다가 얼굴도 미남이어서 대구에서는 이름이 널리 알려진 청년이었다. 여름 방학이 끝나갈 무렵 도쿄로 돌아가기 전 경성에 들러 친구들과 송별연을 가졌는데 그 자리에 경성의 명기 강명화가 나타난 것이었다.

숱한 남성들의 구애를 물리쳤던 강명화였지만 그날 처음 본 장병
천에게 왠지 마음이 끌리게 됐고, 장병천 역시 말로만 듣던 강명화의
미모에 반했다. 술자리가 무르익자 취기가 돈 장병천은 강명화에게
속삭였다.

"다시 한 번 만날 수 있을까?"

"선생님은 밤차로 떠나신다면서요?"

"오늘 밤 떠나고 싶지 않네."

"술이 깨시면 그 말씀은 잊으실 거예요."

"그렇다면 내가 도쿄 가서 편지하면 답장 줄래?"

"그럼요, 선생님 공부에 방해만 안 된다면."

"그럼 주소를 적어 줘."

장병천은 편지 쓸 것을 약속하며 강명화로부터 명함을 건네받았
다. 하룻밤을 같이 보내도 시원치 않았지만 일본행 배를 타기 위해
그날 밤 부산으로 출발해야만 하는 장병천은 짧지만 강렬했던 첫 만
남을 뒤로 하고 친구와 함께 경성역으로 향했다. 그러나 방금 전까지
함께 했던 강명화의 모습이 뇌리에서 지워지지 않았다. 이대로 떠나
면 다시는 볼 수 없을 것만 같았다. 고심 끝에 장병천은 출발하기 직
전 기차에서 내려 다시 강명화의 집으로 향했다.

그 즈음 집으로 돌아온 강명화 역시 장병천 생각에 잠을 이루지 못
하고 있었는데, 밖에서 인력거 경종 소리가 들리더니 자신을 찾는 목
소리가 들렸다. 자신을 쫓아다니는 한량들 중 한 명이겠거니 생각한
강명화는 지친 몸을 이끌고 대문 앞으로 나가 물었다.

"이 밤중에 도대체 누구요?"

"나요, 장병천이요."

"네에! 어머나, 선생님께서 어떻게 다시……."

"그대가 보고 싶어서 다시 돌아왔소."

그렇게 일본행을 포기한 장병천은 아예 강명화의 집에서 살기 시작했다. 집안에서 알면 불호령이 떨어질 것이 뻔했다. 장병천은 아버지를 속이기 위해 도쿄에 있는 친구에게 편지를 써서 학교에는 1년 휴학계를 제출하도록 하고 집에서 매달 보내오는 돈은 강명화의 집으로 보내 달라고 부탁해 놓았다. 사랑하는 사람과 동거를 시작한 강명화도 자주 결근한다는 통고를 달았고 화류계에는 강명화에게 애부愛夫가 생겼다는 소문이 파다하게 퍼졌다.

갑부의 외동아들이라 좋기는 하지만 학업과 영업마저 내팽개친 동거가 오래되자 불안해진 명화의 어머니 윤씨는 어느 날 그녀를 불러 타일렀다.

"명화야! 장씨는 네 마음에 꼭 합당하냐? 내가 보아도 장씨의 인물이 상당한 자격은 되더라마는 듣기에 그 아버지가 엄하고 규모가 삼엄해 아들이 첩을 얻는 것을 허락할 리 만무하다. 그 아버지가 허락하지 아니하면 네 소원은 헛것이 되지 아니하겠느냐?"

이미 사랑에 빠진 명화에게 어

【연애의 첫 주역, 기생】 연애의 첫 번째 주역은 단연 기생이었다. 따라서 정사 사건의 주인공들 역시 대부분 기생이었다. 하지만 얼마 가지 않아 기생은 곧 정사 사건의 주역 자리를 신여성에게 넘겨주게 된다.

머니의 충고가 들릴 리 만무했다.

"어머니 말씀이 당연하십니다. 전하는 말을 들어 보니 과연 그 부친 되시는 양반의 범절이 엄준하시고 규모가 대단하답니다. 그러나 일을 저지르기 전에 알았으면 거절했겠지만 피차의 마음이 합해 이 지경이 됐사오니 문제를 일으킬 수가 있습니까? 사세 부득이 그대로 지내며 저의 금석같이 굳은 마음만 표시하면 그 아버지 되시는 양반이신들 감동하시겠지, 설마하니 계속 거절하시겠습니까. 그러니 어머니께서는 아무 염려 마시고 가만히 계시면서 지켜나 보십시오."

그동안 수많은 남성의 구애도 마다하던 딸이 처음으로 사랑에 빠진 후 이처럼 마음을 굳게 다졌는지라 윤씨는 아무 말도 않고 동정만 볼 뿐이었다.

하지만 강명화의 예상과 달리 둘의 동거 소식을 들은 장병천의 아버지는 크게 분노했다. 장병천의 아버지 장길상은 그동안 보내 주던 생활비와 학비를 끊고 장병천을 집으로 불러들인 후 대문 밖 출입을 금지했다. 한편에서는 강명화가 재산을 노리고 장병천에게 달라붙은 요부라는 소문이 퍼졌다. 같이 살면서 한 번도 장병천에게 조그만 선물 하나, 돈 한 푼 달라는 얘기를 하지 않았던 강명화는 상황이 이렇게 되자 답답할 뿐이었다.

✿ 기생과 사랑에 빠진 사회주의자

　　　　　　　　도대체 장병천의 집안이 얼마나 부자이기에 절세 미녀인 강명화조차 재산을 노리는 요부로 낙인

찍힌 것일까. 1911년 7월, 조선총독부 기관지 《매일신보》에는 전국 50만 원 이상의 자산가 명단이 보도됐다. 그 중에는 고종의 형인 흥친왕 이희를 비롯해 갑신정변을 주도했으나 훗날 친일파로 변절한 박영효, 을사오적 이완용, 그리고 장병천의 아버지 장길상도 포함돼 있었다.

> 시사신보가 조사 발표한 50만 원 이상의 자산가는 전국에 1,018명인데 그 중에 조선인은 32명이라. …… 경성의 태자太子 이희를 비롯해 이강, 박영효, 이완용, 이재완, 송병준, 민영휘, 인동의 장길상, 원산의 김병언 등이다.
>
> ─〈조선의 자산가〉, 《매일신보》 1911년 7월 28일자

당시 돈 50만 원이면 현재로는 약 500억 원 정도의 가치를 지닌다. 그런 억만장자의 외동아들과 사랑에 빠졌으니 재산을 노린 요부라고 소문이 나는 것도 무리는 아니었다.

하지만 장길상의 집안이 대대로 부자였던 것은 아니었다. 장길상의 아버지인 장승원은 1885년 문과에 급제한 조선 말기 양반 사대부로, 대한제국기에 경북관찰사 등으로 재직하면서 부정축재로 재산을 형성한 관료였다. 장승원이 청송군수로 재직할 때 농민들이 여러 차례 고발까지 할 정도로 탐관오리였다.

장승원은 장길상, 장직상, 장택상 세 아들을 두었는데, 그 중 장택상은 해방 후 미군정기 때 수도경찰청장을 지내고 이후 국무총리, 국회부의장까지 역임했다. 그가 수도경찰청장으로 임명됐을 때의 일이었다. 국일관에서 열린 임명 축하연에서 누군가 그에게 "새 나라의

경찰권을 장악했으니 독립운동가에게도 잘해야 안 되겠습니까?" 했더니, 그는 냉정하게 "내 아버지가 독립운동가에게 살해됐는데 어떻게 그들에게 잘 하겠소!" 하며 돌아섰다고 한다.

장택상의 말처럼 그의 아버지 장승원은 1917년 10월, 대한광복회가 6만 원의 군자금을 요청하자 이를 일경에 밀고하려다 대한광복회 단원이 쏜 총에 맞아 죽었다. 아버지의 비참한 말로를 목격한 탓일까. 그 아들들은 임시정부에도 자금을 지원하고, 신간회에도 참여했으나 결국 아버지와 같은 길을 걸어간다. 장길상의 바로 밑 동생인 장직상은 1930년 6월부터 일제 패망 때까지 중추원 참의를 지냈다. 중추원은 조선총독부의 자문 기관으로 참의는 조선인으로서는 가장 높이 출세할 수 있는 직위였다.

장길상은 1920년에는 대구에 본사를 둔 경일은행을 설립해 은행장을 맡았다. 그는 기업가인 동시에 지주이기도 했는데 소작인들에게 가혹한 수탈을 일삼아 지탄을 받는 악덕 지주였다.

결국 영남에서는 백만장자로 현재 대구 남산정 49번지에 벽돌로 높이 담을 쌓고 수만 원의 재산을 들여 굉장한 집을 짓고 처첩을 한 곳에 두고 호화로이 지내는 장길상은 군속郡屬을 대해 '나는 소작료의 사건으로 아무리 와서 말해도 들을 수 없다, 경관이나 오면 듣겠고 또한 경관의 명령은 두렵지마는 군속의 말이야 들을 것도 없고 또한 두려울 것도 없다'는 굉장하고도 거룩한 말씀을 의기 좋게 하고 군속 두 사람을 만나지 아니했다. …… 좌우간 대구의 대지주는 다 승낙했으나 자기 돈만 알고 불쌍한 노동자의 피와 땀을 빨아 모은 재산가 두 사람 장길상, 이병학은 서약서에 도장을 안 찍고 버티었다는 바

군속도 대단한 분개와 불평을 품고 돌아갔다는데, 자본가로서는 완고불명함 뿐 외에 다만 자기만 생각하는 자라고 비평이 자자하다고 한다.

　　ー〈장길상 씨의 폭언, 소작료 협정에 도장을 안 찍고 출장 왔던 군속에게 폭언을 해〉,

《시대일보》1924년 10월 13일자

　그야말로 바늘로 찔러도 피 한 방울 나오지 않을 냉혈한이 장길상이었다. 하지만 그 아버지에 그 아들이라는 말은 이들 부자에게는 예외였다. 기생과 사랑에 빠진 것은 그렇다 치더라도 장병천은 사회주의자였다. 그것도 운동 자금을 마련하기 위해 아버지를 협박할 정도로 열성적인 사회주의자였다. 물론 협박이라고 해야 가출한 후에 돈을 주기 전까지는 집에 들어가지 않겠다는 수준이었지만, 그때마다 돈을 내주었던 장길상의 고민은 여간 큰 것이 아니었다.

　그런 마당에 공부는 내팽개치고 기생과 연애에 빠진 아들이 눈에 곱게 보일 리가 없었다. 애지중지하는 외동아들이지만 강명화를 못 만나게 하기 위해 외출 금지라는 극약 처방까지 내렸으니 둘의 사랑은 점차 험난한 가시밭길을 걷게 됐다.

✿ 애정의 도피 행각을 벌이다

　　　　　　　　　　아버지의 반대라는 시련에도 불구하고 둘 사이의 사랑의 열기는 식을 줄 몰랐다. 외출 금지는 해제됐지만 완강한 아버지의 고집에 뾰족한 해결책을 찾지 못한 상황 속에서도 연애는 3년여 동안 지속됐다.

장병천이 그녀의 집을 찾아 온 1922년의 어느 날. "아씨 다 되셨어요?" 하고 인력거꾼이 재촉하는 소리가 들렸다. 권번에 나가기 위해 이제 막 화장을 끝낸 강명화의 곁에는 장병천이 누워 있었다. 애인을 두고서도 술자리에서 다른 남성들의 비위를 맞추는 것에 지쳐 가던 강명화는 불편한 속마음을 드러냈다.

　"나는 저 소리 참 듣기 싫어요. 어릴 때에는 술 따르고 노래 부르고 엄벙덤벙 지내 왔지만 이제는 정말 싫어요. 된 녀석 안 된 녀석들이 오너라가너라 하고."

　"미안하이. 아버님 완고가 풀리시기만 하면 이렇게 고생시킬 리 없으련만⋯⋯. 내 마음이야 변할 리 있겠소. 아마 그대가 내가 이제 냄새도 나고 새사람 얻어 새로운 정을 둔 데가 있어 그러는 것이겠지."

　곁에 앉은 장병천이 강명화의 말을 농담으로 받았다. 그러나 자신의 사랑이 의심받았다고 생각한 강명화는 말이 끝나기가 무섭게 벌떡 일어났다.

　"나리는 아직까지도 제 마음을 의심하십니다. 그러실 것이 아니라 시원히 저의 마음을 보십시오."

　강명화는 가위를 집어 들더니 주저하지 않고 삼단 같은 머리채를 싹둑싹둑 잘라 나갔다.

　"이 사람아! 이게 무슨 짓인가? 자네가 미쳤나, 머리털을 자르다니⋯⋯."

　"이제는 저를 의심치 아니하시겠지요. 이 모양으로 머리를 깎았으니 기생질도 할 수 없을 것이요, 다른 남자에게 곱게 보여 새로운 정을 받을 수도 없게 됐으니 다시는 그런 억울한 말씀을 말아 주세요.

이제는 제가 살아도 장씨 댁 사람
이요, 죽어도 장씨 댁 귀신이니
저를 죽이던지 살리던지 나리 처
분대로 하십시오."

말을 마친 강명화는 방바닥에
엎드려 흐느끼기 시작했고, 내색
은 안 했어도 마음고생은 매한가
지였던 장병천도 연인 곁에서 조
용히 눈물을 흘렸다.

장병천에 대한 사랑의 순수성
과 결백함을 증명하기 위해 우발
적으로 머리카락을 잘랐지만 아

【경성 시대 연인들】 애정 표현을 하는 젊은 남녀
를 풍자한 기사 사진. 이 그림이 실린 당시 기
사를 살펴보면 신랄하게 연애 행각을 비꼬고 있
다. "아이스컵피를 두 사람이 하나만 청해 두 남
녀가 대가리를 부비대고 보리줄기로 쪽쪽 빠라
먹는다. 그래도 모자라서 혀끗을 빳빳치 펴서
'아다시! 아이스고히가, 다이스키, 다이스키요!'
(전 아이스커피가 좋아요, 좋아!), '와시모네!'(나
도 그래)"

직 여성의 단발이 생경하던 시대인지라 강명화의 단발은 금세 경성
의 화젯거리가 됐다. 그러나 소문은 연인 앞에서 머리카락을 자른 강
명화에게 '독한 계집'이라는 꼬리표를 달아 주었다. 판소리나 가야금
연주 같은 전통예술을 펼쳐야 하는 기생이 단발을 했으니 오라는 데
도 없고 나갈 수도 없어 강명화의 기생 생활은 중단되고 말았다.

앞으로 어떻게 해야 할지 막막해진 연인은 상의한 끝에 유학을 떠
나기로 했다. 강명화가 기생 신분이 아니라 사회적으로 존경받고 있
던 유학생 신분이라면 장병천의 집안에서도 다르게 생각하지 않을까
하는 생각에서였다.

그래서 둘은 상의해 둘 다 동경 유학하기로 결심하고, 명화는 제가 지니고 있

는 금비녀와 은가락지를 모두 팔아 돈 300원을 만들어 쥔 뒤 이것을 여비로 하여 가지고 동경으로 떠났다.

둘은 아사쿠사구에 어떤 집 이층을 빌어 자취하면서 병천은 어느 대학 예비과를 다니고 명화는 동경우에노음악학교에 입학할 준비로 영어를 배우기로 했다. 이때의 둘의 가슴에는 '미친년놈!' 하고 비웃는 세상을 승리자의 기쁨으로 다시 한 번 돌아보고 싶은 생각이 불길이 탔다.

―〈미인박명애사, 사랑은 길고 인생은 짧다든〉, 《삼천리》 1935년 8월호

장병천은 아버지에게는 강명화와 같이 간다고 말하지 않은 채 도쿄로 떠났다. 처음 몇 달 동안은 마련해 온 여비와 아버지가 보내주는 학비로 돈 걱정 없는 행복한 생활을 할 수 있었다. 그러나 강명화와 같이 가 있다는 소문이 장병천의 아버지에게 들어가 이내 학비도 끊기고 마련해 간 여비도 얼마 안 있어 모두 떨어지자 생활은 곤궁해졌다. 고민 끝에 강명화는 경성 집을 팔기로 했다. 어머니에게는 미안한 일이었지만 그녀에게는 사랑이 더 소중했다. 그렇게 마련한 돈 몇백 원으로 연인은 계속 도쿄에서 신혼의 단란함을 즐길 수 있었다.

❀ 연인을 지키기 위해
손가락을 자른 강명화

그러나 조선을 떠난 이국 땅에서조차 사랑의 여정은 순탄치 않았다. 하루는 도쿄에 있던 조선인 유학생 여러 명이 그들의 집에 찾아와 폭언을 퍼붓는 소동이 일어났다.

"우리는 모두 노동을 하면서 공부하는데 너는 백만장자의 아비를 둔 탓으로 기생 첩 데리고 놀러와 있단 말이냐. 너 같은 놈은 우리 유학생계의 치욕이다."

이와 함께 "그 놈 밟아라! 그 년 때려라" 하며 험악한 분위기가 전개됐다. 소동 속에서도 침착함을 잃지 않은 강명화가 앞으로 나섰다.

"여러분! 나는 떳떳한 장씨 문중의 사람이며 우리도 고생하면서 여러분과 마찬가지로 학문을 닦는 중입니다. 또한 우리는 생사를 같이 하고자 천지신명에 맹세까지 했으니 서로 떠날 수는 없소."

말을 마친 그녀는 칼을 들어 자신의 새끼손가락을 추호의 망설임도 없이 내리쳤다. 손가락이 절단되고 사방으로 피가 튀자 학생들은 혼비백산한 채 도망쳤다.

곁에 서 있던 장병천은 말릴 틈도 없이 잘려나간 강명화의 손가락을 부여잡고 오열을 토했다. 사랑을 위해, 자신을 위해 손가락까지 자른 강명화를 보는 장병천의 마음은 찢어질 것 같았다. 마음에 고통과 상처가 쌓여 갈수록 둘의 사랑은 이제 죽음조차 갈라놓을 수 없을 만큼 깊어 갔다. 그러나 유학생들의 분노는 쉽사리 가라앉지 않았다.

그로부터 얼마 되지 않아 다시 유학생들 사이에서는 그들을 제재하자는 공론이 비밀리에 돌고 있었다. 이러한 사실을 친구의 귀띔으로 미리 알게 된 강명화와 장병천은 이번에는 죽을 수도 있다고 직감했다. 도쿄에서도 행복한 생활을 할 수 있는 운명이 아님을 깨달은 두 연인은 어쩔 수 없이 한밤중에 도쿄를 떠나 경성으로 향했다.

❀ 나는 당신을 위해 죽습니다

　　　　　　　　　　　귀국길에 오르면서 둘은 머리를 맞
대고 장길상의 인정을 받을 수 있는 방법을 모색했다.

"아버님을 설득할 좋은 계책이 없을까?"

"제가 한 번 직접 만나 뵙고 말씀드리는 것이 어떨까요?"

"완고하신 아버님이 명화를 만나 주기나 할까?"

"다른 뾰족한 방법이 없으니 일단 부딪쳐 보기라도 해 봐야죠."

논의 끝에 강명화가 장길상을 직접 만나 설득해 보기로 했다. 경성
역에 내리자마자 장병천은 다른 곳으로 보내 놓고 강명화는 인력거
를 타고 혼자 장길상의 집으로 향했다. 강명화를 맞이한 장병천의 어
머니는 하나뿐인 아들의 연인이 찾아오자 반가운 기색을 비쳤으나
장길상의 태도는 매몰차기 그지없었다.

"누가 저 계집을 집안에 들였느냐? 당장 문 밖으로 내쫓아라!"

장길상의 지시로 하인들에 의해 대번에 집 밖으로 내쫓긴 강명화
는 절망하지 않았다. 처음부터 이런 상황을 각오했기에 더욱 굳게 마
음을 먹고 이후 몇 차례 더 장길상의 집을 찾아갔다. 그러나 매번 장
길상의 얼굴은 보지도 못하고 하인들에 의해 가로막혀 대문 안으로
발을 들여놓지도 못했다.

장길상의 마음에 호소하려는 마지막 수단마저도 실패하자 강명화
의 심정은 절망적으로 변해 갔다. 그동안 모아 두었던 돈은 유학비로
거의 탕진했고, 기생 일을 하며 마련했던 집마저 도쿄 유학 중 팔아
치워 간신히 마련한 셋집에서 어머니를 모시고 살아가야 할 일이 막
막해졌다. 그러나 어려운 생활보다 더 그녀의 마음을 아프게 한 것은

세상의 비난이었다.

> 비록 장병천 한 사람은 강명화의 순진한 사랑을 믿고 있으나 장병천의 가정에
> 서는 거의 강명화를 세상에도 무서운 요마로 인증을 했으며 사회에서 장병천
> 을 부랑자로 대우하는 것도 단순히 강명화 한 사람의 탓이라고 생각했다.
>
> ─〈강명화의 애화〉,《동아일보》1923년 6월 16일자

가정과 학업을 도외시한 채 오로지 강명화와 시간을 보낸 장병천
은 어느덧 '기생에 미친 부랑아' 취급을 받기에 이르렀다. 장병천을
향한 사회의 모멸적 시선은 강명화의 단발, 단지斷指 같은 그악스러
운 행동 때문이기도 했다. 둘에 대한 이런 안 좋은 소문이 강명화의
귀에 안 들어올 리가 없었다. 자신으로 인해, 사랑으로 인해 부랑아
취급받는 장병천을 보면서 강명화는 안타까움과 슬픔으로 눈물을 흘
리는 날이 많아졌다. 그렇게 고뇌의 세월을 보내던 어느 날 강명화는
사랑하는 연인의 앞길을 위해 목숨을 끊기로 결심했다. 살아서는 도
저히 장병천과 이별할 수 없음을 깨달은 강명화의 최후 선택이었다.

> 강명화는 항상 장병천을 보고 "나는 결코 당신을 떠나서는 살 수가 없고 당신
> 은 나하고 살면 사회와 가정의 배척을 면할 수가 없으니 차라리 사랑을 위하
> 고 당신을 위해 한목숨을 끊는 것이 옳소" 하며 더운 눈물을 흘릴 때가 많았
> 다. 이제로부터 한 달 전에도 종로동 육정목 32번지 자기 집에서 독약을 마시
> 고 죽는다고 하는 것을 집안 식구가 간신히 말리었으나 그 후로 그는 항상 안
> 면에 수심을 지우고 조석으로 눈물만 지우더니 지난 6일 밤에 장병천을 보고

몸이 불편하니 온양 온천에나 가자고 간청을 했었다.

―〈강명화의 애화〉, 《동아일보》 1923년 6월 16일자

우발적으로 벌인 첫 번째 자살에 실패한 강명화는 연인과 함께 마지막 이별 여행을 떠나기로 결심한 것이었다. 그녀의 마음도 모르고 경성을 잠시 떠나는 것도 괜찮다고 생각한 장병천은 그러자고 했다. 죽을 결심을 한 강명화는 처음이자 마지막으로 장병천에게 옷과 구슬을 사 달라고 부탁했다. 연인이 사 준 옷과 장식을 입고 연인의 품에 안겨 죽을 생각이었다.

1923년 6월 7일 아침 강명화와 장병천은 용산역에서 떠나는 특별 급행 열차를 타고 생애 마지막 동반 여행을 떠났다. 집을 나설 때에도 사람들의 눈을 꺼려 장병천은 남대문에서 차를 타고, 강명화는 인력거를 타고 용산역까지 가야만 했다. 집을 떠나기 전, 강명화는 어머니를 부여잡고 한참 동안 뜨거운 눈물을 흘리다 간신히 인력거에 올라탔다. 그날 오후 온양 온천에 투숙한 강명화는 자살하기 전, 잠시라도 행복함을 느끼고 싶어 며칠 동안은 아무런 내색도 않고 장병천과 함께 즐거운 시간을 보내기로 했다.

❀ 세상사람 중 가장 사랑한 파건……

그렇게 사흘을 보내고 10일 밤 11시경, 잠든 척하고 누워 있던 강명화는 장병천이 깨지 않게 조심스럽게 일어났다. 경성에서 떠나기 전 사 두었던 쥐약을 가방에서

꺼낸 강명화는 눈물을 흘리며 장
병천의 얼굴을 마지막으로 쳐다
보고는 약을 마시기 시작했다. 약
을 마시고 난 강명화는 자고 있는
장병천의 품으로 쓰러졌다. 깜짝
놀라 일어난 장병천을 향해 강명
화는 마지막 부탁을 남겼다.

"나는 벌써 독약을 마셨으니 마
지막으로 꼭 안아 주세요."

약을 먹었다는 소리에 깜짝 놀

【《강명화의 죽음》 표지】 1964년 향민사에서 출
간된 강명화의 연애사를 다룬 책의 표지 그림.

란 장병천은 여관 주인에게 알려 빨리 의사를 불러오도록 했다. 의사
는 약을 토하도록 조치했으나 이미 몸 속 깊숙이 스며든 약은 그녀를
죽음으로 인도했다. 11일 저녁 6시 30분경, 그토록 사랑하던 연인 장
병천의 무릎을 베고 강명화는 죽음을 맞이했다.

> 그가 이 세상을 떠나는 마지막 순간에 장병천이가 "내가 누구인지 알겠나?"
> 하고 부르자 그는 눈물에 젖은 야윈 낯에 웃음을 싣고 "세상사람 중에 가장 사
> 랑하는 파천……"이라고 일렀다 한다. '파천'은 곧 장병천의 별호이니 그의
> 마지막 일념은 오직 '파', '천' 두 자에 맺혔던 것이다.
>
> ―〈강명화의 애화〉,《동아일보》1923년 6월 16일자

강명화의 자살은 곧 지인들을 통해 알려졌다. 이를 접한 언론은 앞
다투어 그녀의 자살을 보도했다. 강명화가 자살하자 그녀를 요부라

고 비난했던 세간의 차디찬 시선은 장길상에게 향했다. 그렇지 않아도 평판이 좋지 않았던 장길상이 돈 때문에 강명화를 결국 죽게 만들었다는 소문이 파다하게 퍼졌다.

세간의 비난을 의식한 장길상은 14일 밤, 제물과 제문을 지어 가지고 빈소를 찾아와 간곡한 제례를 베풀었다. 발인 때에는 7대의 자동차를 동원해 운구 행렬을 성대하게 했다. 죽어서나마 장길상으로부터 대접을 받은 강명화는 6월 15일 아침 10시, 수철리(현재 금호동) 공동묘지에 묻혔다.

❀ 장병천, 음독자살로
　강명화의 뒤를 따르다

　　　　　　　　세간의 온갖 비난에도 굴하지 않고 사랑을 지키려 했던 장병천이 강명화의 갑작스런 자살로 받은 충격은 매우 컸다. 장례식이 끝나자 다시는 기생집에 가지 않겠다고 선언한 그는 강명화의 명복도 빌고 복잡한 심경을 정리하기 위해 함경도 안변에 위치한 석왕사로 떠났다.

그러나 3년이란 긴 시간 동안 함께했던 강명화와의 추억과 사랑이 쉽게 잊힐 리가 없었다. 떨쳐 버리려고 할수록 강명화의 영상은 더욱 생생하게 떠올랐다. 꿈속에 나타난 강명화의 모습은 행복해 보였지만 자신들의 사랑을 반대하고 비난했던 아버지와 세상에 대한 하릴없는 분노가 솟구치기도 했다. 영원을 약속했건만 자신만 남겨 두고 먼저 떠난 강명화가 야속하기까지 했다.

몇 주일 후, 초췌한 모습으로 집으로 돌아온 장병천의 몸과 마음은 급속도로 쇠약해지기 시작했다. 꿈속에서 강명화를 본 날에는 며칠 동안 헛소리를 내뱉기도 했다.

"나는 죽을 수밖에 없다! 죽으면 강명화의 무덤에 합장을 해 다오."

급기야 강명화와 합장해 달라는 말을 입버릇같이 주위 사람들에게 하기 시작했다.

그러기를 넉 달여, 결국 장병천은 강명화의 뒤를 따라 가기로 결심했다. 1923년 10월 29일 새벽 장병천은 강명화의 이름을 나지막이 부르며 쥐약을 입속으로 털어 넣었다. 잠시 후 이를 발견한 가족들이 서둘러 의사를 불러 응급조치를 한 후 총독부 의원에 입원시켰으나 쥐약을 4개나 먹은 장병천은 다시 살아나지 못하고 29일 오후 2시경 강명화의 곁으로 떠났다.

강명화에 이어 그 연인 장병천마저 음독자살을 하자 사람들은 악덕 지주 가문에 벌이 내린 것이라고 쑤군대기 시작했다

> 돈! 돈 때문에 자기의 아버지가 총살되고 자기의 외아들이 독살된 장길상 씨는 이번의 장병천 놀음에는 그래도 흥미가 좀 적었던 모양이던가. 그를 장송葬送하는 〇〇日 새벽에는 집사람을 단속하야 울음소리 하나 내지 못하게 하고 동리 사람이 알듯 모를 듯이 치워 버렸다던가. 위부불인爲富不仁, 부자치고 어진 이 없다는 옛 사람도 한 말이지만은 그 불인不仁이 친자식에게까지 미치는 천리天理의 응보도 너무 야속하지.
>
> —〈유언비어〉, 《개벽》 1923년 12월호

대구에서는 밤만 되면 강명화와 장병천이 원귀가 되어 머리를 풀어 헤치고 나타난다는 소문이 돌기 시작해 두려워한 사람들이 밤에는 출입을 하지 않을 정도였다. 또 장병천의 집 처마 끝에서는 밤마다 강명화가 나타나 "사람 너무 괄시하지 마라" 한다는 소문이 돌기까지 했다.

언론에서는 '비련의 주인공'이니, '조선의 카츄사'니 하며 이 둘의 사랑을 미화하며 선전하기에 바빴고, 여론 또한 강명화에 대한 동정으로 흘렀다. 살아 있을 적에는 요부라 손가락질하고 죽어야 동정을 하니 인심이란 그때나 지금이나 가볍고 냉정하기 그지없다.

❀ 조선 최초의 로미오와 줄리엣

한편 픽션보다 더 픽션 같은 비극의 소재, 눈물의 재료를 문화계에서 그냥 둘리가 없었다. 먼저 연극계가 나섰지만 장씨 집안에서는 그들의 권력을 이용해 이를 가로막고자 부단히 애를 썼다.

강명화의 자살한 사실은 아직까지 세상사람의 기억에 남아 있는 바 부민극단 일행이 이에 대한 실사극을 지난 30일 밤에 경정만경관이란 극장에서 흥행하게 됐는데 대구로 말하면 사실의 주인공 되는 장병천 씨의 고향인고로 일반 관람객은 더욱이 흥미를 가지고 시작 전부터 만원을 이루었는데 제1막은 무사히 마치고 제2막을 흥행하려 할 때에 경관이 홀연히 중지 명령을 내린 바 사람들은 먼저 허가해 주고 나중에 다시 중지함이 무슨 다른 이유가 있지 아넌가 의심한다고.

—〈강명화의 사실극을 허가하고 제지〉,《시대일보》1924년 6월 3일자

외아들의 사랑과 죽음이 연극에서 조롱거리가 된다고 생각한 장길
상이 연극을 중단시키기 위해 경찰에 압박을 가했다는 사실이 알려
지자 이번에는 그것을 이용해 돈을 갈취하기 위한 협박 사건까지 벌
어진다.

대구 부남산정에 고대광실 안에서 호화로이 지나는 백만장자 장길상 씨에게
협박장이 왔다는데 그 내용을 들은 즉 네가 돈 수만 원을 우리에게 주지 아니
하면 네 아들 병천과 강명화의 사실을 각색해 대구에 가서 연극을 할 터이니
속히 회답해 달란 것이라는 소위인 듯하다는 바 장씨는 눈도 움직이지 않고
있다고 한다.

—〈장길상에게 협박장〉,《시대일보》1924년 12월 14일자

출판계에서도 앞 다퉈 이들
의 사랑을 다룬 책을 발간했고
장길상은 사재기까지 하며 사
건이 알려지는 것을 막으려고
했다. 1925년 박문서관에서 《강
명화전》을 발행했는데, 출판사
에서는 신문 광고를 내면서 '대
구 지점'을 강조하며 대구로 책

【강명화전】 강명화가 죽은 후 출판사들은 앞 다퉈
그들의 연애사를 다룬 책을 속속 발간했다. 왼쪽은
회동서관에서 1934년 펴낸 《강명화 실기》라는 책
이고, 오른쪽은 박문서관에서 1925년에 펴낸 《강
명화전》이다.

을 많이 보냈다. 누군가가 대구 지역 서점을 돌며 이 책을 모조리 사들이고 있기 때문이었다. 그러나 장길상의 노력에도 불구하고 학생들까지 전차 안에서 《강명화전》을 들고 다니며 읽을 정도로 대인기를 끌자 이번에는 다른 출판사까지 가세해 1935년까지 3,4종의 책이 더 발행됐다.

영화계라고 가만있을 수는 없었다. 이들의 정사情死를 내용으로 한 〈비련의 곡曲〉이라는 영화가 1924년 한 일본인 감독에 의해 만들어져 상영됐다. 영화화는 먼 훗날에도 이어져 1967년도에 당대의 스타 배우 윤정희가 강명화, 신성일이 장병천 역을 맡고 이미자가 주제가를 부른 '강명화'라는 제목의 영화가 제작돼 10만 관객이 관람하기도 했다.

이쯤 되면 가히 조선판 로미오와 줄리엣이라 해도 무방할 정도로 선풍적인 인기였다. 그러나 〈로미오와 줄리엣〉이 소설이었던 반면에 강명화와 장병천의 정사는 사실이라는 점에서 보다 극적인 재미를 더해 주었다.

❀ 낭만적 사랑과
　　비극적 죽음의 어울림

　　　　　　　　　　낭만과 비극은 어울리지 않는 요소이다. 낭만은 행복, 아름다움으로 이어져야 마땅하고, 비극은 슬픔, 좌절 등의 감정과 어울리기 때문이다. 하지만 사랑에 있어서 낭만과 비극은 어우러져 극적 요소로써 작용하게 된다. 〈로미오와 줄리엣〉의 결말에서처럼 비극은 낭만적 사랑의 애절함과 필연성을 더욱 풍부하게 하고 강조하는 역할을 하게 된다.

그러나 '비극', '낭만', '연애', '사랑'이라는 개념이 처음부터 조선의 것은 아니었다. '삼종지도'와 '부부유별'이 강조되는 조선 사회에서 근대적 개념의 연애와 사랑은 없었다. 조선 후기에 도달해서야 의리와 충정을 대신하는 개인 간의 우정이 나타났을 뿐이다. 실학자들에게 있어서 우정은 신분을 떠나 '타자'와의 대등한 사귐을 통해 새로운 주체와 세계 인식으로 나아가기 위한 윤리였다. 그래서 연암 박지원은 '우정'을 부자, 군신, 부부, 장유 간 도리의 바탕으로 보았다. 유교적 사상을 바탕으로 한 이 우정론은 이후 새로운 사랑론과 결혼론으로 발전될 수 있었으나 곧 쏟아져 들어오기 시작한 서양의 이데올로기에 의해 가능성이 차단되고 말았다.

스스로의 가치관으로 근대를 열지 못한 조선의 비극은 나라를 잃은 슬픔에 한정되지 않았다. 개화기 서양 문물의 교육을 받은 신여성과 모던보이들은 니체가 신을 죽인 것처럼, 공자를 치워 버리고 대신 그 자리에 낭만적 사랑과 연애를 받아들였다. 그러나 근대적 개인성의 구현에 있어 필수적 요소로 받아들여졌던 자유연애와 자유 결혼은 곧잘 자살이나 비참한 죽음으로 이어졌고, 전통과 급속히 단절하면서 받아들인 새로운 문명과 사상의 부작용을 드러내게 됐다. 그 과정에서 최초는 아니지만, 이후 끼친 영향 면에서 최초로 불러도 무방한 정사 사건이 바로 강명화와 장병천의 사건이었다.

'1920년대의 3대 연애 사건' 중 첫 번째로 꼽히는 이 정사 사건은 음독이라는 고통스러운 방법으로 연인이 잇달아 자살한 근대 최초의 사건이었다. 또한 신문, 잡지, 영화, 책 같은 새로운 대중매체의 발달에 힘입어 전 조선 사회를 뒤흔든 사건이 됐다. 당시에도 기미독립만세운동의 기획자였던 손병희와 기생 이산월의 사랑 외에는 이 사건만이 유일하게 시골에까지 소문이 퍼졌던 연애 사건으로 꼽을 정도였다.

강명화와 장병천의 정사 사건 이후 연애를 둘러싼 젊은이들의 열정은 점차 뜨거워져 갔으며 한편으로는 사랑을 위해서 목숨조차 초개같이 버릴 수 있어야 한다는 풍조가 유행하기 시작했다.

제2화
모던걸과 모던 보이의 치명적 사랑

윤심덕과 김우진, 그들은 왜 투신자살을 했을까?

❀ 현해탄에서 이루어진 '사의 찬미'

　　　　　　1926년 8월 4일 새벽 4시경, 부산과 시모노세키를 운행하던 부관연락선 도쿠주마루의 급사는 선내를 순시하다가 일등선실 3호실의 문이 열려 있는 것을 보고 안을 들여다보았다. 그러나 안에 있어야 할 사람은 보이지 않고 대신 가방 위에는 '뽀이에게'라고 쓴 편지가 놓여 있었다. 이상한 낌새에 편지를 뜯어보니 그 안에는 간단한 메모가 적힌 종이가 있었다.

　'대단히 미안하나 이 유언서를 본적지에 부쳐 주시오.'

　종이와 함께 사례를 표시하는 5원짜리 지폐와 유서가 들어 있었다. 메모를 본 급사는 투신자살로 판단하고 즉시 선장에게 알렸고, 곧 배 안이 발칵 뒤집혔다. 배를 멈추고 배 안과 부근을 수색했으나 언제, 어느 지점에서 투신했는지조차 알 수 없었기 때문에 아무것도 발견치 못했다. 선실 안에는 여자 지갑에 현금 140원과 기타 장식품, 남자의 것으로는 현금 20원과 금시계만이 남아 있었다. 사라진 자살자의 신원을 파악하기 위해 선객 명부를 조사해 보니 다음과 같이 적혀 있었다.

경성 서대문정 일정목73번지 윤수선尹水仙, 여자, 31세

조선 목포부 북교동 김수산金水山, 남자, 30세

수산은 김우진의 호이고, 수선은 김우진이 지어준 윤심덕의 호로 수산의 곁에 있는 사람이라는 뜻이었다. 이들의 투신 정사는 부산에 도착한 연락선 선장이 경찰에 신고하면서 알려졌다. 언론에서는 조선 사람의 연락선 정사는 이번이 처음이라며 흥분을 감추지 못했다. 조선일보, 동아일보, 매일신보 3대 일간지에서는 8월 5일자 사회면 거의 전체를 이들의 정사 사건 보도에 할애했으며, 8월 내내 사회면 주요 기사로 이들의 과거 동정과 애정 관계를 보도했다. 특히 윤심덕이 죽기 전 오사카의 닛토축음기회사에서 〈사의 찬미〉를 녹음한 사실이 알려지면서 세간의 관심은 더욱 증폭됐다.

【6·10만세운동】 1926년, 조선왕조의 마지막 국왕이었던 순종의 장례일을 기해 조선공산당의 주도하에 6·10만세운동이 일어난 지 두 달여 후, 아직 독립운동의 기운이 채 가라앉지 않은 경성을 뒤흔든 또 하나의 정사 사건이 일어났다.

　　당시 조선 최고의 여류 성악가이자 연극배우였던 윤심덕과 목포 부호의 아들로 남부러울 것이 없어 보였던 김우진. 그들은 왜 자살이라는 최후의 수단을 선택했을까? 김우진이 남매까지 둔 기혼자였다지만 당시 유부남과 신여성의 연애는 흔한 일이라 지탄의 대상조차 되지 않았다. 그들이 자살한 후 발견된 유서에서는 '비관'으로 인해 자살한다고 밝혔는데 그들은 무엇을 비관했던 것일까?

❀ 순례 극단이 맺어 준 인연

　　　　　　　　　　　윤심덕과 김우진이 만난 것은 1921년 일본 유학생들이 결성한 동우회 순례 극단에서였다. 윤심덕은 도쿄 음악학교 성악과에, 김우진은 와세다대학교 영문과에 재학 중이었다. 동우회 순례 극단은 일본 유학생들이 여름방학을 이용해 조선 각지를 돌면서 강연과 문화 활동을 벌이기 위해 결성한 단체였다. 이 극단에 김우진은 연극 연출자로, 윤심덕, 홍난파 등이 음악가로 참여했다. 이 공연을 준비하는 모임에서 윤심덕과 김우진은 처음으로 대면했다. 첫 대면에서는 서로에게 호감을 느끼지 않았다. 어릴 적부터 왈녀라 불릴 정도로 활달하고 대범한 성격이었던 윤심덕과 언제나 조용하고 차분한 김우진의 성격은 아주 대조적이었기 때문이었다.

　　순례 극단은 두 달여 동안의 준비를 마친 1921년 7월 5일, 부산에 도착해 여관에 여장을 풀었다. 이때 윤심덕의 남성에 대한 인식과 그녀의 성격을 잘 보여주는 사건이 발생했다. 발단은 여관의 방이 넉넉지 않아 어쩔 수 없이 윤심덕이 가장 가까운 남성과 한 방에서 자

【윤심덕과 김우진 두 연인】당대의 유명 인사였던 윤심덕과 김우진의 정사 사건은 세간에 커다란 충격을 불러일으켰다. 그러나 두 사람이 이 세상을 떠나면서 남긴 것은 고작 160원과 금시계뿐이었다. 두 사람의 시신은 끝내 발견되지 않았다. 《조선일보》 1926년 8월 5일자

게 되면서 일어났다. 밤이 깊어지자 그 남성은 흑심을 품고 윤심덕의 곁으로 다가왔다. 당황한 윤심덕은 벌떡 일어나 그 남성의 뺨을 후려치며 소리쳤다.

"나는 네가 그 같은 더러운 남자인 줄은 모르고 가깝게 사귀어 왔더니 이것이 무슨 금수의 행동이냐!"

갑작스런 윤심덕의 행동에 민망해진 이 남성은 즉시 사과를 했다.

"다시는 그런 금수 같은 행동을 하겠다는 맘도 먹지 않겠다."

애걸복걸하며 사과하자 윤심덕은 너그럽게 그 남성을 용서했다. 다음 날 아침 아무 일도 없었다는

듯 그녀는 쾌활하게 웃고 떠들었다.

이러한 소동으로 시작된 순례 극단 활동은 가는 지역마다 뜨거운 환영을 받으며 순조롭게 진행됐다. 제일 먼저 윤심덕의 성악 독창으로 분위기를 띄운 후 연극과 강연 순서대로 공연을 진행했다. 이후 20여 일 동안 14개 도시를 순례해 7월 26일에 경성에 도착했다.

동우회에서는 어제 오전 9시 반 남대문역에 도착했다. …… 씩씩한 학교 정

복을 입은 일행은 보는 사람으로 하여금 도리어 심각한 인상을 받게 했으며 그 중에 독창으로 갈채를 받은 윤심덕 양은 선명한 조선 의복을 입고 플랫폼으로 왕래해 일행의 누구보다도 외지에서 고국에 돌아온 사람인 듯한 처음 인상을 주었다.

－〈일본에 있는 조선 노동자로 조직된 동우 극단 래來〉,《동아일보》1921년 7월 27일자

이미 지방에서의 성악 공연을 통해 이름이 경성까지 알려졌던 윤심덕은 역에 내리자마자 단번에 주목을 받았다. 여성 성악가가 한 명도 없었던 조선 사회는 처음으로 들어보는 성악에 크나큰 관심을 보였으며, 아직 학생에 불과했지만 이때부터 성악가 윤심덕의 이름은 본격적으로 알려지기 시작했다.

❀ 윤심덕의 적극적인 구애가 시작되다

윤심덕과 김우진은 순례 극단 활동으로 두 달여 동안 동고동락하면서 서로의 내면에 감추어진 예술가적인 면모를 알게 됐고 곧 가까운 사이가 됐다. 그러나 이때는 그저 친구에 지나지 않았으며, 연인 관계로 발전한 것은 그로부터 몇 개월 뒤였다. 동우회 활동을 마치고 도쿄에 돌아와 쓴 일기에서 김우진은 처음으로 윤심덕으로 인한 갈등을 나타냈다.

이 악마의 포위 속에서 한시라도 마음의 안일을 준 것은 그녀였다. 아아, 나는 자기 위자慰藉, 자기 충만을 위해서만 사랑을 하는 자인가? 그리고 이 자기

위자와 자기만족을 충족시킨 뒤에는 다시 그녀에게 무관심한 태도를 취할 것인가? 나의 변덕스러운 마음에 전변轉變이 왔을 때 나는 그녀에게 등을 돌렸다. 과연 그것은 옳은 일이었는가.

—유민영, 〈1921년 11월 26일자 김우진의 일기〉,《윤심덕 : 사의 찬미》

하지만 갈등은 오래가지 않았다. 윤심덕이 김우진의 하숙집을 찾아와 적극적인 구애를 하기 시작했다. 김우진과 윤심덕은 문학과 음악과 식민지 조국에 대한 서로의 지식과 사상을 교류하며 서로에 대한 연정을 쌓아 나갔다. 이때부터 이들은 외롭고 상처받은 영혼의 동반자, 예술가로서의 동반자가 됐다.

윤심덕이 그렇게 연애와 성악에 열중하던 중 어느덧 졸업할 때가 다가왔다. 1915년 꿈에도 그리던 음악 유학길에 오른 지 7년 만인 1922년 여름이었다. 그녀는 졸업 발표회와 함께 축하 공연으로 펼쳐질 연극에도 참여했다. 연극 작품은 당시 유명한 노르웨이 극작가인 입센의 〈인형의 집〉이었는데, 그 연극에서 그녀는 주인공인 노라 역을 맡아 열연했다. 그녀는 연기자로서도 뛰어난 소질을 보여주었는데, 졸업 공연을 지켜 본 도쿄제국극장 지배인이 윤심덕에게 월급 150원에 제국극장 여배우로 활동할 것을 제안할 정도였다.

그러나 성악의 불모지인 조국에 돌아가 새로운 길을 개척할 생각에 부풀어 있던 그녀에게 당시 천대받던 연극배우는 가당치도 않은 것이었다. 제국극장의 제안을 일언지하에 거절한 그녀는 졸업 후에도 1년 더 학교에 남아 성악 공부를 하기로 했다.

졸업식을 마치고 나서 잠시 고향인 평양으로 돌아온 윤심덕에게 김우진으로부터 초청장이 날아왔다. 자신도 고향 목포에 와 있으니 동생들과 함께 목포로 와서 가족 음악회를 열어 달라며 기차표까지 동봉했다. 당시 윤심덕의 바로 밑 여동생 윤성덕은 이화학당에서 피아노를 전공하고 있었으며, 남동생 윤기성은 연희전문에서 성악을 전공하고 있었다. 이런 사실을 알고 있던 김우진이 동생들까지 한꺼번에 초대해 연주회를 열어 달라고 한 것이었다.

기꺼이 초대에 응한 윤심덕은 목포에서 김우진의 부인과 딸, 부모님, 동생들과 인사를 나누었다. 또한 김우진의 집이 얼마나 부자인지를 확인하고는 도쿄에서의 그의 검소한 삶과 비교하면서 그 사람됨에 대해 존경심을 품게 됐다. 비록 가족들과 함께한 자리인지라 둘만의 시간을 가지지는 못했지만 음악회를 계기로 둘의 사이는 더욱더 가까워졌다.

❀ 가난에 찌든 조선 최고의 성악가

졸업 후에도 곧바로 귀국하지 않고 1년 동안 더 공부를 했던 윤심덕은 1923년 5월 초 조선에 성악 열기를 일으키리라는 포부를 안고 고국으로 향했다. 그러나 아직 서양 음악이 대중화되지 않았던 당시에는 윤심덕이 활동할 만한 공간이 거의 없었다. 그래서 그녀는 모교인 경성여자고등보통학교에 시간 강사로 출강을 하면서 공연 기회를 모색했다. 기회는 의외로 빨리 찾아왔다. 6월 26일에 열리는 동아부인상회 창립 3주년 기념 음악회에 초청 가수로 서게 된 것이다. 첫 번째 데뷔를 성공리에 마친 그녀

【열창하는 윤심덕】 노량진에서 열린 교외 음악 대회에서 열창하는 윤심덕의 모습. 사진 왼쪽에 "관중을 취하게 하는 일류 성악가 윤심덕"이라는 글귀가 있어 윤심덕의 인기를 짐작할 수 있다. 〈조선일보〉 1924년 5월 19일자

는 당시 유일한 소프라노 가수였던 임배세를 제치고 독보적인 존재가 됐다.

이후부터는 경성 시내 어느 음악회든 윤심덕의 솔로 독창이 빠진 적이 없었다. 한 달에 한 번꼴로 무대에 섰으며, 어떤 달은 서너 번 공연을 가진 적도 있었다. '옥쟁반에 구르는 구슬 소리'와 같은 그녀의 목소리가 울려 퍼질수록 그녀의 대중적 인기는 하늘을 찌를 정도였다.

'이크 나온다.'

'거 – 활발한데.'

'키가 후리후리하고.'

'그럴 듯한데.'

'여간 잘하지 않는다네.'

'정말 조선 제일이겠는데.'

'참말 조선 제일이라네.'

'성대가 어떻게 그렇게 좋아.'

'성대도 크거니와 그 몸짓 봐.'

'참말 처음인 걸. 그 몸맵시는 묘한데.'

'에라, 그것 우리 재청再請하세.'

-〈성악가 윤심덕 씨〉, 《신여성》 1923년 11월호

　그러나 모두가 그를 칭찬한 것은 아니었다. 당시 화가로 이름이 높았던 신여성 나혜석은 윤심덕의 성악가로서의 자질을 매정하게 깎아내리며 인신공격적인 발언을 서슴지 않았다.

　듣기에 하도 유명한 성악가 윤심덕 씨이기에 마침 기회가 있어 들으러 간 것이다. 음량은 충분하나 소프라노 음이 아니오, 알토 음이었다. 다른 때 독창한 것도 그러한지 모르지만 이날 두 가지 독창한 것은 음악이란 것보다 창가였다. 없는 표정을 일부러 내는 것은 비열한 편이 많았다. 그러고 호의로 보면 활발하다고 할는지 너무 껍적대는 것 같았다. 좀 자연한 태도를 갖도록 수양하는 것이 어떠할는지!

-나혜석, 〈윤심덕 음악회를 보고〉, 《개벽》 1924년 7월호

　마치 싸움을 거는 듯, 수양이나 더 하라고 비아냥대는 것은 비단 나혜석뿐이 아니었다. 특히 그녀의 표정과 태도에 관한 비평이 많았는데 이는 그녀의 실력을 펼칠 만한 토대가 아직 조선에는 없었기 때

문이었다. 제대로 공연을 할 만한 음악당 하나 없는 조선에서는 오페
라 같은 대형 무대에 어울리는 그녀의 체격 조건과 목소리가 빛을 볼
수 없었다. 더군다나 음악회 출연료라고는 겨우 차비 정도밖에 되지
않은 상황에서 생활은 날로 궁핍함을 더해 갔다. 설상가상으로 1924
년 초에 평양에 살던 그녀의 부모까지 경성으로 이사 와서 가계를 책
임지라고 요구했다.

"심덕아, 네가 이제 유학도 다녀왔으니 동생들 뒷바라지도 하고
좀 편히 살 수 있도록 해 주려무나."

"알았어요. 어머니. 최대한 노력을 해 볼게요."

책임감이 강하고 효심과 형제애가 남달랐던 윤심덕은 음악 레슨
등으로 생계를 뒷받침했지만 여전히 가난을 면치 못했다.

❀ 현실의 벽 앞에 무참히 무너진 꿈

생활고에 시달리면서 음악의
불모지인 조선에 진정한 성악을 펼쳐 보이겠다는 야망은 점차 사그
라져 가고 있었다. 그래서 선택한 다른 길이 대중 가수였다. 윤심덕
은 생계를 위해 경성방송국에 나가 사회를 보면서 경음악도 부르고,
시도 낭송하는 등 방송인 및 대중 가수로 활동했다. 이에 대해 김우
진은 못마땅하게 생각했으나 가난에 몰린 윤심덕에게는 어쩔 수 없
는 선택이었다. 방송국에서 활동한 덕분에 전국적 대중 가수로 인기
가 올라가자 새로운 기회가 찾아왔다. 레코드 회사에서 음반을 취입
하자는 요청이 많아진 것이다.

윤심덕이 성악가의 길과는 다른 길을 걸어가고 있을 즈음, 김우진도 와세다대학을 졸업하고 귀국했지만 아버지의 엄명으로 집안의 재산 관리를 맡아 목포에서 옴짝달싹 못하는 상황에 처해졌다. 애당초 김우진은 도쿄 유학 때 가장 가까운 친구였던 홍해성과 함께 귀국하면 10만 원의 돈을 모아 경성에 연극 전문 극장을 짓고 신극 운동을 하기로 약속했다. 그러나 이런 그의 목표는 가업을 보살피라는 아버지의 명령에 의해 좌절되었다. 더군다나 그의 아내는 유학자의 딸로 태어나 신식 교육을 받은 적이 없는 구여성이었기 때문에 연극 운동을 하고 싶어 하는 김우진의 꿈을 이해하지 못했다. 아무에게도 이해받지 못한 그는 스스로 자기 집을 'In the prison of home'이라고 표현할 정도로 우울한 나날을 보내고 있었다.

식민지 봉건사회인 조선에서 각각 성악과 연극을 통해 새로운 예술의 길을 개척하고자 했던 윤심덕과 김우진은 현실 앞에서 좌절하고 절망했다. 두 사람이 유일하게 즐거움을 느낄 때는 윤심덕이 가끔 목포로 내려와 김우진을 만날 때뿐이었다. 둘은 현실에서의 실패와 절망을 서로에게 의지하며 극복하고자 했다. 특히 예리하고 명쾌한 김우진은 감성적인 윤심덕을 위로하며 애정 어린 충고를 아끼지 않았다. 김우진은 당시 윤심덕의 상황과 심경을 일기에 이렇게 표현했다.

자기를 기만하는 자! 그이는 ― 가는 잎의 수선, 보랏빛의 작은 화훼의 꽃, 연하고도 빳빳한 석포의石布衣의 섬세하고도 미련한 꽃이 늘어져 피는 들판에서 그의 피로된 마음과 육체를 쉬어야 한다. 그러나 상극의 양 요소를 가진 그이의 성격의 한쪽의 추구는 험하고 깊은 심산유곡을 찾아간다. 황파荒波와 노도怒濤로 천지를 진동시키는 넓은 바다를 가고자 한다. 다만 오이의 운명은 그 중환자의 치명적 운명이다. 그러자면 의지 있는 진리의 광산 그것이다.

－〈1924년 11월 22일자 김우진의 일기 중〉, 《유민영 저, 윤심덕 : 사의 찬미》

거대한 현실의 벽을 둘만의 사랑과 격려와 희망을 통해 견뎌 나가던 그들을 운명은 내버려두지 않았다. 유부남 김우진과 연인 관계임을 알아챈 윤심덕의 집안에서 먼저 결사반대하고 나섰다.

❀ 윤심덕, 결혼 스캔들에 휩싸이다
　　　　　　　　　　　　　　　　윤심덕은 도쿄 유학 당시부터 수많은 남성들과 스캔들에 휩싸이며 화제를 몰고 다녔다. 이를 두고 '침을 줄줄 흘리고 따라다니는 청년 신사들의 수를 셀 수가 없다'는 말이 있을 정도였다. 홍난파, 채동선을 비롯해 우모, 김모 등이 그 스캔들의 파트너였으며, 박정식이라는 청년은 윤심덕에 대한 외사랑이 지나쳐 끝내 상사병으로 죽기까지 했다. 그러나 대부분의 스캔들은 헛소문으로 당시에는 보기 드문 신여성이었던 그녀에 대한 남성들의 관심과 사랑에서 비롯된 것들이었다. 끊임없이 쫓아다니던 스캔들은 그녀가 스타 가수가 된 후에는 그 규모와 파장 면에서 유학 당시와 비교할 바가 아니었다.

　1924년, 윤심덕의 나이 28살이 됐다. 여성의 평균 결혼 연령이 15살이었던 당시로서는 완전 노처녀였다. 더군다나 김우진과의 관계를 알게 된 부모는 매일같이 결혼을 재촉했다. 그녀로서도 고민이 되지 않는 건 아니었다. 김우진은 처자식 있는 유부남이고, 생활은 어려웠으며, 더군다나 성악가의 길에서는 점점 멀어지고 있었기 때문에 부모의 결혼 강요를 무조건 거부할 수도 없었다. 그렇게 해서 부모의 소개로 만나게 된 남성이 재력도 있고 집안도 좋은 함경남도 출신의 김홍기였다. 대중 스타인 윤심덕의 연애 소식은 금세 세간의 화제가 됐다.

> 성악가 윤심덕 씨가 나타나는 곳마다 그림자같이 떨어지는 법 없이 동행하는 청년 한 분이 생겨서 여러 가지로 의심하고 궁금해 하는 사람이 많다는데 청년인즉 윤심덕 씨와 약혼했다는 메이지대학 출신 김홍기 씨랍니다. 그런데 윤씨 편으로 들으면 아직 약혼은 아니했다 하고 김씨에게 약혼했다는 것이 허설虛說이냐고 물으면 "허설은 아니지요"라고.
>
> ―〈색상자〉,《신여성》1924년 11월호

　　그녀는 이러한 전후 사정을 김우진에게 알렸다. 처음에 김우진은 상황을 담담하게 받아들였으나, 구체적으로 결혼 소문이 돌기 시작하자 당황해하며 경성으로 달려와 사실 여부와 윤심덕의 심정을 파악하고자 했다.

　　"결혼한다는 소문이 사실이에요?"

　　"저라고 별 수 있나요. 부모님이 빨리 결혼하라고 성화란 말이에요."

　　"지금까지 나를 사랑한다고 했던 말들은 모두 거짓이란 말이요?"

　　"그런 건 아니지만, 당신은 이미 처자가 있고 더구나 목포에서 한 발짝도 움직이지 못하니……."

아직 김우진 외에 다른 남성을 깊이 생각해 본 적이 없던 윤심덕은 김우진의 적극적인 행동을 통해 그의 사랑을 확인한 후 김홍기와의 혼담은 없던 일로 했다. 한 달 후, 이번에는 윤심덕이 갑부 이용문의 첩이 됐다는 악소문이 파다하게 퍼졌다.

> 윤심덕 씨는 요새 자주 보이지 않더니 알고 보니까 젊은 오입쟁이로 유명한 이용문의 셋째인가 넷째인가 마마님이 되어 들어가서 재미있는 성악을 많이 연주했다나요.
>
> ─〈색상자〉, 《신여성》 1925년 2월호

> 하여간 윤 씨는 다른 예술가와 같이 역시 예술에는 국경이 없다 말하더니 금전에는 참 처첩妻妾의 구별이 없는 모양이다. 예술가藝術家인지 예술가機術嫁 (더러운 술책을 사용해 시집가다)인지.
>
> ─〈유언비어〉, 《개벽》 1925년 2월호

당대의 대표적인 잡지, 《신여성》과 《개벽》은 사실 확인조차 않고 악소문을 확대 재생산하기에 바빴다. 물론 당시는 현재처럼 '사실'에 근거한 보도 원칙이 확립돼 있지 않은 시절이었다지만, 윤심덕, 나혜석, 김명순 등 대표적 신여성들은 남성들과의 스캔들이 터질 때마다 언제나 마녀사냥의 희생자가 됐다.

그러나 실제로는 막내 동생이 미국 유학 장학생으로 뽑혀 유학을 갈 수 있는 길이 열렸는데 미국까지의 여비가 없어 유학을 포기해야 할 상황에 이르자, 윤심덕이 그 여비를 마련하기 위해 이용문의 집에 몇 번 찾아갔던 것이었다. 그런데 그 일이 와전돼 이제는 '성악을 이용문 앞에서만 공연'한다느니, '예술가인 척하는 더러운 계집'이라느니 하는 비아냥과 지탄을 듣게 된 것이었다.

이용문과의 스캔들은 윤심덕과 김우진에게는 큰 충격이었다. 소문을 들은 김우진은 경성으로 와 윤심덕을 찾았다.

"소문이 사실이요? 어떻게 된 것이요?"

"동생 유학비가 필요해서 이용문 씨가 도와준다고 하기에 몇 번 만났는데 소문이 그리 났어요."

"그런 일이 있었으면 나한테 도움을 요청할 것이지. 일이 이렇게 된 이상 어쩔 수가 없구려. 당분간 경성을 떠나 있는 것이 좋을 것 같아요."

그녀는 고민 끝에 어릴 적 정신적 지주였던 배형식 목사를 찾아 하얼빈으로 가기로 결정했다. 1925년 12월 23일, 성악가로서의 꿈은 사라지고 이제는 스캔들에 휩싸인 비운의 여성이 된 윤심덕은 절망과 비탄에 잠겨 하얼빈행 기차에 올랐다. 그녀가 하얼빈으로 떠나자, 세간에서는 '벌써 이용문과 이혼한 거냐', '하얼빈에 있는 진짜 애인을 찾아갔다', '이용문이 좋아하는 아편을 구하기 위해 갔다' 하는 악소문이 또 퍼졌다. 한번 터진 악소문은 그칠 줄을 몰랐던 것이다.

한편 하얼빈에 도착한 윤심덕은 고국과의 모든 연락을 끊고 배목사의 집에서 두문불출하며 지냈다. 그렇게 6개월이 지난 어느 날, 경성으로부터 출가한 언니 윤심성의 남편이 사망했으니 즉시 귀향하라는 내용의 전보가 왔다. 전보를 본 그녀는 하얼빈에서의 생활을 청산하고 다시 경성으로 돌아왔다.

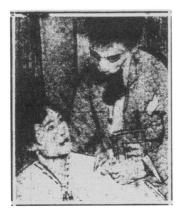

❀ 연극배우

경성 집으로 돌아온 그녀는 곧바로 안동으로 가 미망인이 된 언니를 위로하며 재산을 정리한 후 다시 언니와 함께 경성으로 돌아왔다. 그 후 그녀는 그해 말까지 서너 차례의 음악회에 출연하는 것 외에는 별다른 활동을 하지는 않았다. 간혹 김우진과 만나 장래의 계획을 논의하곤 했는데, 그러던 중 김우진은 그녀에게 연극배우를 하는 것이 어떠냐는 제안을 했다.

"나는 각본을 쓰고, 그대는 배우를 하면서 조선 연극을 발전시켜 봅시다."

여전히 여성 연극배우는 기생 등의 계층에서나 하는 천한 일로 여기던 사회 분위기가 부담스러운 그녀는 고민에 빠졌다. 그러나 음악가로서 자신의 재능을 더는 펼칠 수가 없는 상황에서 그녀가 선택할 수 있는 길은 많지 않았다. 고민 끝에 그녀는 연극배우의 길을 가기로 결심하고 부모에게 알렸으나 부모는 물론 언니까지 나서서 반대했다. 하지만 아무도 그녀의 결심을 꺾을 수는 없었다. 부모 몰래 당대의 대표적 연극 단체 토월회에 가입한 그녀는 부모의 반대가 계속되자 가출을 감행했다. 가출 후 황금정(현 을지로) 삼정목에 있는 일본인이 운영하는 여관에서 잠자리를 해결하면서 연극 연습에 주력했다. 한편 성악가 윤심덕이 연극배우로 전향했다는 소식이 전해지자 언론에서는 이를 대서특필했다. 이때 윤심덕은 동아일보 기자에게 생애 처음이자 마지막으로 인터뷰를 통해 자신의 각오를 밝혔다.

금번 내 생활의 전환은 새삼스럽게 지은 것도 아니요, 우연히 맺어진 것도 아닙니다. 일찍부터 생각해 오던 바가 금번에 실현됐을 뿐입니다. 그리고 오해 많던 과거의 내 생활을 변명하기 위해서 나선 것은 더구나 아닙니다. …… 더구나 여자 배우라 하는 것은 부랑무식한 타락자가 아니면 차마 못할 것으로 알아 온 이상 나의 이번 나선 길을 최후의 말로라고까지 할 줄 압니다. 물론 그러한 각오까지 가지고 나서게 되기는 오로지 힘을 다해 새로 지으려는 조선 예술의 전당에 한 모퉁이의 무엇이라도 되려는 당돌한 발걸음이 이에 이르게 된 것뿐입니다. 금후의 나가는 앞길의 험로가 나로 하여금 어떠한 피로를 주고 어떠한 권태의 기분을 던져 줄지는 아직 아득한 바입니다.

―〈석일은 악계 명성 윤심덕 양의 행로〉, 《동아일보》1926년 2월 6일자

그로부터 이틀 후 윤심덕은 미국 영화 〈동쪽 길〉을 이경손이 번안한 〈동도東道〉라는 연극의 여주인공 '연실' 역을 맡아 무대에 서게 된다. 그러나 생애 처음 출연한 상업 연극은 실패로 막을 내렸다. 토월회에서 윤심덕이 지닌 대중성과 인기를 활용한 상업적 성공만을 노려 급조해 만든 작품을 무대에 올렸기 때문이었다. 비록 언론의 대서특필과 대대적인 광고로 객석은 만원을 이루었으나 지나치게 긴장한 윤심덕의 딱딱한 연기와 서투른 말씨, 조그만 무대에 어울리지 않는 큰 키 등으로 인해 관객들은 실망을 금치 못했다. 연극이 실패하자

윤심덕은 토월회 전무였던 김을한에게 눈물을 흘리며 말했다.

"선생님, 저는 아마 연극에 소질이 없는 것이지요?"

그러나 한 번 실패했다고 좌절하기에는 이미 너무 멀리 와 있었다. 성악가로서는 설 자리가 없었고, 그토록 소원하던 이탈리아 유학은 돈 때문에 꿈도 못 꾸는 상황이었기 때문이다. 윤심덕을 주연으로 내세운 첫 공연에 실패한 토월회에서는 다음 작품으로 그녀가 성악가로서의 실력을 발휘할 수 있는 오페라 〈카르멘〉을 공연하기로 결정했다. 카르멘 역을 맡은 윤심덕의 연기는 여전히 서툴렀으나 그녀의 노래만은 열정적이었다. 그러나 여전히 윤심덕이라는 스타에만 기댄 오페라는 실패하고 말았다. 상업적 성공만을 노린 연극이 계속 실패로 돌아가자 토월회에서는 내분이 일어났다. 토월회의 상업 연극 활동에 반감을 가진 사람들이 토월회를 탈퇴해 새로운 연극 단체인 백조회를 결성했는데 윤심덕은 김우진과 논의한 끝에 이 백조회에 참가하기로 결정했다. 그러나 백조회에서의 활동은 얼마 못 가 중단됐다.

짧은 기간이었지만 연극배우로서의 실패, 그리고 거기에 따른 세간의 혹평과 비난은 그녀에게 대단한 절망감과 충격을 안겨 주었다. 특히 당시 이화여전 교수였던 동생 윤성덕은 며칠씩 끼니를 거른 채 울면서 언니를 비난하기도 했다. 마지막 보루였던 가족에게마저도 이해와 위로를 받지 못한 그녀의 심적 고통은 이루 말할 수 없을 정도였다.

이때부터 그녀는 차츰 신경질적으로 변해 갔으며 가끔 주위 사람들에게 불길한 말을 하곤 했다.

"세상에 나같이 불행한 여자는 없을 거야. 지금 내가 내 처지를 돌아보고 나를 응시할 때에는 사실 기가 막혀. 나는 나를 너무 잘 아는 것이 걱정이야."

"나는 찰나에 살지요. 다시 말하면 나는 찰나미刹那美에 사는 사람이에요. 이 찰나미를 얻을 수 없게 된다면, 그때 가서는 나는 죽은 사람이나 마찬가지에요. 난 사십이 넘도록까지는 살아 있지 않을 작정이에요."

윤심덕은 자신의 정신적 고통과 절망을 자주 김우진에게 토로했다. 연극배우의 길을 권했던 책임에서 자유로울 수 없는 김우진 또한 고통스럽기는 마찬가지였다. 벗어날 길이 없는 자신의 상황도 답답하기는 마찬가지인 그가 할 수 있는 것은 아무것도 없었다.

그대의 편지를 보고

왜 이리 울어지는지

난들 어찌할 수 있으랴

나 혼자 나 혼자

그대의 새 생활을 빌면서

먼저 가서 기다리겠노라

―유민영, 〈김우진 유고시〉, 《윤심덕 : 사의 찬미》

✿ 드디어 죽음을 결심한 김우진

윤심덕이 겪은 좌절과 절망은 김우진에게 그대로 투영됐다. 그녀가 투영한 좌절과 절망이 아니더라도 김우진의 상황은 그 자체로 암울했다. 낮에는 집안의 농지와 재산 관리를 위해 설립한 기업의 사장으로 업무를 처리하고, 밤에는 서재에 틀어박혀 술과 독서로 하루를 보내고 있었다. 그렇다고 마냥 좌절해 있지는 않았다. 가끔 희곡과 평론을 창작, 발표하는 한편 목포 지역 문인들과 뜻을 모아 5월회를 결성해 동인지를 발간하기도 했다.

그러다가 1926년 5월부터 김우진은 본격적인 집필 활동으로 문단에서 평판을 높이게 된다. 이광수의 계몽주의를 비판한 평론 〈이광수류의 문학을 매장하라〉를 《조선지광》에 발표한 후 자살하기 직전까지 4편의 글을 발표하고, 희곡 〈난파〉와 〈산돼지〉를 탈고한다. 김기진이 이광수를 비판한 김우진의 평론에 대해 '그의 필봉은 준열하고 그의 고증은 해박했다'고 평가하면서 희곡가나 시인보다는 비평가가 되는 것이 더 낫다고 할 정도로 김우진의 비평은 높이 평가받았다.

이러한 활동들은 김우진으로 하여금 꿈에 대한 열망을 부추겼으며 부친과의 갈등을 증폭시켰다. 결국 그는 출가를 결심했다. 잠시 요양이나 하고 오겠다는 핑계를 대고 집을 떠났는데, 떠날 때는 뒤늦게 태어난 어린 아들을 안고서 오랫동안 서러워했다.

집을 나온 김우진은 1926년 5월 말 경성으로 가 친구 조명희를 만나 같이 여관에 투숙했다. 조명희에게는 집을 떠나 러시아로 갈 계획이며 먼저 도쿄로 가 준비하겠다는 말을 남겼다. 한편으로는 쿄토에 있는 동생 김철진에게 편지를 보내 출가했음을 알렸다.

이것은 내 출가의 통지이니 만날 때까지의 최초 최후의 것으로 쓴다. …… 나는 일개의 부르주아 출신의 프롤레타리아가 되어서 어디, 어느 땅이든지 가

는 대로 가보겠다. …… 이것은 영구한 출가. 예전의 모든 관계—혈연과 지
위—를 전혀 끊었다. 너희들도 이 점을 각오하지 않는 동안, 나는 영구히 너희
들을 안 보겠다.

편지를 부치고 나서 곧이어 6월 중순경 도쿄로 건너갔다. 그곳에
서 홍해성의 집에 머무르면서 〈출가〉라는 작품을 완성하고, 6월 24
일에는 아내에게 남기는 '유서'를 작성했다.

> 진길 모母 보시오.
> 나는 먼저 어머니 계신 곳으로 가겠소.
> 집을 떠나올 때에 아무 말 없이 온 것을 용서해 주시오. 여러 말로 기록치 아니
> 합니다. 다만 원하기는 몸 튼튼해 진길, 방한이를 위해 좋은 어머니가 되어 주
> 시오. 당신과 같이 있는 동안에 여러 가지 불안하게 한 일을 조금도 생각지 말
> 고 잊어 주시기를 빕니다.
>
> 6월 24일 우진

그의 어머니 박씨는 그가 여섯 살 때 돌아가셨으니 어머니 계신 곳
이란 바로 저승을 가리킨다. 그의 출가란 사실상 자살행이었던 것이
다. 이때까지만 해도 윤심덕과의 동반 자살을 계획한 것은 아니었다.
김우진의 행방을 몰라 애태우던 윤심덕은 김우진이 도쿄로 떠난 지
며칠 뒤에 조명희를 졸라 그가 도쿄로 갔다는 소식을 들었기 때문이
었다.

✸ 당장 오지 않으면 자살하겠습니다

윤심덕은 김우진을 뒤쫓아 일본으로 갈 결심을 하고 오사카에 있는 닛토축음기회사와 레코드 녹음 계약을 맺고 7월 말부터 녹음을 하기로 했다. 때마침 동생 윤성덕도 미국 유학을 가기 위해 일본으로 가야 했기에 피아노 반주는 동생이 맡기로 했다.

1926년 7월 17일 윤심덕과 윤성덕은 경성을 출발했다. 배웅을 위해 역까지 나온 닛토축음기회사 문예부장 이서구와 윤심덕은 즐거운 분위기 속에서 농담을 주고받았다.

"선물 사다 드릴까요?"

"고급 넥타이나 사다 줘."

"죽어도 사와요?"

"그래, 죽으려거든 넥타이나 사서 부치고 죽어."

친우들의 환송 속에서 경성을 출발한 윤심덕 일행은 7월 20일에 오사카에 도착했다. 다음 날부터 동생의 피아노 반주에 맞춰 순조롭게 녹음이 진행돼 며칠 만에 녹음을 마쳤다. 윤심덕은 녹음이 끝나자 김우진의 도쿄 주소로 전보를 보냈다.

당장 오지 않으면 자살하겠습니다.

윤심덕이 일본에 와 있으리라고는 생각지도 못했던 김우진은 전보를 받고 깜짝 놀라 곧바로 도쿄역으로 향했다. 그는 친구 홍해성에게 '자기가 가서 말리지 못할 때는 연락할 테니 오사카로 와 달라'는

말을 남기고 오사카로 향했
다. 그가 남긴 이 말은 훗날
그가 자살하지 않았다는 소
문의 근거가 된다. 진정 김
우진은 자살할 생각이 없었
던 것일까? 그렇다면 왜 아
내에게는 유언장을 남겼을
까? 자살할 의도는 아니었
고, 자신을 잊으라는 의미에
서 유언장을 보낸 것일까?
두 사람이 동반 자살을 하기

【윤심덕(왼쪽)과 동생 윤성덕(오른쪽)】 이화여전 음악
과 교수를 지낸 동생 윤성덕은 언니의 음반 녹음을 위해
피아노 반주를 해 주었다. 윤성덕은 정사 사건이 일어
난 후에도 언니의 죽음을 믿지 않고 언니가 외국에서 숨
어 살고 있다고 믿기도 했다. 《조선일보》 1926년 8월
23일자

까지의 과정은 여전히 많은 부분이 의문으로 남아 있다. 확실한 것은
그들이 동반 자살을 결정한 시점이 오사카에서 재회하면서부터였다
는 것이다. 오사카에 만난 이후 둘은 각각 자신의 삶을 정리하는 행
적을 보였다.

　김우진은 자신의 마지막 희곡이 될 〈산돼지〉의 탈고에 집중했고,
윤심덕은 예정에 없던 노래인 〈사의 찬미〉를 추가로 녹음하기로 결
심하고 직접 가사를 작성했다. 8월 1일, 김우진은 탈고한 〈산돼지〉
의 원고를 편지와 함께 경성에 있던 조명희에게 보냈는데, 그 편지에
서 원고료를 도쿄의 홍해성에게 보내 줄 것을 부탁하며 그 까닭은 나
중에 알게 될 것이라고 적었다. 같은 날, 윤심덕은 닛토축음기회사의
녹음실에서 동생의 반주에 맞춰 〈사의 찬미〉를 녹음했다.

1일 오전 10시경에 닛토축음기회사에서 윤성덕 양의 피아노 반주로 조선 노래인 '죽음의 찬미'를 마음을 다해 불렀는데 노래는 높고도 낮으며 또한 적막한 맛이 있어 듣는 사람의 간장을 녹일 듯 했다는 바 이때에 현장에서 피아노를 뜯던 성덕 양은 눈물까지 지웠다고 한다. 따라서 닛토 회사의 타우치田内 씨는 그 노래가 너무 감상적이오, 또한 '센치멘탈'하기 때문에 주의를 시키매 "나는 죽음 같은 것은 생각지도 않는다"고 웃어 버렸다 한다.

-〈윤 양 최후의 창곡은 단장 애조 '사의 찬미'〉,《조선일보》1926년 8월 6일자

원래〈사의 찬미〉의 녹음은 예정에 없던 것으로 닛토축음기회사 사장이 계속 거절했음에도 불구하고 윤심덕이 간청해 이루어진 것이었다.

❀ 두 사람의 자살,
  그리고〈사의 찬미〉가 남긴 것

그렇게 각자의 삶을 정리한 그들은 윤성덕이 일본을 떠나는 것을 배웅하지도 않고 8월 3일 밤, 부산행 연락선에 승선했다. 그리고는 8월 4일 새벽 배가 대마도 근해를 지나갈 무렵, 이승에서의 모든 비애와 시련을 뒤로하고 현해탄 바다에 뛰어들었다.

그들이 죽자 김우진의 집에서는 시체를 찾기 위해 현상금 500원까지 걸었으나, 시체는 끝내 발견하지 못했다. 동생 김철진은 조선일보 기자에게 신문에 난 내용은 사실과 다르다며, 수일 내로 김우진이 남

긴 유고와 유서를 공개하겠다고
밝혔다. 그러나 그 유고와 유서는
1983년이나 되어서야 공개됐다.
김우진의 아들인 김방한 교수가
연극 평론가 유민영 교수에게 전
달함으로써 세상에 공개됐는데 이
로써 그들의 죽음의 실체가 알려
졌다.

하지만 당시로서는 시체도 발견
되지 않았고 그들이 연인 관계였
다는 증거조차 명확치 않아 정사
가 아니라는 둥, 둘이 죽었다는 연
극을 하고는 이탈리아로 가서 살고

【〈사의 찬미〉를 녹음 중인 윤심덕】윤심덕은 오
사카 닛토레코드에서 27곡을 녹음했다. 그녀는
원래 녹음하기로 되어 있던 곡 외에 자신이 직접
가사를 붙인 노래 한 곡을 추가로 녹음했는데 이
노래가 유명한 〈사의 찬미〉였다. 윤심덕이 죽은
직후 발매된 〈사의 찬미〉는 10만장이라는 초유
의 판매고를 올렸다.

있다는 둥, 윤심덕이 낳은 아이가 있다는 둥 각종 소문이 난무했다.

한편 〈사의 찬미〉가 들어 있는 음반은 8월 29일에 조선축음기상회
에서 최초로 개봉됐다. 조선일보 기자는 '전례 없는 형세로 세상에
퍼질 것'을 예상했는데, 예상대로 당시로서는 천문학적인 판매량인
10만 장이 팔려나가 최초의 베스트셀러 가수로 윤심덕의 이름을 남
겼다. 비극적 정사에 가려져 있던 희곡가이자 비평가로서의 김우진
에 대한 평가도 최근에 활발히 이루어져 유민영 교수는 김우진에 대
해 '한국 연극사상 최초로 근대극다운 희곡을 쓴 극작가이자 구미 근
대극 운동을 본격적으로 소개한 최초의 연극 이론가'로 평가했다.

〈사의 찬미〉로 인해 세인들로부터 전대미문의 정사 사건으로 기억

되는 김우진과 윤심덕의 투신자살 사건. 이 사건은 근대 조선에서 예술가들이 겪어야 했던 고통과 시련의 벽을 넘지 못하고 좌절한 것이 그 원인이었다. 또한 기생과 같은 화류계 여성이 아닌 신여성이 새로운 연애의 주역으로서 등장했음을 본격적으로 알린 사건이었다.

제2화

죽음의 연애 공식을 따라 죽은 연인들

여급 김봉자와 의사 노병운의 투신자살 사건

❀ 한강에 투신자살한 두 남녀의 사연

조선의 한 여름을 달구던 뜨거운 햇빛의 자취도 모두 사라지고, 천고마비의 계절인 가을이 한창 그 색깔을 드러내던 1933년 9월 26일 밤 12시경. 교교한 달빛이 부서지는 한강을 가로 지르는 인도교 위를 한 여인이 걸어가고 있었다. 다리 중간쯤에서 멈춰 선 여인은 무언가 경계를 하는 듯 좌우를 둘러보았다. 아무도 없음을 확인한 여인은 고개를 돌려 유유히 흐르는 한강 물을 바라보며 숨을 크게 들이마셨다. 잠시 후 여인은 한 순간의 망설임도 없이 한강에 뛰어들었고, 깊은 한강 물은 순식간에 그녀의

몸을 시커먼 강바닥 속으로 감춰 버렸다. 그로부터 이틀 후 동아일보
보도를 통해 한강에 투신자살한 그 여인의 신원이 밝혀졌다.

26일 짙어가는 가을밤 11시 30분경에 서울 카페계의 스타 한 명이, 타오르는
사랑의 불길이 속절없이 사라지게 되는 슬픔을 연약한 가슴에 품고 한강에 영
원히 사라지고 말았다. 그는 종로 삼정목에 있는 엔젤 카페의 스타 김봉자(20
세) 양이다. 그는 26일 밤 11시까지 태연자약한 태도로 엔젤 카페에서 여러
손님과 술잔을 주고받다가 11시경에 손님 네 분과 같이 자동차로 한강을 향
해 소풍 길을 떠났다. 그는 한강에 도착한 후 같이 갔던 손님들과 잠시 소창을
한 후 11시 40분경에 잠깐 만나 볼 사람이 있으니 잠깐만 기다려 달라는 말을
남기고 인도교 중앙에 이르러 드디어 빠져 버렸다 한다.

　　　　　—〈녹주홍등의 그늘에 숨어 비밀 통신하던 여투사〉,《동아일보》1933년 9월 28일자

김봉자가 자살했을 때에는 당시 흔했던, 연애로 고민하던 여급의
자살로 취급받아 그리 주목을 받

지 못했다. 그러나 다음 날에 그녀
의 연인으로 알려진 청년 의사 노
병운이 한강에 빠져 자살하자 둘
의 관계를 둘러싼 소문으로 경성
이 떠들썩했다. 그렇다면 이 연인
들은 어떤 사연이 있었기에 하루
차이를 두고 한강에 빠져 자살했
을까?

【김봉자, 노병운의 사진】 생활고에 시달리던 김봉자는 경성
에 올라와 카페의 여급으로 취직하면서 청년 의사 노병운을
만나 사랑에 빠지게 됐다. 《조선일보》 1933년 9월 29일자

❀ 열일곱 처녀가 카페 여급이 되기까지

　　　　　　　　　　　　　　김봉자의 본명은 김갑순으
로 1904년에 충북 옥천군 군서면 은향리에서 태어났다. 여덟 살이
되던 해에 아버지가 죽자 가세가 기울어 생활의 곤란을 겪을 정도가
됐으나, 보통학교만은 무사히 졸업할 수 있었다. 그러나 가정 형편으
로 인해 그 이상의 상급 학교로는 진급하지 못했다. 고등보통학교로
의 진학은 집안에 여유가 있던 극소수의 여성들만이 누릴 수 있는 혜
택이었으며, 대부분의 여성들은 일찍부터 시집을 가던 상황이었다.
어린 나이에 결혼하는 풍습은 구한말부터 악습으로 규정돼 타파하기
위한 노력이 지속됐으나 쉽사리 사라지지 않았다.

　김봉자는 당시로서는 결혼 적령기를 넘긴 열일곱의 나이에 부모의
선택에 의해 마흔이 넘은 남자에게 시집을 갔다. 돈 때문에 나이 많
은 사람에게 팔린 셈이었으니 그런 시집살이가 행복할 리 없었다. 시
집가서는 딸까지 낳았으나 스무 살이 넘게 나는 나이 차이로 인한 갈
등으로 결혼한 지 2년 만에 이혼했다. 여성이 결혼하면 출가외인이
라 하여 이혼하기도 어렵지만 이혼 후에도 친정에서 박대받기 일쑤
였다. 하지만 아버지가 일찍 돌아가신 김봉자는 친정으로 다시 돌아
와 어머니를 봉양해야 했다.

　시골에서 할 수 있는 일이라 봐야 농사일이 전부이고 그나마도 세
식구 살아가는 데도 별 도움이 되지 않자, 김봉자는 노모와 딸을 데
리고 경성으로 가기로 결심했다. 경성으로 온 김봉자는 처음에는 모
병원의 간호부로 취직했으나, 신입 간호부가 받는 낮은 월급으로는
세 식구의 생계를 꾸려 가기가 점차 어려워졌다.

[부인들의 공적, 카페] 카페 여급은 1920대 말에 새롭게 등장한 신종 직업이었다. 이 그림은 부인들이 손에 몽둥이를 감춘 채 카페에 있는 여급과 남성들을 노려보고 있는 모습이다.

그러던 중 갸름한 얼굴에 매력적인 큰 눈을 지닌 김봉자는 여급을 한번 해 보겠느냐는 주위의 권유를 받게 됐다. 시골에서 평범하게 자란 여성으로서는 감히 엄두도 못 내 볼 일이었다. 하지만 생활은 쪼들려 가고 간호부 일에도 재미를 붙이지 못하던 그녀는 마침내 "내 마음 하나이지 직업이 무슨 상관이야!" 하는 마음으로 여급 생활에 뛰어들게 됐다.

처음에는 스타라는 카페에 들어갔다가 곧 태평양 카페로 옮겼는데 처음 경험해 보는 낯선 세계에서의 생활이 익숙할 리 없었다.

처음으로 태평양 카페에서 술병 마개를 뽑는 갑순은 미란한 공기, 요기妖氣 어린 불빛, 대청을 뚫을 듯이 강렬히 울리는 여급들의 날카로운 거짓 웃음소리, 이 모든 것이 마음에 싫었다. 어느 때는 자기 주위에 나타나는 그 모든 형상을 보고 홀로 서서 얼빠진 사람 모양으로 있는 자기를 발견할 때 지옥을 견학하는 듯한 느낌을 가져 본 적도 있었다. 그러나 그럴 때마다 등허리를 매정스레 때리는 것은 속도 모르는 동무 여급들이었다. "에미네 짱! 왜 넋 빠진 사람 같아? 이리 와서 위스키라도 한 잔 먹어요. 마음이 좀 활달해지게." 물덤벙 술덤벙 넘노는 말괄량이 여급들은 그 순간 그 순간을 재미롭게 넘기는 것 밖에 다른 것이 없었다.

― 〈김봉자와 노병운의 비련 애화〉, 《조선일보》 1933년 9월 30일자

시간이 지나 여급 생활에 익숙해졌을 무렵, 태평양 카페가 문을 닫자 옮겨간 곳이 카페 엔젤이었다. 종로2가에 위치한 유명한 카페 중 하나였던 엔젤은 1,2층은 홀로 사용했고, 3층은 150여 명이 들어갈 수 있는 연회장을 갖춘 대형 카페였다. 커다란 규모에 걸맞게 여급만 해도 70~80명이 있었으며, 동일은행의 은행장 민대식의 일본인 아내가 운영한다 하여 화제가 된 카페였다. 김봉자는 이곳에서 일하던 중 1933년 봄 카페로 놀러 온 청년 의사 노병운을 만나게 된다.

❀ 죽음의 연애 공식, RK −R는 死

북청물장수로 유명한 함경남도 북청읍 출신인 노병운은 양정고보와 경성제대를 졸업하고 같은 대학교 의학부 내과에서 연구 조수로 일하고 있던 의사였다. 일찍이 박내씨라는 여성과 결혼해 슬하에 1남 1녀의 자식을 둔 유부남이었는데 가정생활은 그다지 행복하지 않았다.

유순한 성격의 소유자로 의학 연구 외에는 모르던 그가 친구들과 함께 우연히 들른 카페 엔젤에서 그의 인생을 뒤바꿀 김봉자를 만나게 된다. 의사와 전직 간호부라는 직업적 공감성을 바탕으로 첫 만남에서부터 서로에게 반한 그들은 머지않아 열렬한 사랑에 빠졌다.

맑게 부는 가을바람은

살랑살랑 R과 K의 가슴을 스쳐

K의 가슴은 고요히 물결지노라.

R이여! K는 오늘과 같이

즐겁기보다도 거룩하고 깨끗한 느낌은

아마도 처음인가 하노라.

맑게 흐르는 저 물과 같이

R이여! 영구히 그리고 깨끗이

당신은 나를 사랑할 터이지요.

아름답고 마음 맞는 오늘의 이 놀이여!

영원히 우리에게서 떠나지 말아 주렴…….

－〈김봉자의 집에서 발견한 연애편지 중에서〉, 《조선일보》 1933년 9월 30일자

오랜만에 다시 찾아 온 사랑에 빠진 노병운은 가정과 직장에서 점차 일탈하게 된다. 그러나 아직은 연구 조수로 수입이 신통치 않아 처가에 의존해 생활하고 있던 그에게는 가정을 버릴 만한 용기까지는 없었다. 처음부터 시작하지 말았어야 될 사랑, 불륜은 그들에게 파멸을 가져다줄 수도 있음을 자신들도 잘 알고 있었다. 하지만 한번 타오르기 시작한 사랑의 정열을 꺼트리기란 쉽지 않은 일이었다. 새

【노병운과 김봉자의 사랑 공식】 사진의 R은 노병운의 이니셜, K는 김봉자의 이니셜이다. R+K=RK=Life, RK-K=死Death, 즉 노병운과 김봉자가 함께하면 살고, 한쪽이라도 없으면 죽는다는 뜻이다.

로운 삶을 꾸릴 수 없는 자신들의 처지를 비관한 그들은 연애 공식을 만들어 영원한 사랑을 맹세하게 된다.

R+K=RK=L, RK-K=死Death, RK-R=死Death. 노병운(R)과 김봉자(K) 더하면 '노김의 사랑'이 만들어지니 이것은 'Life' 즉, 사랑 속에서 영원한 삶을 사는 것이고, 반대로 '노김의 사랑'에서 둘 중 한 사람이 사라진다면 그것은 'Death', 죽음이라는 것이었다.

❀ 간통죄로 고소당한 김봉자

　　　　　　　　　　　　　　　머지않아 그들의 맹세는 곧 현실로 다가왔다. 노병운의 아내인 박내씨가 그들의 사랑을 알게 되면서 사랑은 이제 고통이 됐다. 박내씨는 김봉자를 수차례 찾아가 아내와 자식이 있는 남성과 사랑을 하는 것은 온당치 못한 일이니 단념해 달라고 애원을 했다. 그러나 간절한 애원에도 불구하고 둘이 헤어지지 않자 김봉자가 자살하기 며칠 전에 용산경찰서에 김봉자를 대상으로 설유원說諭願을 제출하기에 이른다. 설유원이란 원통한 일을 당했을 때 상대편을 조사해 달라고 관계 기관에 제출하는 청원으로, 요즘으로 말하자면 간통죄로 고소한 것이었다. 상황이 이렇게 되자 연구가 제대로 될 리가 없었다. 노병운은 자살하기 3주 전부터 계속 결석하다가 끝내 사표를 제출했다.

한편 용산경찰서에서는 김봉자가 자살하기 수 시간 전인 9월 26일 오후 3시 30분경에 고등계 형사 2명이 김봉자의 집을 찾아가 연애편지 24통을 압수했다. 압수를 마친 형사들은 김봉자에게 다음 날 오전 8

【1930년대 카페 여급】짙은 화장과 단발머리, 팔을 드러낸 서양식 옷차림을 하고 있는 카페 여급의 모습이 이채롭다.

시까지 용산서로 출두해 달라고 그녀의 어머니에게 전하고 돌아갔다.

형사들이 돌아간 지 한 시간쯤 후에 집에 들렀다가 상황을 알게 된 김봉자는 창백한 얼굴을 한 채 어찌할 줄을 몰랐다. 노병운과의 사랑이 이런 상황을 초래할 지는 꿈에도 생각지 못했던 것이다. 잠시 방 안에 앉아 숨을 돌리며 생각에 잠겼던 김봉자는 자기 한 몸 사라진다면 모든 것이 깨끗하게 정리될 것이라는 생각이 들었다. 죽을 준비를 하기에는 남은 시간이 많지 않았다. 당시 유행하던 자살 방법인 한강 투신을 결심한 그녀는 5시경에 찾아온 엔젤 카페 여급 2명과 같이 카페로 가서 아무 일도 없었다는 듯 손님들과 쾌활한 얼굴로 어울리다가 한강으로 향했다. 초가을의 쌀쌀한 강바람이 불어오는 밤 11시경, 짧은 순간이었지만 그녀 인생에 있어 최고로 행복함을 안겨 주었던 사랑을 뒤로 하고 김봉자는 한강 물에 몸을 던졌다.

김봉자가 자살하자 연인 노병운은 자신 때문에 죽었다는 죄책감에 시달렸다. 자신의 부인이 용산경찰서에 설유원을 제출한 탓에 김봉자가 경찰의 조사 대상에 올랐으니 그것은 당연한 감정이었다. 더군다나 김봉자의 외삼촌인 김춘삼이 "나의 조카딸이 너 때문에 죽었으니 네가 장례를 치러라" 하면서 노병운에게 여러 가지로 압력을 가했다.

❀ 연애 공식을 실현한 노병운

갑작스런 연인의 죽음과 그로 인한 죄책감, 사회와 가족의 비난을 견디지 못한 노병운도 김봉자와 함께 만든 연애 공식대로 뒤를 따라 가기로 결심했다. 노병운은 27일 오후 김봉자의 어머니 이씨와 같이 시신을 찾으러 한강에 나갔다가 이씨가 잠시 딴 곳을 쳐다보는 틈을 타 한강에 뛰어들었다. 풍덩하는 소리만을 남겨둔 채 노병운이 사라지자 이씨는 고래고래 소리를 지르며 "사람 살려!" 하고 외쳤으나 물속으로 깊이 가라앉은 노병운의 자취는 이미 찾을 길이 없었다. 노병운이 사라진 자리에는 그가 사용하던 지팡이와 모자만이 남아 있을 뿐이었다. 자살하는 사람들을 감시하기 위해 용산경찰서에서 설치한 한강주재소로 이씨가 달려가 이 사실을 전한 것은 한참 후의 일이었다. 자살 신고를 접수한 한강주재소에서 수색에 나선 결과 노병운의 시신은 다음 날 오후에 한강 하류에서 세발낚시에 걸려 발견됐으나 김봉자의 시신은 끝내 찾지 못했다.

의사라는 사회적 지위와 명예를 가진 남성이 이 테이블, 저 테이블 돌아다니며 손님들에게 에로 서비스를 제공하는 여급과 순정어린 사랑을 하다 앞서거니 뒤서거니 한강에 빠져 죽자 경성은 또 한 번 이들의 사랑과 죽음을 놓고 술렁거렸다. 더욱이 그들이 죽은 후 발견된 연애 공식은 더욱 충격이었다. 본인들도 비참한 결말을 예상해 그

러한 연애 공식을 남겼던 것일까? 아니면 죽음으로 사랑의 불멸성을
입증하려고 했던 것일까?

　한편 노병운은 자살하기 전에 세 통의 유서를 남겼는데, 그 중 엔
젤 카페의 주인에게 보낸 유서에서 '자기도 역시 사라진 애인의 뒤를
따러 저 세상으로 가노라'고 적어 자신의 자살이 김봉자와의 사랑으
로 인한 것임을 분명히 밝혔다. 또한 그는 그 유서에 죽은 김봉자의
영혼에게 부치는 편지를 같이 보냈다.

　　당신은 왜 죽었나이까? 나만을 두고 죽는다면? 왜! 혼자 죽었나이까? 나를
　　두고. 나도 당신의 뒤를 따라가렵니다. 깨끗하게 죽는 방법이 얼마든지 있으
　　나 당신이 이미 한강을 택했으니 나도 당신이 죽은 한강을 취하려 합니다. 곱
　　게 잠든 당신의 깨끗한 영靈은 아직 세상에 남아 있는 나를 원망치 말고, 나를
　　기다려 주소서……．
　　　　　　　　－〈애상의 한강파에 청년 의사 노병운 씨 투신〉,《동아일보》1933년 9월 29일자

아내 박씨와 어린 딸에게도 유서를 보냈다. 김봉자에게 보낸 애끓
는 내용과는 달리 세상에 남아 온갖 고난을 겪어야 할 처자식에게는
미안하다는 말 한마디 남기지 않고 그저 짧게 적어 보냈다.

　　인제도 속이리라. 영원히 돌아오지 못할 객이 된다.
　　가장 사랑하는 희완이를 人生다운 사람이 되게 만드시오.
　　최후를 부탁합니다. 이제는 당신께 더 드릴 말씀이 없습니다.
　　　　　　　　－〈아내 박내씨에게 남긴 유서〉,《매일신보》1933년 9월 29일자

희완아 잘 있거라. 네 아비 나는 죄 갚으러 영원히 간다.

—〈장녀에게 남긴 유서〉,《매일신보》1933년 9월 29일자

남편이 세상을 떠들썩하게 한 정사의 주인공이 됐으니 아내 박내 씨는 버림받은 듯한 감정과 비통함으로 인한 충격이 매우 컸다. 박내 씨는 집으로 찾아 온 매일신보 기자를 만나 눈물을 흘리며 심정을 전했다.

어제 집에서 나갈 때에는 조금도 수상한 빛이 없었습니다. 대학까지 졸업한 …… 사물의 시비를 판단할 줄 알 만한 사람이 일개 여급의 뒤를 따라 죽으리라고는 조금도 생각하지 못했습니다. 본인의 말도 늘 걱정할 것 없다고 나에게 말해 주었습니다. 그이를 알기는 9년 전부터 알았고 결혼하기는 4년 전이었습니다. ……그이와 같이 찍은 사진은 없습니다. 그이와 봉자와 같이 찍은 사진은 있습니다만…….

—〈아버지를 잃은 가여운 유아들〉,《매일신보》1933년 9월 29일자

❀ 신문에 대서특필된 '비련의 애화'

카페 여급과 청년 의사가 연정으로 인해 잇달아 자살하자 언론에서는 이 사건을 비련의 애화로 만들어 대서특필했다. 윤심덕의 죽음을 두고 차갑게 비난했던 것과는 대조적으로 언론과 여론은 이 사건을 로맨스로 만들었다. 그 와중에 동아일보는 김봉자를 '녹주홍등綠酒紅燈의 그늘에 숨어 비밀 통신하던

【노병운이 남긴 유서】 《매일신보》 1933년 9월 29일자

여투사'로 만드는 대형 오보를 이틀 연속 터뜨렸다. 김봉자가 국제 공산당의 비밀스런 명령을 받고 그 임무를 수행하기 위해 카페를 중심으로 은밀히 활동하다 발각되자 투신자살한 것으로 보도한 것이다. 동아일보가 이렇게 판단한 근거는 용산경찰서가 김봉자의 집을 수색해 편지를 압수했다는 정보에 의한 것이었다. 당시는 김봉자가 죽기 바로 전날에 조선공산당 재건 사건 공판이 열렸고, 또 그 전날에는 간도 항쟁 사건 공판이 열려 사회적으로 관심이 집중되던 때였다. 따라서 일제 경찰이 해외와 연결돼 국내에서 은밀히 활동하는 혁명가를 찾는 데 혈안이 되어 있던 시기이기도 했다.

특히 1930년대 카페의 분위기는 대공황과 일본의 만주 침략, 장기화되는 식민 통치 등으로 인해 퇴폐적이면서도 급진적이었다. 실제로 카페 등에서 활동했던 혁명가들도 꽤 있었다. 서대문경찰서 탈주 사건으로 경성을 놀라게 했던 혁명가 이재유가 "공장 근처의 카페 등에서 유행하는 음악은 현재의 세상을 저주하는 것들이고 다른 것이 있다면 '죽을 때까지 싸워 보자'는 정도의 전투적인 음악"이라고 언급할 정도였다. 따라서 동아일보가 오판한 것도 무리는 아니었다.

　하여튼 언론에 의해 비련의 애화가 된 이 사건을 상업적으로 이용하기 위해 음악계가 먼저 발 빠르게 나섰다. 아마 윤심덕이 죽은 후 〈사의 찬미〉가 공전의 히트를 쳐 재미를 톡톡히 보았기 때문일 것이다. 사건이 일어난 지 석 달 뒤인 1934년 1월에 당대 최고의 인기 가수였던 채규엽이 〈봉자의 노래〉뿐 아니라 〈병운의 노래〉까지 발표해 세간의 인기를 끌었다.

　　　당신의 굳은 마음 내 알지마는
　　　괴로운 사랑 속에 어이 살리요
　　　내 사랑 한강 물에 두고 가오니
　　　천만 년 한강 물에 흘러 살리다

　　　　　　　　　　　　　　　　－〈봉자의 노래〉중에서

　　　그대를 위해서 피까지 주었거늘
　　　피보다도 더 붉은 우리의 사랑
　　　한강 깊은 물 속에 님 뒤를 따르니
　　　천만 년 영원히 그 품에 안아 주

　　　　　　　　　　　　　　　　－〈병운의 노래〉중에서

　이렇게 노래로 남겨진 김봉자와 노병운의 정사는 연애와 정사의 주인공이 기생에서 여급으로 옮겨갔음을 보여주는 상징적인 사건이었다.

❀ 새롭게 떠오른

1930년대 연애의 주역, 여급

1910년대부터 연애와 정사의 주인
공으로 화려한 이력을 자랑하던 기생도 1920년대 후반에 들어서면
서 새로 등장한 카페 '여급'이라는 존재에게 주인공 자리를 물려주고
세월의 뒤안길로 밀려나게 된다.

경성에 카페가 최초로 생긴 것은 1910년대 중반이었으나, 밤거리
의 주요 공간으로 자리를 잡게 된 것은 1920년대 중반부터였다. 일
본 오사카의 아카다마 카페가 충무로1가 진고개에 지점을 내고 유흥
의 보조자로서 여급을 등장시키면서부터 본격적으로 카페가 사람들
에게 알려지게 된다. 이 시기에 접어들면서 카페는 초창기의 모습에
서 벗어나 여급이 각종 '에로 서비스'를 제공하면서 술을 파는 유흥
공간으로 변모했다.

초기 충무로의 일본인 거주촌을 중심으로 발전한 카페는 1931년
에 '낙원' 카페가 종로 거리에 등장하면서부터 요릿집을 제치고 조선
사회에서 밤 문화의 메카가 됐다. 카페들이 새로 생겨나자 짧은 치마
를 입은 채 조니 워커 같은 양주를 따라 주는 여급의 수도 덩달아 늘
어 1936년 말이면 그 수가 4,060명에 달하게 된다.

이렇게 카페와 여급이 선풍적 인기를 끌게 된 것은 요릿집과 기생
보다는 훨씬 싸면서도 보다 환락적이었기 때문이었다. 당시 기생의
화대는 시간당 1원 50전으로 매우 비쌌기 때문에, 웬만한 사람은 요
릿집에 가기가 어려웠다. 반면에 여급은 1원 한 장만 있으면 몇 시간
동안 술시중을 들어주면서 손목도 잡을 수 있었고, 기분만 통한다면

더 화끈한 서비스도 받을 수 있었다. 나아가 분위기가 달아오르면 여급도 기생 못지않은 실력을 뽐내며 신식 창가나 사교 댄스까지 제공했다.

> 카페! 카페는 술과 계집, 그리고 엽기가 잠재해 있는 곳이다. 붉은 등불, 파란 등불, 밝지 못한 샹데리아 아래에 발자취 소리와 옷자락이 부벼지는 소리, 담배 연기, 술의 냄새, 요란하게 흐르는 재즈에 맞춰서 춤추는 젊은 남자와 여자, 파득파득 떠는 웃음소리와 흥분된 얼굴! 그들은 인생의 괴로움과 쓰라림을 모조리 잊어버린 듯이 즐겁게 뛰논다. 거기엔 눈물도 없고, 슬픔도 없고, 고민도 없는 행복한 인간들만 모이는 장소같이 보인다.
>
> 무겁게 떠도는 공기 속에서 밤이 늦어도 입술의 접촉하는 소리와 한가지로 화려한 흥분은 어느 때까지든지 계속된다. 젊은 남자! 그리고 어여쁜 웨이트레스는 서로 얼싸안고 '마셔라, 먹어라' 하며 술 취한 붉은 얼굴에 겨우 떠지는 눈으로 서로서로 쳐다본다.
>
> —〈인텔리 여급 애사〉, 《삼천리》 1932년 9월호

여급의 등장과 함께 출현한 '에로 서비스'는 당시 크게 유행했던 단어로, '성적애, 육체의 곡선미, 도발적인 추파'의 뜻을 지닌 '에로'와 '봉사'를 뜻하는 '서비스'가 결합된 신조어였다. 순식간에 선풍적 인기를 끌게 된 '에로 서비스'는 곧 발생지인 카페를 벗어나 더 강도 높은 모습으로 변신했다. 여급이 '2차적 활동'으로 성매매를 하다 발각돼 과태료 처분을 받는 사건이 자주 발생했는가 하면 속칭 '에로단'이 검거되기까지 했다.

14일 오후 10시 경에 동대문서에서는 원남동 모처에서 젊은 여성 7,8명이 회합 행락에 취해 흥청거리는 판에 미리부터 경계하고 있던 형사대가 뛰어들어 이경자 외 7명의 묘령의 여성을 검거해 동서에 안치하고 취조 중인데 장차에 에로적 정체가 판명되리라 하며 이 에로 단체는 전번에 종로서에 검거된 에로 단체와는 계통이 달라 의외에도 공직자와 상류 계급에 속한 인사들에게까지 검거의 손이 미치리라는데 이 사건으로 말미암아 종로 일대의 카페를 중심해 십 수 명의 여급을 검거하게 됐다고 한다.

—〈시내에 제2의 에로굴?〉, 《동아일보》 1934년 2월 16일자

그 강도를 높였던 에로 서비스는 대상층까지도 확대했다. 호기심이 한창 왕성한 중등학생들까지 카페에 드나들게 됐던 것이다. 카페와 여급으로 인한 풍기문란이 커다란 사회적 이슈가 되자, 급기야 1931년 일제 당국은 카페 영업 단속에 나서게 된다. 또한 카페 규칙도 제정해 내부는 쉽게 신문을 읽을 수 있을 정도의 밝기를 유지하고, 여급은 영업소 가옥 내에 합숙시키고, 팁은 전부 본인의 소득으로 하고, 의류 구입을 강제하지 말고, 홀에서 댄스 및 비천하고 외설적인 행동을 시키지 말 것 등의 조건을 준수하도록 명령했다.

그럼에도 불구하고 카페 경제가 활성화되자 일자리를 구할 수 없어 가난을 면치 못하던 많은 여성들이 여급의 세계로 뛰어들었다. 음악과 춤을 익히기 위해 고된 훈련을 받아야 했던 기생과는 달리 여급이 되기 위해서는 별다른 준비가 필요하지 않아 가난한 여성들에게는 손쉽게 돈벌이를 할 수 있는 직업으로 인식됐다. 남편과 뜻이 맞지 않아 가정을 뛰쳐나온 여성, 늙은 부모를 봉양하기 위한 여성, 단

발 양장의 인텔리 여성뿐 아니라 여배우 출신의 여급을 초빙하는 게 유행이 됐다. 카페 '비너스'의 마담으로 유명했던 여배우 복혜숙과 카페 '낙랑'의 여주인 김연실을 비롯해 서화정, 정갑순, 양소정 같은 여배우들이 돈을 벌기 위해 여급이 됐다.

　고등교육을 받은 인텔리 여성들은 남성 지식인 및 학생들과의 지적 대화가 가능하다는 점에서 인기를 누렸으며, 환락의 공간인 카페에서 쉽게 연애 감정에 빠져들기도 했다.

※ 유행처럼 번진 조선 남녀의 연애 자살

　　　　　　　　　　　　　기생과의 사랑처럼 여급과의 사랑도 쉽게 이루어지지 않았으며 끝내는 어느 일방의 자살로 이어지는 비련으로 끝나기 십상이었다. 그 중에서도 강명화와 장병천처럼 못 이룰 사랑을 고민하다 여급과 그 연인이 동반 자살하는 사건이 종종 발생하기도 했다. 그 대표적 사건이 김봉자와 노병운의 정사 사건이었다. 이 사건을 통해 정사를 절대적 사랑의 영속이라 생각했던 극단적 자유연애의 사상이 강명화와 장병천의 정사 이후로 급속도로 퍼져 10여 년이 넘는 시간 동안 끊임없이 영향을 미치고 있었음을 알 수 있다.

　정사는 연애와 함께 일본으로부터 수입된 외래품으로 2,30년대를 거치면서 수많은 사건을 남겼다. 그 중에서도 일본 유학생을 중심으로 수입된 구리야가와 하쿠손廚川白村의 '사랑은 지고지순의 도덕이며 죽음이란 일체를 정당화하는 힘을 갖고 있다'라는 극단적 연애론은 연애의 정사화에 커다란 영향을 미쳤다.

하지만 정사 사건이 모두 애화哀話가 된 것은 아니었다. 강명화, 김봉자와 같은 화류계 여성들이 죽은 후 동정을 받은 것과는 대조적으로 윤심덕의 정사는 일본 사람의 풍속을 배워 와 '부둥켜안고 정사'했다며, '조선의 핏덩어리로는 차마 못할 일'이라 매도하면서 심지어 '조선인에서 제명'할 것을 요구하는 사람도 있었다. 정사는 수입했어도 정사 방법만은 조선적이어야 한다고 주장하는 남성들의 생각은 한 편의 희극이었다.

근대에서 역사상 기록된 첫 정사 사건은 1914년에 있었던 청년 조창식과 창기 월색이 바다에 뛰어들어 정사한 것이었다. 그러나 그때까지만 해도 정사가 대중화되지는 않았다. 그 후 간간이 일본인이 정사한 사건들이 발생하다 1920년대 들어서야 조선인의 정사 사건이 본격적으로 일어나기 시작했다.

1921년 5월 창기 김목단과 이발사 이경성의 음독자살 사건이 발생한 이래 조선 남녀의 연애 자살도 하나의 유행이 되어 신문에는 하루도 거르지 않고 정사 사건이 보도됐다. 1920년부터 1940년까지의 동아일보 기사 중 '자살·정사'로 분류되는 기사만도 8,030건이 될 정도였다.

늘어만 가는 정사 사건을 두고 1922년도에 윤근은 "연애의 가치란 차라리 실연에 있으며, 실연으로 말미암아 광열하며 사랑에 초민焦悶해 죽는 것은 절대미의 극치"라며 옹호할 정도로 모던보이, 모던걸들은 극단적 자유연애에 빠져 있었다.

그렇다고 모두가 정사를 옹호한 것은 아니었다. 연애를 할 만한 사람들은 기생밖에 없다던 나혜석도 강명화의 자살에 대해서는 가차없이 비판했으며, 이종화는 "현대 신문의 구석구석에서 1년에도 몇 번이고 얻어 들을 수 있는 것은 부르주아 청춘남녀 사이에 얽어지는 연애 비극, 그리고 그의 애화! 자신들의 불운한 연애를 비관해 혹은 한강 철교, 폭포, 철도 레일 그리고 그 중에서도 쥐약을 찾는 무리가 얼마나 많음인가!"라며 툭하면 정사하는 세태를 한탄했다.

그러나 그 한탄도 그리 오래가지는 않았다. 1930년대 말부터 잇따른 중일전쟁과 태평양 전쟁의 발발, 이 전쟁에서 승리하기 위해 광분한 일제의 총동원령으로 인한 경제적 궁핍과 경색된 사회 분위기는 청춘 남녀들이 연애와 정사에 몰두하게 내버려두지 않았다. 이때부터 1910년대에 수입된 이래 맹위를 떨치던 연애와 정사 사건도 주춤하며 사회의 관심에서 멀어져 갔다.

제六화

김명순, 연애가 파멸시킨 신여성

· 모델 소설 전쟁 ·

김명순 모델 소설의 최대 희생양

· 나쁜 피, 로닉이 찌르다 ·

강강을 당해도 김명순 탓

· 남편 많은 처녀 · 라는 억울한 오명 ·

끝없이 퍼지는 악소문들

무일푼으로 유랑의 길을 떠돌다

쓸쓸히 비참한 최후를 맞다 ·

제２부

경성을 뒤흔든 낭만적 연애 사건

경성을 뒤흔든 낭만적 연애 사건

여성 화가 나혜석,
정조 유린
고발장을 던지다

나는 불륜이 아니라 취미로 즐겼을 뿐

❀ 경성을 발칵 뒤집은 이혼 고백장

1934년 8월 당시 널리 읽히던 대중 잡지 《삼천리》 8월호가 발간되자 경성은 발칵 뒤집혔다. 근대 최초의 여성 서양화가이자 문인으로 유명세를 떨치고 있던 나혜석이 남편 김우영과의 이혼 과정을 써서 투고한 장편의 〈이혼 고백장〉때문이었다.

조선 남성 심사는 이상하외다. 자기는 정조 관념이 없으면서 처에게나 일반 여성에게 정조를 요구하고 또 남의 정조를 빼앗으려고 합니다. 서양이나 도쿄 사람쯤만 되더라도 내가 정조 관념이 없으면 남의 정조 관념 없는 것을 이해하고 존경합니다. 남의 정조를 유인誘引하는 이상 그 정조를 고수하도록 애호愛護해 주는 것도 보통 인정이 아닌가. 종종 방종한 여성이 있다면 자기가 직접 쾌락을 맛보면서 간접으로 말살시키고 저작咀嚼시키는 일이 적지 않소이다. 이 어이한 미개명의 부도덕이냐.

— 〈이혼 고백장〉,《삼천리》1934년 8월호

그녀는 원고지 150여 매에 달하는 글을 통해 김우영과 결혼에 이르기까지의 과정, 가정생활, 구미 여행 때의 일, 최린과 파리에서 만나 사랑에 빠졌던 일, 이를 알게 된 남편의 협박과 강압으로 인한 이혼 과정과 고통에 빠진 자신의 심경을 적나라하게 고백했다. 또한 이에 그치지 않고 9월 19일에는 최린을 상대로 '정조 유린에 대한 위자료 청구 소송'을 제기해 또 한 번 세상을 놀라게 했다. 최린이 누구인가? 1919년 독립만세운동 당시 민족 대표 33인으로 참여하는 등 독립운동의 지도자로 활동하다가 1933년 무렵부터는 조선총독부 중추원 참의로 있던 거물급 인사가 아니던가?

나혜석은 소장에서 파리에서 만난 최린이 자신을 협박해 수십 차례에 걸쳐 정조를 유린했으며, 그로 인해 남편과 이혼하게 됐을 때 자신의 장래를 책임지기로 했으나 한 푼의 생활비도 지원해 주지 않아 비참한 생활을 하고 있으므로 이에 대한 위자료 1만 2,000원을 청구한다고 밝혔다. 1만 2,000원은 웬만한 집 수십 채를 살 수 있는 엄청난 거금이었다.

그렇지 않아도 신여성에 대한 시선이 곱지 않았던 조선 사회는 이

【정조 유린 소송 사건】 나혜석은 최린이 자신의 정조를 유린했다며 위자료 1만 2,000원을 청구하는 소송을 냈다. 《동아일보》 1934년 9월 20일자

혼 고백장과 소송으로 잇달아 경성을 발칵 뒤집은 나혜석에게 비난을 쏟아 부었다.

> 이혼의 동기와 원인을, 그 책임 문제로 보아서 나는 당신을 온전히 동정할 수 없음에 거듭 놀랐었고, 그러한 고백장을 사회에 적나라하게 발표하시는 당신의 태도에 반감과 불쾌감을 느꼈습니다. …… 필요 없는 폭로는 악취미요, 병적입니다. 더욱이 당신은 4남매의 어머니로서 그 노출증적 광태를 버려야 하지 않겠습니까. 또한 당신은 개차改差 없는 자아 폭로에만 그치지 않고 무책임한 설교로서 우리네 가정의 어린 자녀를 기르는 부모의 마음을 서늘케 했습니다.
>
> —〈나혜석 씨에게〉,《신가정》1934년 10월호

스스로가 고백한 바람피운 것과 이혼 등으로 인해 나혜석은 이후 두고두고 정조 개념이 없고 방탕한 여성으로 낙인찍혔다. 왜 나혜석은 사회적으로 비난받을 것을 뻔히 알면서도 이혼 고백장을 투고한 것일까? 어느 평범한 평양 가정주부의 말대로 '노출증적 광태'를 지닌 그녀가 일부러 사생활을 노출시킨 후 사회의 시선을 즐기기 위해서였을까? 과연 이혼 고백장을 공개해 그녀가 사회에 제기하고자 했던 문제는 무엇이었을까?

✽ 첫사랑 최승구의 갑작스러운 죽음

1913년 3월 진명여고보를 졸업한 나혜석은 오빠 나경석의 도움으로 일본 유학길에 올랐다. 그리고 도쿄사립여자미술학교 서양학과에 입학해 본격적으로 미술 공부를 시작하며 서구 사상과 당시 일본에서 일고 있던 신여성 운동의 이론들도 함께 받아들이기 시작했다. 그 중에서도 엘렌 케이의 자유연애와 자유 이혼론은 조혼과 강제 결혼으로 인해 고통받던 유학생들에게는 일종의 해방론과 같았다. 1926년 엘렌 케이가 죽었을 때 동아일보, 조선일보 등이 엘렌 케이 추모 특집 기사를 내보냈을 정도로 엘렌 케이의 사상이 조선에 미친 영향은 매우 컸다.

엘렌 케이는 《연애와 결혼》, 《연애와 윤리》 등의 책을 통해 어떠한 결혼이든지 거기 연애가 있으면 도덕이고, 아무리 법률상 수속을 다해서 성립된 결혼이라 하더라도 연애가 없으면 부도덕이라며 자유연애를 옹호했다. 그리고 참된 연애란 '두 남녀 사이에 영육靈肉이 일치'하는 것이라고 주장했다. 일부 남성 유학생들은 '연애 없는 결혼은 부도덕'이라는 이론에 따라 유학 오기 전 부모의 강요에 의해 결혼한 여성과의 이혼을 선택했다. 그리고 그들은 새로운 연애 대상을 찾아다니기 시작했다.

나혜석의 첫사랑이었던 최승구도 조혼해 고향에 아내를 두고 있던 게이오대학의 학생이었다. 와세다대학에 춘원 이광수가 있다면, 게이오대학에는 소월 최승구

【엘렌 케이(1849~1926)】 스웨덴의 엘렌 케이는 여성과 아동의 해방에 큰 영향을 미친 여성 사상가였다.

가 있다고 할 만큼 주목받는 시인이었던 그는 친구였던 나경석을 통해 나혜석을 소개받았다. 만난 지 얼마 되지 않아 두 사람은 서로가 '영육이 일치'하는 연애와 결혼을 할 수 있는 짝이라는 것을 느낄 수 있었다. 친구들 앞에서 공개적으로 서로의 관계를 공포하는 약혼식을 치른 두 사람은 열렬하고도 화려한 사랑의 꽃을 피웠다. 그들은 시인과 화가로서 서로의 예술 세계에 대한 깊은 이해와 공명 속에서 둘만의 예술 세계를 만들어 나갔다.

아아! 나의 계련系練 ─풀지 못할 믿고 사랑스러운 계련─을 얼마나 생각하고 얼마나 사랑하는지! 그것으로 하여 얼마나 번민하며, 얼마나 우는지! 나는 이것을 생각하면서 이러한 생각을 얻었었소. "우리의 '계련'은 먼저 감정적 생

활을 하도록" 해야겠다고.

−〈정감적 생활에의 요구〉,《학지광》1914년 12월호

당시 일본 유학생들이 발행하던 잡지《학지광》에 발표한 이 글을 통해 최승구는 나혜석에 대한 애정을 열렬하게 표출했다. 그리고 가식과 위선의 가면을 벗고 자신과 함께 열정적 사랑을 나눌 것을 호소했다. 최승구의 호소대로 열정적인 사랑을 하게 되는 둘의 연애는 유학생계의 화젯거리였다. 이를 시샘한 학생들이 길가의 담벼락에 '나혜석은 XX의 것'이라는 유치한 낙서를 할 정도였다.

그러나 둘의 연애는 오래가지 못했다. 1914년, 나혜석이 1학년을 마치자 그녀의 아버지는 얼굴조차 보지 못한 남성과의 결혼을 강요하기 시작했다. 이미 아내가 있는 남성과 약혼했다는 말을 할 수 없었던 나혜석은 아버지의 결혼 강요와 학비 지원 중단에 교사가 되는 것으로 대처했다. 그녀는 여주고등보통학교에서 1년간 교사로 있으면서 결혼도 피하고 학비도 마련했다.

최승구도 나혜석을 첩으로 들이는 것은 상관없지만 아내와의 이혼만큼은 절대 안 된다는 집안의 반대에 이러지도 저러지도 못하고 속만 썩이고 있는 와중이었다. 도쿄에서의 생활비와 학비 또한 넉넉지 못해 늘 불안에 싸여 지내야 했다. 그렇게 경제적 문제와 연애 문제로 고민이 깊어 가면서 그의 건강이 악화됐다.

결국 폐병에 걸린 그는 신병 치료를 위해 도쿄를 떠났다. 떠나기 전 나혜석과 매일 편지를 주고받기로 약속했다. 전남 고흥에 있는 형 최승칠의 집에서 요양을 하던 최승구의 병세는 날로 심해져 갔다. 최

승구의 가족들은 나혜석에게 편지를 보내 최승구의 병세가 위독하다며 한번 다녀갈 것을 요청했다.

1916년 4월, 나혜석은 여자 혼자 몸으로 전남 고흥까지 최승구를 찾아갔다. 오전에 도착한 나혜석은 최승구가 누워 있던 방에서 하루 종일 함께 있으면서 이런저런 얘기를 나누다 저녁이 되어서야 떠났다. 나혜석이 떠난 다음 날, 마치 나혜석을 만나기 전까지는 절대 숨을 멈출 수 없었다는 듯 최승구는 조용히 세상을 떠났다.

첫사랑이자 예술적 친구였던 최승구가 죽자 나혜석은 자신이 그의 곁에 남아 간호했더라면 죽지 않았을 것이라며 울부짖었다. 가슴에 커다란 상처를 입은 그녀는 회한과 슬픔으로 잠시 발광하기까지 했으며, 극도의 신경 쇠약에 걸려 반 년 간을 고통 속에서 보냈다.

✿ 김우영의 열정 어린 청혼을 받다

그렇게 고통의 나날을 보내던 중 다가온 남성이 오빠 나경석의 친구였던 김우영이었다. 1916년 여름, 방학을 맞이해 수원의 집으로 귀향한 나혜석을 찾아 김우영이 수원 집으로 찾아왔다. 오빠 나경석의 소개로 처음 김우영을 만난 나혜석은 별다른 감정 없이 인사를 나누었다. 며칠 후 경성으로 돌아간 김우영은 나혜석 앞으로 긴 연서를 보냈다. 당시 김우영은 나혜석보다 나이가 열 살 위였는데, 열아홉에 결혼했다가 부인이 죽은 지 얼마 안 된 때였으며, 죽은 부인과의 사이에서 태어난 딸이 한 명 있는 남성이었다. 처녀였던 나혜석에 비하면, 한 번 결혼한 전력이 있고

95

【나혜석과 김우영】 나혜석은 서양화가이자 시와 소설을 쓰고 독립운동에도 참여했던 도전적인 신여성이었다. 김우영과 결혼하면서 당시로서는 파격적인 조건인 '영원한 사랑을 줄 것, 그림 그리는 것을 방해하지 말 것, 시어머니와 전실 자식과 함께 살지 않을 것'이란 까다로운 조건을 내걸었다.

거기다 애까지 딸린 나이 많은 남성이었음에도 불구하고 오빠 나경석은 김우영을 나혜석의 새로운 연인으로 낙점하고 소개해 준 것이었다. 나경석은 최승구와 같은 가난한 예술가보다는 경제적으로 안정된 김우영 같은 사람이 더 나혜석의 예술 활동을 뒷받침해 줄 수 있을 것이라고 생각했다.

만난 지 얼마 되지 않아 김우영은 나혜석에게 보낸 연서에서 자신이 처한 상황을 설명하고 심신이 지쳤고 고독하니 새로운 사람과 결혼을 해야겠는데, 당신이 나의 아내가 되어 주기를 바란다며 청혼했다. 그러나 아직 최승구를 가슴 속에 담아 두고 있던 나혜석은 답장을 보내지 않았다.

그렇게 여름 방학을 보낸 나혜석은 도쿄로 돌아갔다. 당시 쿄토대학 법학부에 다니던 김우영은 도쿄제대에서 열리는 웅변대회 참석차 도쿄로 왔다가 나혜석의 자취 집으로 찾아왔다. 이후 몇 차례 찾아온 김우영은 그녀에게 자신의 진심 어린 사랑을 열정적으로 호소했다. 이 열정에 점차 마음이 돌아선 나혜석은 어느 날 전차 정류장에서 그에게 손을 내밀었다. 아내와 연인을 잃은 이들 사이에서 새로운 연애가 시작됐다.

새롭게 연애를 시작했지만 예술에 대한 이해가 부족한 김우영을 진심으로 사랑하지는 않은 나혜석은 얼마 되지 않아 그에게 이별을 통보했다.

"나는 이광수 씨와 결혼하게 됐으니, 미안하지만 단념해 주시오."

김우영으로서는 청천벽력 같은 소리였지만 나혜석은 최승구가 죽은 후부터 이광수와 예술가적 이해를 바탕으로 가까워지던 관계였다. 그러나 이광수는 당시 나혜석의 친구인 허영숙과 몇 년 전부터 연애 중이었다. 이런 사실을 알고 있었지만 새록새록 솟아나는 사랑의 감정을 지우기는 어려웠다.

이러한 와중에 이해할 수 없는 것은 이광수의 태도였다. 이광수는 나혜석과 새롭게 연애를 시작했으면서도 허영숙과 헤어지지는 않았다. 오히려 둘 다를 애인으로 두려고 했다. 그래서 허영숙에게는 화요일과 목요일에만 오라고 하고, 나혜석과는 수요일과 금요일에만 만나는 것으로 날짜까지 정했다. 이광수는 정해진 요일이 아니면 만날 수 없다며 꼭 그 요일에만 만날 것을 요구했다. 하지만 그런 삼각관계가 오래 갈 수는 없는 법이다.

얼마 되지 않아 이를 눈치 챈 허영숙이 펄펄 뛰었다. 둘 중 하나를 선택해야 하는 이광수는 허영숙을 선택했다. 그러고 나서는 나혜석에게 자신과 헤어졌다는 편지를 허영숙에게 보내 달라고 부탁했고 나혜석은 허영숙에게 편지를 보냈다.

내가 이씨를 사랑한 것은 다만 성격이 같은 점이 많다는 것밖에는 없었소. 허씨

를 나 몰래 사귀었다고 해서 실연失戀은 느끼지 않을 정도의 정열이었으니, 그

것을 무슨 사랑이라 하겠소. 오직 두 분의 사랑의 길에 애로 없으시기를.

— 김원주, 〈진리를 모릅니다 — 나의 회상기〉, 《미래세가 다하고 남도록》

이광수와의 잠깐 동안의 사랑을 한 차례 소동으로 마감한 나혜석
은 여전히 그녀를 기다리고 있던 순정파 김우영의 곁으로 돌아갔다.
나혜석이 남성들 사이에서 인기가 많은 것에 불안을 느낀 김우영은
계속 그녀에게 결혼을 하자고 독촉했다.

김우영의 재촉은 두 사람이 학교를 마치고 귀국해 각각 미술가와
변호사로 사회생활을 시작하면서 더욱 심해졌다. 그러나 5년간의 연
애에도 불구하고 그녀는 김우영에게 확신이 없었다. 나이 차이나 결
혼했던 경력, 아이는 문제가 아니었다. 첫사랑 최승구도 유부남이 아
니었던가?

무엇보다 남이 알 수 없는 내 마음 한편 구석에 남은 상처의 자리가 아직 아물
지 아니했음이오, 하나는 씨의 사랑이 이성을 초월하리만치 무조건적 사랑,
즉 이성 본능에 지나지 않는 사랑이오, 나라는 한 개성個性에 대한 이해가 있
을까 하는 의심이 생긴 것이외다. 그리해 본능적 사랑이라 할진대 나 외에 다
른 여성이라도 무관할 것이오, 하필 나를 요구할 필요가 없을 듯 생각하던 것
이었습니다. 전 인류 중 하필 너는 나를 구하고 나는 너를 짝지으랴 하는 데는
네가 내게 없어서는 아니되고, 내가 네게 없어서는 아니될 무엇 하나를 찾아
얻지 못하는 이상 그 결혼 생활은 영구치 못할 것이오, 행복치 못하리라는 것
을 나는 일찍이 깨달았던 것이었습니다. 그렇다고 나는 그를 놓기 싫었고, 씨

는 나를 놓지 아니했습니다.

-〈이혼 고백장〉,《삼천리》1934년 8월호

나혜석은 최승구와는 달리 김우영과는 '영육의 일치'를 느끼지 못했다. 그렇다고 다른 여성에게 가도록 놔 주기도 아까운 상황이었다. 결국 나혜석은 양쪽 집안 친척들의 권유와 강권에 못 이겨 경제적으로 부유한 김우영을 선택하기에 이른다. 대신 그녀는 청혼을 받아들이면서 세 가지 요구 조건을 내걸었다.

1. 일생을 두고 지금과 같이 나를 사랑해 주시오.
2. 그림 그리는 것을 방해하지 마시오.
3. 시어머니와 전실 딸과는 별거케 해 주시오.

첫 번째 요구 사항은 설사 연애해서 결혼했더라도 결혼 생활 중에 연애 감정이 사라진다면 이혼하는 것이 더 도덕적이라는 엘렌 케이의 사상에 영향을 받은 것이었다. 이혼을 하지 않기 위해서는 평생 사랑의 감정을 유지해야만 하는 것이다. 두 번째와 세 번째 요구 사항은 결혼을 하면 사회생활을 접고 집안에 들어앉아야 하는 기존의 관습을 과감히 버리고 예술가로서 계속 활동할 수 있도록 보장할 것과 앞으로 일어날 수 있는 시댁의 간섭을 배제하기 위한 것이었다. 김우영은 나혜석과 결혼하고 싶은 욕심에 요구 사항들을 무조건 받아들였다.

【나혜석의 결혼식】 나혜석과 김우영은 정동예배당에서 신식 결혼식을 올렸다. 나혜석은 흰 치마 저고리에 흰 버선, 머리에는 면사포를 써서 전통식에다 서양식을 합친 복장이었다.

❀ 첫사랑의 무덤으로
   신혼여행을 떠난 부부

　　　　　둘만의 결혼 서약을 한 나혜석과 김우영은 1920년 4월 10일 오후 3시 정동예배당에서 결혼식을 올렸다. 이들의 결혼식을 알리는 기사와 청첩장이 당시 창간된 지 열흘 밖에 안 된 동아일보에 실려 결혼식장에는 하객뿐 아니라 구경꾼까지 몰려들었다. 신랑 김우영은 서구식 예복으로 차려입었고, 신부 나혜석은 서양식 드레스가 아닌 흰 치마 저고리에 면사포를 쓰고 양손에는 부케를 든 모습이었다.

　　결혼식을 마친 이들은 곧 신혼여행을 떠났다. 신혼여행이 드물던 시절인지라 그 희귀성으로 인해 이들 부부의 신혼여행은 그 자체만으로도 화제가 됐다. 하지만 그보다 더 큰 이유는 연애의 역사에 전례가 없는 기이한 신혼여행이었기 때문이었다.

결혼 전부터 신혼여행에 관해서는 일절 묻지도 못하게 한 나혜석은 여행 비용을 전부 자기가 부담하기로 하고 기차를 탔다. 김우영은 그저 나혜석이 시키는 대로 차에 타라면 타고, 내리라면 내리고, 걸으라면 걷고 하면서 도착한 곳이 비석 하나 없이 풀만 우거진 무덤 앞이었다. 누구의 무덤인지 궁금해 하는 김우영을 향해 나혜석은 입을 열었다.

> 이 무덤은 내 첫사랑의 대상인 최승구 청년의 무덤이라오. 가장 외로운 인간의 무덤이죠. 그래도 생전에 사랑을 한 책임감이 느껴져서 조그만 비석이나 하나 세우려고 합니다. 당신에게 미안한 생각을 다 없애기 위해서죠. 책임감에서 꺼림칙한 마음이며, 애정의 여운까지 아주 깨끗하게 씻어 버리기 위해 신혼여행비로 이 무덤에 비석이나 하나 세우고, 최씨와 영원히 이별을 하려는 것이죠. 그래서 이후로 나는 과거 일은 아주 청산해 버리고 순정적이고, 충실한 아내 노릇을 하기 위함입니다. 아무튼 당신은 모두 양해하리라고 믿어요.
>
> —김원주, 〈진리를 모릅니다 – 나의 회상기〉, 《미래세가 다하고 남도록》

아내가 사랑했던 사람의 무덤으로 신혼여행을 온 김우영의 기분이 유쾌할 리는 없었다. 하지만 자신 앞에서 아직 남아 있는 첫사랑과의 추억과 애정을 영원히 묻어 버리고, 이후 자신에게 영원히 충실할 것을 맹세한다는 데 마냥 반대할 수는 없었다. 남편의 동의하에 비석을 세운 나혜석은 최승구와 주고받았던 편지와 사진까지 모두 태워 비석 밑에 묻으며 진지하게 첫사랑과의 이별 의식을 치렀다.

❀ 불행의 서막, 최린과의 만남

신혼집을 경성부 숭이동에 마련한 이들 부부는 결혼 전 약속과는 다르게 시어머니와 1년간 같이 살게 됐다. 6월에는 첫 딸 김나열金羅悅을 임신했다. 김우영과 나혜석의 기쁨悅이라는 뜻으로 지은 이름이었으나 나혜석은 전혀 기쁘지 않았다. 오히려 절망에 빠져들었다. 아기로 인해 이후 예술가로서의 생활을 중단해야 하는 것은 아닌지, 그렇지는 않게 되더라도 육아의 부담 등이 자신의 앞길을 가로막는 장애물이 되는 것은 아닌지 하는 생각에 첫 딸에게 진심 어린 애정을 쏟지 못했다. 이런 심정을 그녀는 '자식은 모체의 살점을 떼어 가는 악마'라고 극단적으로 표현했다.

나혜석은 절망 속에서도 신여성은 배우기만 했지 집안 살림 등 주부로서는 잘 하는 것이 별로 없다는 사회적 시선을 바꾸기 위해, 아내, 어머니, 화가로서 모두에게 인정받는 여성이 되기 위해 분투했다. 이듬해 3월 만삭의 몸을 이끌고 경성에서는 최초로 서양화 개인전을 열어 호평을 받았다. 또 출산 후에는 두 번째 소설 〈규원〉을 발표하는 등 소설가로서도 왕성한 활동을 벌였다. 그 후 셋째 아이까지 낳아 기르면서도 매년마다 조선미술전람회에 출품해 입선할 정도로 화가로서 인정받았다.

하지만 1926년 무렵부터는 그동안 숨차게 달려온 자신의 인생과

예술에 대한 전망에서 회의가 생기기 시작했고, '선량한 남편'이었지
만 '너무 취미성이 박약'해 자신의 예술 세계에 대한 이해와 공감이
부족했던 김우영에 대한 불만도 쌓여 갔다. 그러던 차에 만주 안동현
부영사로 근무했던 남편에게 오지 근무에 대한 포상으로 구미 여행
을 할 수 있는 기회가 주어졌다.

> 나의 생활은 그림을 그릴 때 외에는 전혀 남을 위한 생활이었다. 속에서 부글
> 부글 끓는 마음을 꾹꾹 참으며 형식에 얽매여 산 것이다. 그러므로 구미 만유
> 의 기회는 내게 씌운 모든 탈을 벗고 펄펄 놀고 싶은 것이었다. 나는 어린애가
> 되고, 처녀가 되고, 사람이 되고, 예술가가 되고자 한 것이다. 마음뿐 아니라
> 환경이 그리 만들고 사실이 그리 만들었다.
>
> ─〈화가로, 어머니로 ─ 나의 십년간 생활〉,《신동아》1933년 1월호

　지쳐 가던 나혜석은 자신을 위해 구미로 떠나기로 결정했다. 나혜
석 부부는 자식들을 모두 시어머니에게 맡긴 후 1927년 6월 19일 부
산을 출발했다. 신의주, 하얼빈을 거쳐 시베리아 횡단 열차를 타고
한 달 후인 7월 19일에 파리에 도착했다. 이후 나혜석은 파리에 머물
면서 미술 공부를 하고, 김우영은 독일 베를린으로 가서 법률 공부를
시작했다. 가족과 자식으로부터 해방된 나혜석은 새로운 환경 속에
서 자유롭게 미술 공부에 전념하기 시작했다.
　그로부터 몇 달 후인 10월경 미술 유학을 하던 이종우의 방에서 파
리에 막 도착한 최린의 환영회가 열렸다. 당시 최린은 천도교 도령으
로서 천도교 교인들이 헌금한 여비로 세계 여행을 다니던 중이었다.

【구미 여행 중인 나혜석과 김우영】 나혜석은 남편과 함께 떠난 구미 여행 중 최린을 만나 사랑에 빠졌다. 이것이 불행의 씨앗이 되어 나혜석은 김우영과 이혼하기에 이른다.

이 자리에 남편과 함께 참석한 나혜석은 최린과 처음으로 인사를 나누었다. 최린은 나혜석을 '여중호걸'이라며 극구 칭찬했다. 김우영은 명망가인 최린에게 나혜석을 잘 부탁한다는 말을 남기고 다음 날 베를린으로 떠났다. 민족종교의 지도자인 최린이 설마 자신의 아내를 유혹해 연애까지 할 것이라고는 꿈에도 생각지 못했던 것이다.

남편의 부탁까지 받은 최린은 나혜석과 함께 식당, 극장, 유람선, 파리 근교로 놀러 다녔다. 나혜석은 남편과는 대조적인 성격과 박식한 두뇌를 지닌 최린에게서 매력을 느꼈다. 최린은 쾌남아라는 평가를 받는 호탕한 성격의 소유자로, 동서양의 철학과 역사에 풍부한 지식을 지녔으며, 한시도 잘 짓고 서화에도 뛰어난 실력을 지니고 있었다. 취미라고는 없는 관료 남편 김우영과는 대조적이었던 것이다. 남편보다 더 자신의 예술적 감성을 이해해 주는 최린에게 나혜석은 사랑의 감정을 느꼈다.

영적으로 동화됐으니 육체적 교류가 이어지는 것은 당연했다. 11월 20일, 같이 오페라를 본 두 사람은 숙소인 셀넥트 호텔에서 처음으로 성관계를 맺었다. 그러나 훗날 최린을 고발한 소장에서 나혜석은 이때의 일을 두고 자신이 강간당한 것이었다고 주장했다.

그런데 피고(최린)는 비상히 흥분한 기분으로 원고(나혜석)에게 XX를 요구하므로 원고는 이에 거절했으나 피고는 자기의 지위와 명예로써 원고를 유인하고 원고에 대한 장래는 일체 인수하기로 굳게 약속할 뿐 아니라 만약 피고의 명령에 복종치 않는 때에는 위험한 상태를 보일 기세이므로 원고는 부득이 XX를 허락하고 이내 피고의 유혹에 끌리어 수십 회 정조를 XX당했다

　　　　　－〈여류화가 나혜석 씨 최린 씨 상대 제소〉,《동아일보》1934년 9월 20일자

　그러나 나혜석의 주장과 달리 12월 말경 독일 쾰른에서 최린을 다시 만나 그에게 사랑을 고백한 것으로 보아서는 강간은 아닌 것 같았다.

내가 그 때 이런 말을 했나이다.
"나는 공을 사랑합니다. 그러나 내 남편과 이혼은 아니 하렵니다."
그는 내 등을 뚝뚝 두드리며, "과연 당신의 할 말이오. 나는 그 말에 만족하오" 했습니다.

　　　　　　　　　　　　　－〈이혼 고백장〉,《삼천리》1934년 8월호

　최승구의 무덤에서 스스로 한 맹세를 이미 깨트린 후였지만 이혼까지는 감당할 수 없었던 나혜석은 최린과의 관계를 정리하고 다시 남편에게 돌아갔다.
　하지만 파리 유학생들 사이에서는 나혜석을 가리켜 '최린의 작은 댁'이라고 할 정도로 둘 사이의 관계는 이미 소문이 파다했다. 김우영의 귀에 이 소문이 안 들어갈 리가 없었다. 그는 나혜석에게 다시

는 최린을 만나지 말 것을 요구했다. 이혼할 마음까지는 없었던 그녀는 남편에게 그러겠노라고 대답했다.

그러나 바람을 피운 나혜석은 당당했다. 외간 남성과 일시 사랑에 빠지면 오히려 자기 남편에게 더 잘 할 수 있다는 것이 그녀의 논리였다.

> 이와 같은 생각이 있는 것은 필경 자기가 자기를 속이고 마는 것인 줄은 모르나 나는 결코 내 남편을 속이고 다른 남자 즉 최린을 사랑하려고 하는 것은 아니었나이다. 오히려 남편에게 정이 두터워지리라고 믿었습니다. 구미 일반 남녀 부부사이에 이러한 공연한 비밀이 있는 것을 보고 또 있는 것이 당연한 일이오, 중심 되는 본부本夫나 본처를 어찌 않는 범위 내에 행동은 죄도 아니오, 실수도 아니라 가장 진보된 사람에게 마땅히 있어야만 할 감정이라고 생각합니다.
>
> —〈이혼 고백장〉, 《삼천리》1934년 8월호

하지만 당시 유럽에서는 외도가 진보일지는 몰라도 조선에서는 절대 용인될 수 없는 것이었다. 남성이야 첩을 둘, 셋이나 두어도 비난은커녕 오히려 능력 있는 사람으로 여겨지는 시대였지만 여성에게는 여전히 정조가 강요되던 때였다. 이 때문인지 훗날 나혜석에게는 조선의 혼을 버리고 무분별하게 서구 사조를 받아들인 사대주의자라는 비난이 따라붙었다.

✿ 11년 만에 영원한

사랑의 맹세가 깨지다

파리에서의 외도를 조용히 마무리하고 1929년 봄 미국을 거쳐 이들 부부가 귀국하자 파리에서 있었던 최린과의 관계가 본격적으로 소문이 나기 시작했다. 귀국 후 김우영은 변호사로 활동하며 경성에 머물고 나혜석은 동래 시댁에 있을 때였다. 이미 유럽에 있을 때 이 문제를 정리한 김우영은 소문이 나는 것이 내심 불쾌했지만 재론하지는 않았다.

그럴 즈음에 나혜석은 일생일대의 실수를 저지른다. 남편과의 약속을 어기고 최린에게 한 통의 편지를 보냈던 것이다. 남편이 변호사 개업을 했지만 대공황 시기인지라 수입이 변변치 않아 경제적으로 어려움을 겪자, 자신이 직접 사업을 해 보기 위해 도움을 요청하는 편지였다. 편지를 받은 최린은 이 사실을 권승렬에게 재미삼아 얘기했으며 권승렬은 명월관 연회 중 이 사실을 좌중에 발설했다.

그렇지 않아도 나혜석과 최린의 관계에 관한 소문이 파다하던 때인지라 편지를 보냈다는 사실은 금세 김우영의 귀에 들어갔다. 더군다나 편지 내용이 와전돼 나혜석이 최린에게 "내 평생 당신에게 맡기오"라며 고백했다는 소문이 퍼졌다. 김우영은 배신감과 치밀어 오르는 분노에 몸을 떨었다. 주위에서는 "그까짓 계집을 왜 데리고 사느냐"며 조롱했다. 김우영은 이 사람, 저 사람을 만나 나혜석의 외도를 얘기하며 이혼하는 것이 좋을지, 나쁠지에 대한 의사를 물어보고 다녔다.

한편 동래에 살고 있던 나혜석은 사태가 이렇게 흘러가고 있는지

까마득하게 모르고 있었다. 마침내 이혼을 결심한 김우영은 1930년 가을 동래로 간다는 전보를 보내고는 기차 역으로 향했다. 동래 집에 도착하니 나혜석이 대문 밖에서 마중했다. 건넌방으로 들어간 김우영은 아내를 불렀다.

"여보, 이리 좀 와요."

방으로 들어간 나혜석은 아무 말 없이 남편의 눈치만 보고 앉아 있었다. 잠시 뜸을 들이던 김우영이 이윽고 입을 열었다.

"여보, 우리 이혼합시다."

"그게 무슨 소리요? 별안간에."

"당신이 최린에게 편지하지 않았소?"

"했소."

"내 평생을 바친다고 편지 안 했소?"

"그렇지 않소."

"왜 거짓말을 해? 하여간 이혼해."

말을 마친 김우영은 아내의 장 속에 보관해 두던 중요 문서와 보험 권을 꺼내 가지고 안방으로 가서 어머니에게 맡겼다. 그리고는 부근에 살고 있던 동생들을 불렀다.

"나는 이혼을 하겠소이다."

"애, 그게 무슨 소리냐? 어린 것들은 어쩌고."

"형님, 그게 무슨 소리요?"

"서방질하는 것하고 어찌 살아요?"

이 말에 가족들은 조용해졌다.

"이혼 못하게 하면 나는 죽겠소."

더는 적극적으로 반대해 봐야 소용없음을 깨달은 가족들은 의논 끝에 허락했다.

"네 마음대로 해라. 그러나 어머니에게도 불효요, 친척에게도 불목不睦이란다."

건넌방에서 듣고 있던 나혜석은 결론이 이혼 쪽으로 흐르자 안방으로 들어갔다.

"하고 싶으면 합시다. 이러니저러니 여러 말 할 것도 없고 없는 허물을 잡아 낼 것도 없소. 그러나 이 집은 내가 짓고, 그림 판 돈도 들었고, 돈 버는 데 혼자 벌었다고 할 수 없으니 전 재산을 반분합시다."

"이 재산은 내 재산이 아니다. 다 어머니 것이다."

"누구는 산송장인 줄 아오? 주기 싫단 말이지."

"죄 있는 계집이 무슨 뻔뻔한 낯짝으로 재산을 나누자고 해."

"죄가 무슨 죄야, 만드니 죄지!"

김우영은 500원 가량 되는 논 문서 한 장을 꺼냈다.

"이것만 줄 것이니, 팔아 가지고 가거라."

"이 따위 것을 가질 내가 아니다."

벌떡 일어난 김우영은 경성으로 간다며 집 밖으로 나섰다.

그날 밤, 방에 홀로 누워 곰곰이 생각한 나혜석은 자식들의 앞길을 위해 무조건 자신의 잘못을 사죄하기로 결심했다. 다음 날 경성으로 가 여관에 머물고 있던 김우영을 찾아갔다.

"모든 것을 내가 잘못했소. 동기만은 결코 악한 것이 아니었소."

"지금 와서 이게 무슨 소리야? 어서 도장이나 찍어!"

"어린 자식들은 어찌 하겠소?"

"내가 잘 기르겠으니 걱정 말아."

"그러지 맙시다. 당신과 내 힘으로 못 살겠거든, 우리 종교를 잘 믿어 종교의 힘으로 삽시다. 예수는 만인의 죄를 대신해 십자가에 못 박히지 아니했소?"

"듣기 싫어."

종교까지 들먹이며 애걸복걸하며 빌었으나 자신의 힘으로는 이미 돌아선 남편의 마음을 돌이킬 수 없었다. 하는 수 없이 주위에 중재를 요청하기로 했다. 먼저 이광수를 찾아갔다.

"오빠, 이혼을 하자니 어쩔까요?"

"하지. 네가 고생을 아직 모르니까 고생을 좀 해 보아야지."

"저는 자식들 앞길을 보아 못 하겠어요."

"엘렌 케이 말에도 불화한 부부 사이에 기르는 자식보다 이혼하고 새 가정에서 기르는 자식이 양호하다지 아니했는가?"

"그것은 이론에 지나지 못해요. 모성애는 존귀하고 위대한 것이니까요. 모성애를 잃는 에미도 불행하거니와 모성애로 기르지 못하는 자식도 불행합니다. 이것을 아는 이상 나는 이혼은 못하겠어요. 오빠, 중재를 시켜 주세요."

"그러면 지금부터 절대로 현모양처가 되겠는가?"

"지금까지 내 스스로 현모양처 아니 된 일 없으나 씨가 요구하는 대로 하지요."

"그러면 내 중재해 보지."

당시 동아일보 편집 고문이었던 이광수는 동아일보 사장과 영업국장에게 전화를 걸어 중재를 부탁했다. 얼마 되지 않아 전화가 걸려왔다. 희망이 없으니 단념하라면서 "이혼을 하지, 그만큼 요구하는 것을 안 들을 필요가 있냐?"며 강 건너 불구경 식의 대답뿐이었다. 주위 사람들은 온통 호기심 가득한 표정으로 어찌되는지 한번 볼까 하는 태도였고, 남편은 요지부동이어서 나혜석의 심적 고통은 커져만 갔다.

그날 밤 남편이 머물고 있던 여관방에 누워 이런 저런 생각을 하고 있는 나혜석의 귀에 남편이 기생을 불러다가 술 마시며 웃고 떠드는 소리가 들렸다.

> 이 어이한 모순이냐. 상대자의 불품행不品行을 논할진대 자기 자신의 청백함이 당연한 일이거든 남자라는 명목하에 이성과 놀고 자도 관계없다는 당당한 권리를 가졌으니 사회 제도도 제도려니와 몰상식한 태도에는 웃음이 나왔나이다. 마치 어린애들 장난 모양으로 너 그러니 나도 이러겠다는 행동에 지나지 아니했습니다. 인생 생활의 내막의 복잡한 것을 일찍이 직접 경험도 못하고 능히 상상도 못하는 씨의 일이라, 오래지 않아 후회할 것을 짐작하나 이미 기생 애인에 열중하고 지난 일을 구실 삼아 이혼 주장을 고집불통하는 데야 씨의 마음을 돌이키게 할 아무 방침이 없었습니다.
>
> ─〈이혼 고백장〉, 《삼천리》 1934년 8월호

남편의 행동에 절망한 나혜석은 동래로 내려갔다. 그녀의 가슴 속에서는 고통과 절망이 소용돌이치고 있었다. 김우영은 이틀에 한 번 꼴로 계속 이혼 독촉장을 보내왔다. 말이 독촉이지 보름 내로 이혼장에 도장을 찍지 않으면 간통죄로 고소하겠다는 협박이었다. 그녀는 팔십 노모에게 불효할 수 없으며, 4남매를 보호해야 하며, 또한 그동 안에 쌓인 정을 보아서라도 이혼할 수 없으며, 앞으로는 현모양처가 되겠다는 편지를 보냈다.

❀ 김우영의 압박에
이혼을 결심한 나혜석

나혜석이 계속 자식 때문에 이혼 못하겠 다고 하자 김우영은 이혼 후에도 자식들과 동거해도 좋고 전과 똑같 이 지내도 무관하다며 한발 물러섰다. 그렇게 한 달여가 흐르자, 이 번에는 시댁 식구들까지 나서서 잘못했으면 이혼 도장을 찍으라고 압박했다. 사면초가에 빠진 나혜석은 혼자서 더 버티는 것은 무의미 하다고 생각했다. 이혼할 결심을 굳힌 그녀는 이혼장과는 별도의 서 약서를 작성했다.

서 약 서

부夫 김우영과 처妻 나혜석은 만 2개년 동안 재가 또는 재취를 않기로 하되 피 차의 행동을 보아 복구할 수가 있기로 서약함.

부 김 우 영

처 나 혜 석

비록 이혼은 하더라도 이후 2년 동안은 서로 재결합할 수 있는 여 지를 서약을 통해 보장받기를 원했다. 결혼하기 전에도 3개 항의 서

약을 요구한 것처럼, 이혼하기 전에도 나혜석은 서약을 요구했다. 서약이 불확실한 미래에 대한 심리적 안전장치 역할을 하겠지만, 정작 그 서약이 지켜지지 않았을 때에는 아무런 도움도 되지 않았다. 실제로 11년 전 약속한, 평생 동안 사랑하겠다는 김우영의 맹세가 씻은 듯이 사라진 지금 그 서약을 어겼다고 해서 그에게 항의조차 못하는 것처럼 말이다. 어쨌든 나혜석은 삶의 마지막 나락에서 쓸모없는 종이 쪼가리에 마지막 희망을 걸었던 것이다.

그녀가 작성한 서약서를 가지고 경성에 간 시숙이 도장을 받아 가지고 내려왔다.

"여보, 아주머니, 찍어 줍시다. 그까짓 종이가 무얼 하오? 자식이 4남매나 있으니 이 집에 대한 권리야 어디 가겠소? 그리고 형님도 말뿐이지 설마 수속을 하겠소?"

옆에 앉아 있던 시어머니도 거들고 나섰다.

"그렇다 뿐이겠니? 그러다가 병날까 큰 걱정이다. 찍어 주고 저는 계집 얻어 살거나 말거나 너는 나하고 어린 것들 데리고 살자꾸나."

나혜석은 속으로 웃었다. 아니꼽고 속상했다.

"우물쭈물할 것 무엇 있소? 열 번이라도 찍어 주구려."

이렇게 말하고는 도장을 꺼내다 찍었다.

한 달여간의 줄다리기 끝에 이혼 도장을 받은 김우영은 1930년 11월 20일 나혜석과 합의 이혼했다고 신고했다. 그 후 지인들에게 일일이 전화를 돌리며 나혜석과 이혼했다고 알렸다. 친구의 편지를 통해 이 사실을 알게 된 나혜석은 아이들을 위해서 동래 시댁에서 꿈쩍 않고 있을 결심으로 두 달 동안 지냈다.

그러나 시간이 지날수록 시댁 식구들의 분위기는 변해 갔다. 아이들은 시어머니가 데리고 자고, 김우영은 가끔 내려올 적마다 집에는 들리지 않고 누이 집에 머물며 아이들을 불러다 보고는 올라가곤 했다. 마치 애물단지가 된 것 같은, 패배자가 된 것 같은 느낌을 받았다. 아이들을 위해 희생해야 할지, 나의 인생을 살아가야 할지 사흘 밤을 지새우며 고민한 나혜석은 자신을 위해 시댁을 떠나기로 결심했다.

> 오냐, 내가 있은 후에 만물이 생겼다. 자식이 생겼다. 아이들아, 너희들은 일찍부터 역경을 겪어라. 너희는 무엇보다 사람 자체가 될 것이다. 사는 것은 학문이나 지식으로 사는 것은 아니다. 사람이라야 사는 것이다. 장 자크 루소의 말에도 "나는 학자나 군인을 양성하는 것보다 먼저 사람을 기르노라" 했다. 내가 출가하는 날은 일곱 사람이 역경에서 헤매는 날이다.
>
> ─〈이혼 고백장〉,《삼천리》1934년 9월호

마침내 시집을 나온 나혜석은 경성에서 혼자 살고 있는 남동생의 집으로 향했다. 최린을 만나고 나서 이후 어떻게 할 것인지 결정하고자 했으나, 오빠 나경석이 반대해 최린을 만나지 않고 오빠를 따라 봉천으로 떠났다.

한 달 후, 봉천으로 가서도 여전히 화해할 기대를 버리지 못하고 있던 나혜석에게 남편이 재혼했다는 소식이 날아들었다. 더군다나 아이들까지 데려간다는 것이었다. 이번의 서약은 석 달도 채 가지 않았던 것이다. 화가 난 나혜석은 생활비 청구라도 해야겠다며 경성으로 가 김우영을 찾아갔다. 살아 나갈 방법을 마련해 달라는 나혜석에

게 김우영은 최린더러 살려 달라
고 하라며 매몰차게 대했다. 더 애
기해 봐야 소용없음을 깨달은 나
혜석은 네 아이와 함께 동반 자살
할 결심을 했다.

이튿날, 동래로 간 나혜석은 기
회를 봐서 네 아이를 끼고 바다에
몸을 던질 생각이었다. 그러나 이
마저도 그녀의 행동이 이상하다고
여긴 시어머니와 시누이가 아이
들을 내주지 않아 실패로 돌아갔
다. 이제 그녀에게 남은 것은 혼
자 죽던지 아니면 다시 한 인간으
로, 화가로 성공을 거두는 것이었
다. 나혜석은 화가의 길을 선택했다.

【나혜석이 그린 만평 〈저것이 무엇인고〉】 신여
성을 바라보는 두 가지 시선을 풍자했다. 노인
은 "저것이 무엇인고. 아따 그 기집애 건방지다.
저것을 누가 데려가나" 하며 손가락질을 하고 있
고, 젊은 유부남은 "고것 참 예쁘다. 장가나 안
들었더라면…… 맵시가 동동 뜨는구나" 하며 넋
을 놓고 쳐다보고 있다.

❀ 나혜석의 절규,
이혼 고백장

남아 있던 짐까지 모두 챙겨 동래 시댁을 떠난 나
혜석은 1931년 5월에 열린 조선미술전람회에 세 작품을 출품해, 〈정
원庭園〉이 특선으로 당선되는 영광을 누렸다. 그녀는 내친 김에 일본
의 '제국미술전람회'에 도전하기로 결심했다. 그동안 그려 놓은 자신

의 그림을 전당포에 저당 잡히고 마련한 자금을 가지고 금강산으로 떠난 나혜석은 한 달여 동안 그림 20여점을 그렸다. 그 그림들을 가지고 도쿄로 향했다. 도쿄역에서 나혜석과 동행한 아베를 마중 나온 최린과 마주치기도 했다. 최린은 당황했지만 나혜석은 아무 일도 없다는 듯 그의 곁을 지나쳤다.

가을에 열린 제전帝展 출품작 중에서 〈정원〉이 입선해 나혜석은 화가로서 일본에까지 이름을 떨치게 됐으며, 작품을 팔아 홀로 생계를 유지할 정도가 되어 삶에 자신감을 가지게 됐다. 이로써 그녀는 이혼 후의 절망감과 막막함을 어느 정도 떨쳐 버릴 수 있게 됐다. 입선한 그림을 팔아 1,400원을 마련한 나혜석은 이듬해 봄 경성으로 돌아왔다.

하지만 이때부터 몸이 쇠약해졌다. 자식들에 대한 그리움이 마음속에 쌓여 병이 됐고, 홀로 지내며 생겨난 고독감 등으로 인한 것이었다. 엎친 데 덮친 격으로 이듬해 제전에 출품하기 위해 그리던 그림들이 화재로 인해 대부분 소실됐다. 이때의 충격으로 병까지 걸릴 정도였다. 마음과 몸이 모두 병에 걸린 나혜석에게 불운이 이어졌다. 학생들을 가르쳐 생계를 유지해 볼 요량으로 여자 미술학사를 열었지만 배우러 오는 학생들은 없었다. 또한 1933년에 개최된 조선미술전람회에 출품했으나 한 점도 입선조차 되지 않았으며, 화가로서의 평판도 점차 나빠지기 시작했다.

그림을 팔아 마련했던 돈은 거의 바닥이 드러나고 거주할 집조차 일정치 않았던 나혜석은 1935년 4월경 최린에게 프랑스 유학을 가겠다며 그 경비 1,000원을 요구하기에 이르렀다. 하지만 잠깐 동안의 연인이었던 나혜석에게 거금을 지불해야 될 이유가 없었던 최린은 이를 거절했다.

같이 바람을 핀 최린은 친일파로서 출세가도를 달리고 있었고, 전 남편 김우영 또한 재혼 후 전라남도청 상공과장으로 재직하면서 행복한 결혼 생활을 하고 있었다. 나혜석은 유독 자신만 피해자가 되어 점점 불행해지는 것이 여성에게만 정조 관념을 요구하는 관습과 이혼녀에 대한 사회적 냉대에서 비롯됐다고 생각했다. 이 문제에 정면으로 도전하기로 결심한 그녀는 〈이혼 고백장〉을 통해 사회적 공론화에 나섰다. 유독 여성에게만 가해지는 사회의 억압과 차별에 항의한 것이었다.

그리고 최린을 상대로 '정조 유린에 대한 손해배상 청구 소송'을 제기했다. 법원에 소장이 접수되자 최린은 명망가로서의 자신의 명예에 흠집이 갈까 안절부절 어쩔 줄 몰라 했다. 최린이 압력을 가해 1934년 9월 20일자 동아일보 조간은 소송 관련 기사가 삭제된 채 백면으로 발행되기도 했다. 그러나 조선중앙일보에서 사건을 보도하자, 동아일보에서도 삭제됐던 기사를 석간에 실어 보도했다. 어쩔 수 없이 최린은 사건의 파장을 최소화하기 위해 나혜석에게 몇 천원의 돈을 주고 소송을 취하하게 했다.

✿ 정조는 취미다

돈은 받았지만 남성 중심 사회의 관습과 도덕률에 정면으로 반기를 든 나혜석에게 남은 것은 욕과 음탕녀라는 비난뿐이었다. 하지만 나혜석은 이에 굴하지 않았다. '나가다가 벼락을 맞아 죽든지 진흙에 미끄러져 망신을 하든지 나가볼 요량'이라는 평소의 다짐답게 그녀는 5개월 후 다시 정조에 관한 도발적인 글을 써 경성을 떠들썩하게 했다.

정조는 도덕도 법률도 아무것도 아니요, 오직 취미다. 밥 먹고 싶을 때 밥 먹고, 떡 먹고 싶을 때 떡 먹는 것과 같이 임의용지任意用志로 할 것이오, 결코 마음의 구속을 받을 것이 아니다. …… 그럼으로 유래由來 정조 관념을 여자에게 한해 요구해 왔으나 남자도 일반일 것 같다. 왕왕 우리는 이 정조를 고수하기 위해 나오는 웃음을 참고 끓는 피를 누르고 하고 싶은 말을 다 못한다. 이 어이한 모순이냐. 그럼으로 우리 해방은 정조의 해방부터 할 것이니 좀 더 정조가 극도로 문란해 가지고 다시 정조를 고수하는 자가 있어야 한다. ……우리도 이것, 저것 다 맛보아 가지고 고정해지는 것이 위험성이 없고 순서가 아닌가 한다.

-〈신생활에 들면서〉,《삼천리》1935년 1월호

왜 여자에게만 정조를 요구하느냐는 항변을 넘어 여성도 '이것, 저것 맛 좀 보자'는 발언은 여전히 봉건적인 조선 사회의 근간을 뒤흔드는 위험한 것이었다. 마치 폐허 속에 세워진 이정표와 같이 정조관도 그런 과정을 거쳐 남녀 간에 동일하게 적용돼야 한다는 주장은 요즘 시대에도 섣불리 받아들이기 어려울 정도로 앞서간 것이었다.

하지만 나혜석의 발언이 준 충격은 그리 오래가지 않았다. 일본의 침략 전쟁과 조선 내에서의 파쇼 통치의 강화, 장기화되는 불황 등으로 인해 더는 연애나 결혼 같은 미시적인 문제에 관심을 가질 여유

【나혜석 거리】 수원 태생인 정월 나혜석을 기리기 위해 수원시가 조성한 문화의 거리 '나혜석 거리'의 풍경이다. 나혜석 동상과 그녀가 지은 시, 그린 그림과 민중의 삶을 담은 판화를 만날 수 있다.

가 없어졌다. 먹고 살기는 어렵고, 식민지 조선의 독립은 점차 멀어져 가는 암울한 형국에서 두 친일파 출세주의자들과의 염문을 이용해 젠체하는 것처럼 비춰지던 신여성의 탈민족적 행각은 사람들의 관심 대상에서 멀어질 수밖에 없었다. 나혜석 자신도 외로움과 좌절감, 무엇보다 그리운 자식을 보지 못하는 고통으로 인해 긴강이 점차 악화돼 활동이 뜸해져 갔다. 그렇게 한 시대를 풍미했던 화가이자 여성 운동가 나혜석은 사람들의 뇌리 속에서 점차 잊혀져 갔다.

✳ 고독과 가난 속에서 삶을 마치다

1937년, 시어머니가 돌아가셨다는 소식을 들은 나혜석은 장례에 참석하기 위해 동래로 갔다. 그러나 나혜석이 빈소에 나타나자 김우영은 "그 여인이 상제 노릇을 한다면 나는 빈소에 나오지도 않겠다"며 나혜석을 쫓아내라고 요구했다. 시어머니는 죽기 전에 "어떤 어머니이거나 어린 것들에게는 어미밖에 없으니, 나 죽은 다음에는 제 어미를 도로 데려다가 아이들을 기르게 하라"는 유언을 남겼으나 김우영은 이를 완강하게 거부했다. 나혜석은 시어머니의

【수덕사】 나혜석은 친구인 김원주를 좇아 스님이 되기 위해 수덕사를 찾아와 만공 스님을 만났다. 그러나 만공 스님으로부터 "임자는 중노릇 할 사람이 아니야"라며 단번에 거절당했다.

빈소에서 강제로 끌려 나오는 수모를 당할 수 밖에 없었다.

오랜만에 찾아갔건 만 아이들이 보는 앞에 서 끌려나와 내동댕이 쳐진 나혜석은 참담한 심정을 누를 길이 없었 다. 그 충격으로 중이

【수덕여관】 나혜석은 중이 되려고 수덕사를 찾아왔지만 뜻을 이루지 못하자 수덕여관에서 5년 동안 머물며 그림을 그렸다. 당시 청년 화가였던 이응노는 선배 화가인 나혜석을 만나러 수덕여관에 찾아왔다가 아예 수덕여관을 인수하게 된다.

되기로 결심한 그녀는 충남 예산의 수덕사를 찾았다. 그 절에는 일찌 감치 출가해 비구니가 된 친구 김원주가 있었다.

나혜석과 마찬가지로 몇 번의 연애와 결혼 끝에 불교에 귀의한 김 원주는 나혜석에게 이제는 남편과 아이를 잊어버리고 살아 갈 현실 에 집중할 것을 권했으나 이미 나혜석의 정신은 자꾸 과거로만 빠져 들고 있었다. 정작 중이 되겠다고 찾아와 놓고는 아이들에 대한 미련 을 버리지 못해 그녀는 끝내 불가에 귀의하지 않았다.

갈 곳이 없었던 그녀는 절 근처를 떠나지 못하고 수덕사와 해인사, 다솔사를 오가며 생활했다. 그러다 1943년에 9월에 김우영이 중추원 참의가 되어 네 번째 부인 양한나와 함께 경성부 돈암정으로 이사하 자 나혜석은 그 뒤를 쫓아 경성으로 향했다. 오랜만에 경성에 왔지만 머물 곳이 없었던 그녀는 언제나 믿고 의지했던 오빠 나경석의 집으 로 찾아갔으나 오빠는 화가로서 대성할 것으로 믿었던 그녀의 비참 한 행색을 보고는 분노했다. 급기야는 집안 망신을 시키고 다니니 다

시는 오지 말라며 길거리로 내쫓았다. 그러나 이미 중풍에 걸려 손발조차 제대로 움직이지 못하는 그녀를 불쌍히 여긴 올케 배숙경이 나혜석을 61세의 오갈 데 없는 노인이라고 위장해 1944년 10월 말 청운양로원에 집어넣었다. 그녀 나이 마흔아홉 살 때였다.

나혜석은 이즈음부터 정신분열 증세를 보이기 시작했다. 말조차 제대로 하지 못하고 걸음걸이도 발을 질질 끌어 옮겨야만 했던 그녀는 자꾸만 어디론가 떠나려고 했다. 그녀가 가고 싶어 했던 곳은 바로 자식들이 있는 곳이었다.

> 어느 날 새벽 간신히 양로원을 빠져 나와 돈암동 김우영과 양한나의 살림집을 거쳐서 안암동 이응준의 부인 이정희에게로 찾아가 "아이들이 보고 싶어 갔더니 어서 가라고들 하더군. 옷에서 냄새가 나고 추해 뵈니까 식모들도 싫어하는 표정이고, 한나는 날 잘 대접해 주고 아이들에게도 착한 엄마 노릇을 하고……" 하며 울먹였다고 한다. 모성애가 무엇인지 그토록 불우한 환경에서도 아이들의 안위를 염려하며 한 번 눈으로 시원히 보기라도 하고 싶었을 그 순정은 달리 아무 데서도 찾아볼 수 없는 아름다움이었다.
> "건의 아버지(김우영)가 나 있는 방문을 열고 측은한 얼굴로 들여다보더군" 하고 덧붙여 말하더라는 것이었다. 그녀는 자신이 몸담아 있는 곳을 끝내 말하지 않고 돌아갔다.
>
> — 최은희,《한국개화여성열전》

그렇게 이곳저곳을 떠돌아다니던 나혜석은 해방 후 이듬해에 돈암동 김우영의 집에 편지를 보냈다. 생계를 도와줄 것과 자녀들도 보고 싶으니 조만간 집으로 방문하겠다는 내용이었다. 하지만 조선인으로 오를 수 있었던 최고위 직책인 중추원 참의로 있었던 김우영은 해방 공간에서 자신의 생계와 목숨을 걱정해야 하는 처지로 전락한 신세였다.

이제 누구의 도움도 기대할 수 없는 처지가 된 나혜석은 양로원을 나와 떠돌다가 1948년 12월 10일, 추운 겨울날 길 위에서 쓰러져 숨을 거두었다. 나혜석의 죽음은 넉 달 후인 1949년 3월 14일에 발행된 관보에 의해서야 행려 사망자로 처리됐음이 확인됐다. 행려 사망자로 간주된 그녀의 시체는 화장 후 산에 뿌려져 쓸쓸한 무덤 하나 남기지 못했다. 다만, 죽으러 파리로 가고 싶다며 13년 전에 남긴 유언만이 그녀를 기억하는 사람들의 가슴을 아련하게 하고 있다.

청구青邱(김우영의 호) 씨여, 반드시 후회 있을 때 내 이름 한 번 불러 주소. 4남매 아이들아, 에미를 원망치 말고 사회 제도와 도덕과 법률과 인습을 원망하라. 네 에미는 과도기에 선각자로 그 운명의 줄에 희생된 자였느니라. 후일 외교관이 되어 파리 오거든 네 에미의 묘를 찾아 꽃 한 송이 꽂아 다오.

—〈신생활에 들면서〉,《삼천리》1935년 1월호

제五화

사랑의 여신 김원주, 머리를 깎고 중이 되다

정조는 육체가 아니라 정신이다

❀ 파문을 일으킨 김원주의 정조 논쟁

1927년 1월 8일, 불과 5개월 전에 일어났던 윤심덕과 김우진의 현해탄 투신 정사가 서서히 사람들로부터 잊혀져 갈 무렵, 이번에는 윤심덕의 소학교 친구인 김원주가 경성에 새로운 파문을 일으켰다. 당시 주목받던 신여성이자 문인으로 활동하고 있던 김원주가 조선일보에 새로운 정조관을 주장하는 글을 투고했던 것이다.

그러나 정조란 결코 그러한 고정체가 아닙니다. 사랑이 있는 동안에만 정조

가 있습니다. 만일 애인에게 대한 사랑이 소멸된다고 가정하면 정조에 의한
의무도 소멸될 것입니다. 따라서 정조라는 것도 연애 감정과 마찬가지로 유
동流動하는 것이라 볼 수 있는 동시에 항상 새로운 것입니다.

······그러므로 과거에 몇 사람의 이성과 연애의 관계가 있었다 하더라도, 새
생활을 창조할 만한 건전한 정신을 가진 남녀로서 과거를 일체 자기 기억에서
씻어 버리고 단순하고 깨끗한 사랑을 새 상대자에게 바칠 수가 있다 하면, 그
남녀야말로 이지러지지 않은 정조를 가진 남녀라 할 수 있습니다. ······정조
는 이상 말한 바와 같이 어디까지든지 사랑과 합치되는 동시에 인간의 열정이
무한하다고 할진대 정조 관념도 무한히 새로울 것입니다. 무한한 사랑이 즉
정조라 하면 정조 관념만이 더럽힘을 받는 제한된 감정이라고는 할 수 없습니
다. 정조는 결코 도덕이라고 할 수 없고, 단지 사랑을 백열화白熱化 시키는 연
애 의식의 최고 절정이라 하겠습니다

—김원주, 〈나의 정조관〉, 《조선일보》1927년 1월 8일자

수백 년 동안 여성들을 옥죄어 왔던 성 윤리에 정면으로 반기를 든
김원주의 글은 봉건 시대의 성 도덕을 뒤엎는 혁명적 선언으로 큰 충
격을 던져 주었다. 물질적 개념인 정조를 정신적 개념으로 해석해 정
신적으로 깨끗이 과거가 청산된 온전한 사랑의 소유자이면 언제나
처녀로 다시 태어날 수 있다는 주장은 당대 젊은 여성들로부터 열렬
한 지지를 받았다. 그러나 김원주의 주장은 육체의 정조를 정신의 정
조로 대치했을 뿐 정조 관념 자체를 부정한 것은 아니라는 점에서 한
계를 보였다. 차라리 정조는 취미라고 선언한 나혜석의 주장이 정조
관념 자체를 부정하는 근본적인 주장이었다. 하지만 그보다 몇 년 앞

【김원주 사진】 시인이자 수필가, 기자였던 김원주는 신시의 효시로 알려진 최남선의 〈해에게서 소년에게〉보다 1년 빠른 1907년에 〈동생의 죽음〉이라는 시를 쓴 것으로 알려져 있다. 《동아일보》 1921년 2월 24일자

서 정조라는 주제로 주요 신문에서 자기주장을 펼쳤다는 점에서 그녀의 글은 큰 파문을 일으켰다.

그러나 정조를 잃은 여성의 후손들은 관직에 진출조차 못하게 한 봉건 시대의 관습이 여전한 사회에서 김원주의 급진적 정조론이 받아들여질 리가 만무했다. 이 글로 인해 그렇지 않아도 그녀를 두고 말이 많던 김원주는 '헤픈 여자'로 낙인찍혔으며 대부분의 사람들은 김원주를 비난하거나 비아냥거리기 시작했다. 심지어 같은 처지에 있던 일부 신여성들조차도 마찬가지였다.

A: 그런데 왜 김원주 씨하고 김명순 씨는 여자계에서도 명물이라고 부릅니까?

K: 그런 이가 명물이 아니고 무엇입니까? 연애를 네댓 번씩하고 결혼을 1년에 한 번씩은 하고 그만하면 명물이지요. 더 요구할 조건이 명물에 또 있습니까? 그러고도 무슨 회석상에 가서 뻔뻔히 의견을 말하고 신문 지상에 신정조관을 발표하고 시 쓰고 글 쓰고 소설 쓰고 기자라고 인력거 타고, 세상도 이렇게 되면 너무나 우습지 않습니까?

A: 그야 그분들에게도 다소 동정할 점이 있지 아니합니까? 말하자면 사회의 죄도 일부분은 있겠지요.

K: 사회의 죄가 무슨 죄입니까? 모두 스스로가 만든 고통이지요. 제 생각으

로는 하나도 동정할 것이 없다고 봅니다.

─〈미국, 중국, 일본에 다녀온 여류 인물 평판기〉, 《별건곤》 1927년 2월호

김원주가 조선일보에 새로운 정조관을 발표한 지 보름쯤 후 열린 이 좌담회에서 남성인 A는 김원주에 대해 비교적 이해심을 보이는 반면 오히려 여성인 K는 김원주를 명물이라고 비꼬며 싸늘하게 반응하고 있다. 그러나 명물이라는 평가는 점잖은 편이었다. 심지어 '문호 개방주의자', '독부毒婦' 또는 '애욕의 순례자'라는 비난도 있었다. 이처럼 신여성들이 싸늘하게 반응한 것은 네댓 번씩 연애를 한 김원주의 화려한 연애 편력 때문이었다. 과연 그녀의 연애가 얼마나 화려했기에 신여성들조차도 그녀의 편에 서지 않았던 것일까?

❀ 불행했던 첫 번째 결혼

1918년 봄, 이제 막 이화학당을 졸업한 김원주는 앞으로 어떻게 살아야 할지 막막했다. 3년 전 어머니의 뒤를 이어 아버지마저 세상을 뜨고 혈혈단신 고아로 남겨진 그녀에게는 세상살이가 참으로 가혹하게만 여겨졌다. 고향에는 아버지가 재혼했던 계모와 이복동생이 있었지만 돌아갈 수도 없었다. 그러니 당장 거처할 곳이 걱정이었다. 학교 다닐 때는 기숙사에서 거처했기 때문에 집 걱정은 하지 않았으나 졸업 후에는 어디로 가야 할지 막막했다. 그러다 소개를 통해 적선동에 있는 먼 친척 되는 집에 방을 얻어 살게 됐다.

【연설하는 김원주】 자유 결혼을 주제로 한 강연회에서 김원주가 연설을 하고 있다. 《동아일보》 1926년 2월 24일자

거처 걱정이 해결된 김원주는 먹고 살기 위해 동대문부인병원에서 간호원 강습을 받기 시작했다. 외할머니가 학비를 대 주어 이화학당까지 졸업했지만 재학 시절 소설이나 시에만 심취해 성적이 좋지 않았던 그녀로서는 어쩔 수 없었다. 여성이 경제적으로 독립하기 위해서는 교사나 간호원 외에는 달리 선택할 만한 직업이 없는 시절이었다.

그렇게 간호원 강습을 받으러 다닌 지 3개월쯤 지난 어느 초여름 날이었다. 이웃에 있는 적선여관의 주인이 그녀에게 맞선 볼 생각이 없냐고 물어 왔다. 상대 남성은 적선여관에 투숙해 있는 이노익이라는 연희전문학교 교수라고 했다. 교수라는 말에 깨어 있는 남성이라 괜찮다는 생각이 들었는데 그 남자에게는 몇 가지 문제가 있다는 것이었다. 한쪽 다리가 불구인 절름발이고 더군다나 초혼도 아니고 재혼이었다. 나이는 마흔 살로 자신과는 무려 열일곱 살 차이였다.

결혼에 대한 환상이 큰 것은 아니었지만 그 남성이 자신과는 어울리지 않는 것 같았다. 하지만 주위의 강권과 가난한 자신의 처지로 인해 점차 생각이 바뀌기 시작했다. 당시에는 처녀가 스무 살만 돼도 너무 늦었다고 혼처가 잘 생기지 않던 시절이므로 스물세 살인 그녀도 완전한 노처녀였다. 무엇보다 고아인 그녀는 경제적인 기반을 가지는 것이 중요했다. 이노익이 미국에 이민 갔다가 돈을 많이 벌어

가지고 온 사람이라는 소문이 파다했다. 12세 때 처음으로 시를 썼을 정도로 꿈 많은 문학소녀였던 김원주는 어쩔 수 없이 이노익과의 결혼을 선택했다.

결혼식을 올리고 첫날밤이 다가왔다. 김원주는 두근거리는 가슴을 진정시키며 방에 앉아 있었다. 이윽고 신랑 이노익이 방 안으로 들어와서는 옷을 벗기 시작했다. 그런데 바지를 벗고는 한쪽 다리를 떼어 벽에 세워 두는 것이 아닌가! 신부 김원주는 깜짝 놀라 "으악!" 하고 소리를 지르고 말았다. 이노익은 절름발이가 아니라 아예 한쪽 다리를 잘라 내고 의족을 한 사람이었다. 그런데도 김원주에게는 절름발이라고 거짓말을 한 것이었다.

행복하고 신비로워야 할 신혼 초야가 순식간에 공포와 절망의 시간으로 바뀌는 순간이었다. 밤새 통곡 속에서 밤을 지샌 김원주는 마음을 굳게 다잡았다. 이왕지사 이렇게 된 것 어떻게든 이 시련을 헤쳐 나가리라고 결심했다.

1919년 독립만세운동에 참여해 민족적 자각과 여성으로서의 자각을 하기 시작한 김원주는 우선 남편의 경제적 자산을 바탕으로 자신의 문학적 재능을 계발하는 동시에 아직 깨어나지 못한 여성들을 일깨우는 운동에 전념하기로 했다. 그러기 위해서는 우선 일본에 다녀올 필요가 있었다. 당대 대부분의 선각자들이 일본 유학을 다녀왔던 것처럼 그녀도 간호원 강습을 마친 후 남편의 동의하에 홀로 일본으로 떠났다.

1919년 일본으로 건너가 도쿄영화학교에 입학한 그녀는 영어를 배우며 최신의 서구 문물과 사상을 익히기 시작했다. 이듬해인 1920

년에 학교를 중퇴한 김원주는 조선으로 귀국해 3월에 남편과 이화학당 빌링스의 재정적 후원으로 최초의 여성 종합 잡지인《신여자》를 창간하고 주간을 맡았다. 이로 인해 김원주는 한국 최초의 여성 주간이라는 타이틀을 부여받으면서 세간의 화제가 됐다. 주간뿐 아니라 필진 역할까지 맡은 김원주는 소설〈계시〉, 수필〈어머니의 무덤〉, 논설〈먼저 현상을 타파하라〉등을 발표하고 과감하게 여성의 자각과 해방, 남녀평등을 주장하고 나서면서 '신여성의 대명사'가 됐다.

한편《신여자》창간에 있어서는 남편 이노익의 재정 후원이 결정적 역할을 했다. 남편은 의족을 한 다리로 인력거를 타고 경성 시내 각 서점을 돌아다니며 위탁 판매를 요청하는 등 판매와 수금을 맡았다. 그러나 남편의 후원과 도움에도 불구하고《신여자》는 4호까지 발행되고 나서 5호 발행을 예고한 채 폐간되고 말았는데 그 이유는 남편과의 불화 때문이었다.

밤마다 의족이 선뜩선뜩 맨살에 닿는 것도 더는 참을 수 없을 정도로 역겨움이 일어났고, 서서히 여성 운동과 문학에 몰두해 가는 자신을 이해하지 못하는 남편과의 갈등도 점차 심각해져 갔다. 또한 그들 부부의 결혼 생활을 잘 아는 주변 사람들도 "남편 되는 선생의 인격이나 성정이야 더 할 수 없이 좋지만은 불행히 다리 하나가 고무다리이니 젊은 여자로서 될 수 있는 일이겠소" 하며 결별을 부추겼다.

인생은 어렸을 때부터 나에게 잔혹했다. 소녀 시대에 부모를 잃고 형제를 영별한 나는 철모르게 청춘 시대를 맞아 개성에 눈 뜰 새도 없이 나한테 아버지뻘이나 되는 이와 이해 없는 결혼을 했다. 그러다가 내가 차차 개성의 눈을 뜨

【《신여자》주간 당시 김원주와 문인들】 앞줄 왼쪽에서 세 번째가 김원주.

고 인생이 무엇인지를 깨닫게 된 때에 나는 단연히 이때 애인도 돈도 없이 앞
뒤를 돌아보지도 않고 단지 대담한 일만 했다.

　　　　　　　　　－김원주, 〈일절의 세욕을 단斷하고〉, 《삼천리》 1934년 11월호

　자신이 무엇을 해야 할지 깨달은 김원주는 《신여자》 폐간 이후 본
격적으로 여성 운동과 문학에 뛰어들었다. 오상순, 변영로, 염상섭,
김명순 등과 함께 1920년 7월의 《폐허》 창간부터 동인으로 참여했으
며, 10월에는 '여자 교육과 사회 문제'를 주제로 기독교청년회관에서
강연하기도 했다.

　그 무렵 남편은 그녀에게 미국으로 같이 건너가자고 얘기했다. 미
국에서 오래 생활했던 남편은 소원한 부부 관계를 다시 화목하게 만
들고자 미국행을 제안했던 것이다. 이런 남편의 제안이 그녀에게는
탐탁치 않았다. 영어도 능숙치 않았지만 무엇보다 남편에게 사랑의

감정이 없었기 때문이었다. 그래서 남편에게 제안했다.

"내가 영어도 못하고 미국에 가서 어떻게 견디겠소. 먼저 미국으로 가 계시면 나는 일본으로 가서 한 1년 영어 공부를 한 후 쫓아가겠어요."

영어 공부를 하려면 미국이 낫지, 웬 일본인가 싫었지만 남편은 이 제안을 받아들였다. 1921년 1월 중순경, 조선에서의 모든 것을 정리하고 남편은 미국으로, 김원주는 일본으로 각각 건너갔다. 이로써 김원주의 불행했던 첫 결혼 생활은 이혼이라는 형식적 절차만 남겨둔 채 막을 내렸다.

❀ 일본인의 아이를 낳다

부관 연락선을 타고 시모노세키에서 내린 김원주는 도쿄로 가는 급행열차를 타기 위해 곧바로 기차 역으로 향했다. 그녀가 열차에 올라 자리에 앉자, 옆 자리에 앉아 있던 남성이 말을 붙여 왔다. 피곤했던 김원주는 성의 없이 대꾸했지만 오타 세이조는 그녀에게 반한 듯 이것저것을 물어보았다.

"이름이 어떻게 되시오? 도쿄 어디에 머물 예정이오?"

하지만 낯선 일본 남성의 접근을 두려워한 김원주는 아무 대답도 하지 않았고, 도쿄역에 내리자마자 전에 다녔던 도쿄영화학교에 재입학 수속을 밟기 위해 학교로 향했다.

한편 열차에서 처음 만난 조선 여인에게 첫눈에 반한 오타 세이조는 주소조차 알아내지 못하고 헤어진 그녀 생각에 빠져 공부에 열중할 수 없었다. 그는 도쿠가와 이에야스와 함께 에도 막부를 세워 일본 명문가의 반열에 오른 오타 가문의 장자였다. 이러한 까닭에 그의 아버지가 조선 여성과의 연애를 허락할 리 없었다. 그는 이러한 사정을 뻔히 알았지만 한번 달뜨기 시작한 사랑의 불길은 수그러들 줄 몰랐다. 어떡하든 단 한 번이라도 좋으니 그녀를 만났으면 하는 생각에 고민하던 중 그에게 갑자기 좋은 생각이 떠올랐다. 자신과 중학교 동창인 조선인 송기수에게 물어보면 그녀에 대해 알 수 있을지도 모른다는 생각이 든 것이었다. 오타 세이조의 생각은 적중했다. 당시 송기수는 황해도 신천의 고향집으로 돌아가 있었는데 그가《신여자》주간으로 이름을 날렸던 김원주에 대해 알아내는 것은 그리 어려운 일이 아니었다. 송기수는 오타 세이조에게 그녀가 지금 도쿄영화학교에 다니고 있다고 알려주었다.

연락처를 알아낸 오타 세이조는 즉시 김원주에게 장문의 연서를 보내 자신의 마음을 고백했다. 그녀를 열차에서 보고 첫눈에 사랑에 빠졌으며, 이 감정은 결코 일시적인 감정이 아니라 죽을 때까지 지켜갈 것임을 맹세했다. 그는 실제로 김원주와의 사랑이 맺어지지 못하자 평생 독신으로 지내다가 죽어 이때의 맹세가 거짓이 아니었음을 증명했다.

오타 세이조의 편지를 받은 김원주는 답장을 하지 않았다. 그렇지 않아도 그녀의 주변에는 환심을 사기 위해 노력하는 조선인 유학생들이 넘쳐나고 있었다. 후리후리한 키와 육감적인 얼굴, 그리고 모든 것을 빨아들이는 듯한 큼직한 눈을 갖춘 그녀의 외모와 깨어 있는 그녀의 사고에 반해 버린 남성들이 많았다.

아무런 답장도 받지 못한 오타 세이조는 이번에는 만나 주지 않으면 학교로 찾아가겠다는 협박 편지를 보내 김원주를 당황스럽게 했다. 그는 주말에 히비야 공원 벤치에서 기다리겠다는 글을 남겼다. 어쩔 수 없이 오타 세이조를 만나러 나간 김원주는 그의 진실함과 열정적인 사랑 고백에 지기도 모르는 사이에 서서히 새로운 감정을 느끼기 시작했다. 하지만 오타 세이조는 자기보다 나이가 어렸다. 그리고 무엇보다 일본인과의 결혼은 전혀 생각지 않았던 김원주는 저러다 말겠지 하는 생각에 몇 번 만나다가 기회를 봐서 관계를 청산할 계획이었다.

그렇게 몇 번 만나 데이트를 하는 사이에 1921년 겨울이 다가왔다. 방학을 맞아 도쿄로 올라온 오타 세이조는 친구인 신도 아라키 부부가 김원주를 보고 싶어 한다며 같이 가자고 부탁했다. 썩 내키지는 않았지만 초대를 거절할 명분이 마땅치 않았던 김원주는 오타 세이조와 함께 그의 친구 집으로 향했다. 즐거운 저녁 식사를 마치고 그 집을 나섰을 때는 이미 밤늦은 시간이었다. 신도 아라키 부부에게 인사를 마치고 돌아서서 걷기 시작한 지 얼마 되지 않아 갑자기 비가 쏟아지기 시작했다. 좀 있으면 그치려니 해서 길가 처마 밑에 피해 있었지만 비는 좀처럼 그치지 않았다. 겨울인데다 잠깐 맞은 비로 인해 갑자기 오한이 엄습해 왔다. 더군다나 통금 시간이 다가오고 있었다. 하는 수 없이 근처 여관에 들어갔다가 날이 새면 헤어지기로 했다. 여관을 잡아 들어갔을 때는 자정이 가까워지고 있었다. 젖은 옷을 계속 입고 있을 수가 없어 옷을 벗어야 하는 상황이었다. 지금까지 점잖았던 오타 세이조도 흥분하지 않을 수 없었다. 그날 밤 둘은 그렇게 관계를 맺었고 김원주는 임신을 했다.

김원주의 임신 사실을 알게 된 오타 세이조는 아버지에게 사실을 털어놓으며 김원주와 결혼하겠다고 밝혔다. 일본국책은행 총재이던 아버지 오타 호사쿠는 결혼은 절대 안 된다며 펄펄 뛰었다. "그녀의 뱃속에는 오다 가문의 핏줄이 자라고 있다"며 결혼 승낙을 받아내려 했지만, 아버지는 아이를 지우라고 고함을 지를 뿐이었다. 결국 오타 세이조는 부모에게 의절을 선언하고 집을 나왔다. 그에게 사랑보다 더 소중한 것은 없었다. 다니던 학교마저 그만둔 오타 세이조는 도쿄로 아예 올라와 버렸다.

1922년 9월 김원주는 신도 아라키의 집에서 건장한 사내아이를 출산했다. 아이의 이름은 오타 마사오라고 지었다. 며칠 동안의 산후조리를 마친 김원주는 집에 아무도 없는 틈을 타 오타 세이조 앞으로 한 통의 편지와 아이를 남겨 놓고 사라졌다.

'당신하고 살면 내 일신은 편안하겠지만 평생 조국을 배신한 괴로움 속에서 고통스럽게 살아야 합니다. 당신도 나로 인해 천륜을 끊는다는 것은 말도 안 되니 다른 여자와 가정을 꾸려 마사오와 행복하게 사세요.'

편지를 통해 이런 부탁을 남기고는 김원주는 조선으로 귀국했다.

김원주가 떠났다는 사실을 알게 된 오타 세이조는 절망에 빠졌다. 그러나 절망만 하고 있을 수는 없었다. 신도 아라키 부부와 상의 끝에 아이는 당분간 그들 부부가 양육하기로 했다. 그리고는 부모의 도움 없이 스스로의 힘으로 경제적, 생활적 기반을 만든 후 김원주를 찾아가기로 결심했다. 우선 정보 요원을 양성하는 나가노학교에 입학하기로 했다. 그가 생각하기로는 조선총독부에 근무하려면 그것이 가장 최선의 방법이었다.

3년 후, 나가노학교를 졸업한 오타 세이조는 조선총독부 근무를 희망했고 바람대로 조선총독부 관리로 임명됐다. 그는 아들 오타 마사오를 데리고 김원주가 살고 있는 조선으로 향했다. 경성에 도착한 오타 세이조는 우선 아들을 황해도 신천에 사는 중학교 동창 송기수에게 잠시 동안 맡아 달라고 부탁을 하고는 김원주를 찾아 나섰다.

여전히 열정적인 문필가, 여성 운동가로 활동하던 김원주를 찾는 것은 쉬운 일이었다. 하지만 임장화와 동거가 끝난 지 얼마 되지 않았던 김원주는 그를 냉랭하게 대했다. 자신이 낳은 아이는 이미 잊었으며 정신적으로도 전부 청산했으니 다시는 찾아오지 말라고 결연하게 말했다. 그들이 다시 만나기까지 너무 오랜 시간이 걸렸고, 그 시간만큼 김원주의 마음은 이미 싸늘해진 상태였다.

어쩔 수 없이 김원주와의 결혼을 포기한 오타 세이조는 송기수에게 아이를 양자로 삼아 달라고 부탁했다. 송기수는 자신도 자식이 있었지만 순순히 승낙했고 오타 마사오를 송영업이라는 이름으로 호적에 올렸다. 그 후 아이는 열네 살이 될 때까지 자신이 송씨 가문의 아들인 줄 알고 자랐다.

한편 오타 세이조는 계속 조선총독부 고위 관료로 있다가 조선이 독립하자 일본으로 건너가서는 다시 독일에 외교관으로 파견됐다. 그 후 1970년에 죽을 때까지 독일에서 살았다. 그는 김원주에게 맹세한 대로 평생 여자를 가까이 하지 않은 채 김원주만을 그리워하다 독신으로 죽었으며, 의절을 선언한 부모와도 죽을 때까지 만나지 않왔다.

　김원주도 평생 오타 세이조와의 관계와 자신에게 아들이 있다는 사실을 밝히지 않았다. 다만 1927년에 〈꿈길로만 오는 어린이〉라는 제목의 글을 《문예공론》에 발표했는데, 그 글에서 꿈속에 자주 어린 아이가 나타난다는 고백을 했다. 아들에 대한 원초적인 그리움과 모성애까지 감추지는 못했던 것이다. 김원주에게 아들이 있다는 사실은 그녀가 죽고 난 후인 1975년에야 언론에 의해 밝혀져 세상을 놀라게 했다.

❀ 시인 임장화와 동거하다

　　　　　　　　한편 자신의 유일한 혈육을 남겨두고 조선으로 건너온 김원주는 《부녀지광》, 《신여성》 등의 잡지에 여성 계몽에 관한 여러 편의 글을 게재하는 등 다시 활발한 활동을 벌였다. 그렇게 1년을 보내고 1923년 가을께부터 악마파 시인으로 알려진 노월 임장화와 경성에서 동거를 시작했다.

　도쿄에 있을 때 친구 방인근의 소개로 만나게 된 임장화는 두 번째 만남부터 김원주에게 적극적으로 다가섰다.

　더구나 내가 도쿄 '베지로'의 어느 하숙에 있을 때 당신이 나를 두 번째 찾아와 아직 사귀지도 않았을 때 내 손을 바라보다가 느닷없이 "나는 손에 제일 많은 매력을 느끼게 돼요. 여자가 손만 예뻐도 내 사랑은 그 여성에게 흠뻑 쏠릴 수 있어요" 하시며 나의 표정을 은근하게 살피던 일이 상기됩니다. …… 그

때 나를 찾아오는 본국의 유학 청년들이 많아서 나는 당신에게 웃는 얼굴로 대하면서도 늘 무심했던 것입니다. 당신은 얼마나 별렀던지…… 비로소 사랑한다는 말을 주고받을 때 어떻게든지 입이나 한번 맞춰 보고 말까, 하는 생각까지 했었다고 했습니다. 나 역시 당신에게 대해 미와 재산과 취미가 같다는 등등의 조건이 붙은 사랑을 사랑했던 것입니다.

—김원주, 〈무심을 배우는 길〉, 《청춘을 불사르고》

임장화는 평안남도 진남포에 300석 규모의 논과 2만여 평에 달하는 과수원을 보유한 지주 집안의 아들이었다. 김원주에게는 첫 남편과는 다르게 문학과 여성 운동에 대한 이해와 공감대 형성이 가능하다는 점이 매력으로 다가왔다. 오스카 와일드를 존경한 임장화는 이광수가 '엉뚱한 이야기로 조선 백성을 헛갈리게 만드는 삼류작가'로 평가했을 정도로 독특한 문체와 구성으로 탐미주의를 추구한 인물이었다.

그러한 인물이었던 만큼 김원주와 동거를 시작하는 과정도, 동거 생활도 독특했다. 김원주를 만날 무렵에는 탄실 김명순과 동거 중이었으나 김원주에게 반한 이후에는 김명순을 다른 남성에게 빼앗기는 체하면서 헤어지고는 김원주에게 접근했다. 이로 인해 임장화를 둘러싸고 두 여성이 삼각관계에 있다는 소문이 돌기도 했다. 김명순과의 동거가 사실인지는 확인되지 않았으나 동거 전부터 이래저래 말이 많았던 김원주와 임장화의 동거 소식은 경성에 쫙 퍼졌다.

강단 위에 나설 때마다 이혼, 이혼하다가 아주 몸으로 그것을 실행한 김원주

여사는 그 후 일본서 나와 서울 육조 앞 그의 애인의 집에서 연애 생활을 달게 하고 있는데 조금 납작하던 콧날을 일본 있을 때 융비술(콧날을 세우는 성형 수술)로 고쳐서 우뚝하게 되기는 했는데 그 대신 살이 엉겨서 두 눈이 가운데로 조금 쏠렸다나요. 이것은 가서 만나보고 왔다는 이의 말.

— 〈색상자〉, 《신여성》 1924년 4월호

가난한 김원주가 무슨 돈이 있어 성형수술까지 받았겠는가마는 신여성들에 대한 보수 남성 사회의 냉소적인 시선은 터무니없는 성형수술 소문으로까지 발전했다. 요즘 연예인의 성형수술에 대한 논란처럼 김원주의 융비술 소문은 두고두고 조롱거리가 됐다.

이처럼 동거 생활이 세인들의 입에 오르내리자 김원주는 잡지 《신여성》 1924년 9월호에서 '내 생활은 내가 할 터이니 너희들은 너희들 자신의 생활이나 똑똑히 하고 잠자코 있어라'며 정면으로 반박했다.

그러나 잠자코 있으라고 잠자코 있을 남성들이 아니었다. 김기진이 총대를 메고 나섰다. 그는 《신여성》에 제목도 도전적인 〈김원주 씨에 대한 공개장〉을 게재해 김원주를 공개적으로 조롱했다.

올 여름에 광화문 통비각 앞 전차 정류장에서 그를 만난 일이 있었다. ……여러 사람이 들을 줄 뻔히 알면서 길가에서 더군다나 여자인 김씨로서 나에게 묻는 말이 "태기가 없으신가요?" 하는 것이다. 물론 나와 나의 아내와의 관계를 처음부터 알고 있던 김씨로서는 묻고 싶은 말 중의 하나였을는지는 모르나 나의 아내가 애를 뺐는지 안 뺐는지 그것을 광화문통 네거리에 서서 사람들 앞에서 물을 만큼 그다지 궁금했을 것은 없을 것이다. …… 그런 말을 길거리

에서 물고 있는 그를 バカ(바보)라고 해야 좋을는지 귀엽다고 해야 좋을는지 모르는 것이다.

－김기진, 〈김원주씨에 대한 공개장〉,《신여성》1924년 11월호

당시 파스큘라라고 하는 사회주의 문예 운동 단체의 주요 논객이었던 김기진이 당사자들 간의 사소한 일을 공개적으로 밝혀 인신공격의 소재로 삼은 것은 정말 치졸한 일이 아닐 수 없다. 그만큼 당대 남성들의 여성에 대한 비난과 공격이 얼마나 어처구니없고 비이성적이었는지를 보여주고 있는 것이다.

김기진의 치졸한 공격에 김원주는 반박을 하지 못했다. 왜냐하면 그들의 동거 소문이 임장화의 고향에까지 퍼지면서, 어느 날 갑자기 임장화의 아내라는 여성이 동거하는 집으로 찾아와 대망신을 당했기 때문이었다. 처음 사귈 때부터 본처가 없다는 말을 듣고 임장화와 연애한 것이었는데, 그가 김원주를 속인 것이었다. 두 번이나 남성들에게 속임을 당한 김원주였지만 그렇다고 임장화를 원망하지는 않았다. 자신을 그만큼 사랑했기 때문에 거짓말을 한 것이라고 이해했다.

【신여성의 바쁜 가정생활】 나혜석이 그린 것으로 신여성 김원주가 하루 종일 살림하고 공부하면서 바쁜 하루를 보내는 모습을 묘사하고 있다. 당시 신여성들은 살림을 못한다는 말을 들었다.《신여자》1920년 6월호

둘의 동거 사실이 본가에 알려지면서 당장 생계가 어려워

졌다. 임장화의 아버지가 생활비 지원을 중단한 것이었다. 임장화는 본처가 부모를 모시고 있는 상황이라서 이혼하겠다는 말조차 꺼내기 어려웠다. 임장화의 아버지는 김원주가 첩이 된다면 잘 살게 해 주겠다고 제안했지만, 김원주는 그렇게 살 수는 없었다. 신여성들의 연애 상대가 될 수 있는 남성들은 거의 전부가 조혼을 해 본처가 있는 형편이어서 어쩔 수 없이 첩이 되는 경우가 종종 있었는데, 이러한 사정이 사회적 논란거리로 등장한 상황에서 자신조차 첩이 될 수는 없었다.

✺ 동반 자살을 약속한
김원주와 임장화

김원주는 임장화에게 계속 애인으로 지내되 남들이 눈치 채지 못하게 별거하자고 했다. 하지만 임장화는 생활고 속에서 살아야 할 김원주가 걱정된다며 그럴 수는 없다고, 차라리 둘이서 함께 자살하자고 제안했다. 어릴 적부터 고아로 자라면서 아무리 어려운 일을 당해도 걱정할 줄 몰랐던 낙천적 성격을 지닌 김원주에게 자살은 바보 같은 행동이었다. 하지만 그렇다고 무작정 거부하지도 못했다. 평소에도 질투 많은 임장화 때문에 다른 남성과 말 한 마디 해 본 적이 없는 김원주였다. 그녀는 자신을 버리고 다른 남성을 찾아 가는 것 아니냐는 오해를 살까 두려웠다.

그렇게 답변을 미루고 지내던 어느 날, 임장화는 '당신에게는 이 세상에 아름다운 미련이라도 있는 듯, 혼자 누리고 자유롭게 잘 사시오'라는 유서를 써 놓고 철도에 뛰어들어 죽겠다며 집을 나가 버렸다. 놀란 가슴을 부여잡고 뒤쫓아 가 임장화를 붙잡은 김원주는 "함께 죽자"며 그를 만류했다. 김원주는 졸지에 동반 자살할 처지에 몰렸다.

김원주기 동반 자살을 약속하자 갑자기 활발해진 임장화는 그날로 친형이 경영하는 진남포병원을 찾아가서 몰래 헤로인 두 병을 빼돌려 집으로 가져왔다. 헤로인 병을 보면서도 김원주는 어떻게든 죽음만은 피해야겠다는 생각뿐이었다. 그렇다고 임장화 혼자 죽게 내버려 둘 수도 없었다.

며칠 후 임장화는 밤 12시에 음독할 것을 약속하고 약을 김원주에게 맡겼다. 약을 맡은 김원주는 고민 끝에 묘안을 생각해 냈다. 하얀 가루인 헤로인을 약갑에서 빼고 그것과 똑같이 반짝이는 하얀 가루를 집어넣으면 감쪽같이 속일 수 있다는 생각이 들었다. 그러나 몇 시간 남지도 않은 상황에서 하얀 가루를 구한다는 것은 어려운 일이었다. 궁리 끝에 비슷하지도 않고 빛깔이나 굵기에서 두드러지게 차이가 나는 소다로 바꿔치기 했다. 임장화가 눈치 챌 위험도 있었으나 나머지는 운명에 맡기기로 했다.

이윽고 약속한 시간이 다가오자 둘은 말없이 서로 눈치만 보고 앉아 있었다. 죽을 약이 아님을 아는 김원주가 물을 떠 와서는 가만히 약을 꺼내 놓았다.

그때 방바닥에 놓인 약을 들어서 물끄러미 들여다보던 내 마음은 조마조마했습니다. 그러나 당신은 아득한 딴 정신에 잠겨 있었습니다. 마지막으로 무슨 말을 나눈 듯한데 그것은 다 잊어버렸습니다. 다만 당신이 약이 바뀐 줄을 모르는 만큼 죽음에 직면한 그 순정 어린 태도가 나를 깊이 감동시켰음을 어렴풋이 기억할 뿐입니다. 당신의 순정에 동화된 나는 약을 바꿔 넣었다는 기억을 잃어버리고 말았습니다. …… 그런데 어떻게 얼마의 시간을 보냈는지 모르나 한참 만에 그래도 희미하게나마 죽을 약이 아님을 느낀 내가 먼저 목으로 넘기게 됐습니다. 당신은 깜짝 놀라는 표정으로 흠칫했습니다. 나는 "날마다 내게 죽음을 강청強請하던 당신이 왜 놀라는 거요? 죽음에 직면하니 살고 싶은 의욕이 새로워지는 거요?"라고 물었습니다.

당신은 "내 목숨보다도 중하게 여기던 당신의 최후에 놀란 것이겠지요" 하며 슬쩍 표정을 돌리는 것이었습니다. 물그릇을 들고, 잘 들리지는 않으나 깊은 한숨을 쉬는 당신은 "생의 최후도 당신과 함께하기 위해 나도 마시는 거요" 하며 약을 목에 넘기고 나서 지극히 처연한 표정으로 "아버지의 얼굴이나 마지막 보았으면. 내가 죽었다는 소식을 들으시면……"했습니다.

…… 당신은 내 몸을 당겨 껴안고 누우며 "이제는 모든 괴로움의 최후! 그리고 당신과 나만이 자유세계! 이제 당신과 나는 하나!…사심은 끊어야 해요"라고 했습니다. 나는 나의 가슴으로 당신의 가슴을 떠미는 체하며 "사심을 끊어요? 사선死線에까지 동행하는 나를 그래도 못 믿으니 사선 넘어 저승길에서도 싸우며 가야겠군요……"하니까 당신은 나를 다시 힘 있게 껴안으며 "아니야, 이 자리에서 의심이 날 리가 있어? 만족에 겨운 말이 어찌 의심해서 나오는 것 같은가?" 하고 말했습니다.

―김원주, 〈무심을 배우는 길〉, 《청춘을 불사르고》

김원주는 한참 시간이 흘렀음에도 죽지 않자 헤로인이 아니라 소다를 먹은 것이 확실하다는 생각이 들었다. 하지만 약을 바꿔치기 한 사실이 들통 날까봐 잠자코 임장화의 가슴에 고개를 파묻고 있었다. 먼저 임장화가 "잠이 들기는커녕 눈이 오히려 또렷해지는구려" 하며 이상하다는 말을 연발했다. 김원주는 "약이 오래돼서 김이 다 빠져서 그런 것 같아요" 하며 둘러댔다. 그렇게 밤새도록 죽을 약을 먹은 줄 알고 죽기만을 기다리던 그들의 자살 소동은 날이 새자 누군가 대문을 두드리면서 한바탕 해프닝으로 끝이 났다.

자살조차 실패하자 임장화는 김원주를 진남포로 데려가 자기 집안이 소유한 넓은 들판과 과수원을 보여주며 회유했다. 임장화의 아버지도 과수원 안에 문화 주택을 하나 지어 줄 터이니 그곳에서 임장화와 둘이서만 살라며 회유에 동참했다. 임장화는 "2년만 동거해 주면 일생 생활비를 만들어 주겠소" 하며 거액의 돈을 제시했다. 그러나 가난할지언정 자존심을 버릴 수 없었던 김원주는 끝내 이별을 선택했다.

모든 것이 실패한 임장화는 경성으로 떠나는 김원주를 배웅하기 위해 호숫가를 지나던 중 갑자기 김원주를 붙잡고 호수에 뛰어들려고 했다. 임장화의 돌발 행동에 깜짝 놀란 김원주는 옆에 있던 나무를 붙잡고 끌려가지 않기 위해 발버둥을 쳤다. 그러기를 잠시, 저 멀리서 농부가 나타나자 임장화는 김원주를 놓아주었다.

또 한 차례의 자살 소동을 겪은 김원주는 자신은 절대 죽을 생각이 없다며 지난번에 죽지 않은 이유를 얘기해 주었다. 가짜 약으로 바꿔치기 해 놓고 정사의 연극을 꾸몄다고 고백하자, 임장화는 "의문의 여인…"이라고 말하며 혼란스러운 표정을 지었다. 그렇게 임장화와 마지막 이별을 한 김원주는 그래도 살 도리가 있겠지 하는 막연한 생각을 하며 홀로 쓸쓸히 경성으로 돌아왔다.

훗날 김원주는 우연히 신문에서 임장화가 발표한 시를 보게 된다.

세 볼 엄두 아니 나는

갈대의 대가족은

비바람 무릅써도

서로가 다 안 여읜 맘

그래도 어버이 자녀 사이 정

오감 잊잖은 양

바람 슬쩍 충동이면

서로의 설운 사정

몸부림쳐 울부짖네

갈대의 외로운 혼정魂情

내 가슴에 숨어들 제

잠자던 님의 추억

다시금 부풀어서

내 혼은 님을 찾아

하염없이 헤매누나

땅 끝 하늘가에

님 자국 그 어덴가

자국조차 스러진 데

눈 설은 존재들이

무상을 알리건만

그지없이 아쉬움은

가신 님 뒷모습을

피 엉긴 가슴에서

또다시 뒤쳐 내서

입술은 떨게 되고

눈물은 그 님인 양

떠는 입에 대어드네

―임장화, 〈갈대〉

유심히 그 시를 읽은 김원주는 그 시가 자신을 향한 것임을 깨닫고는 임장화에게 그리움을 잊기 위해 '무심을 배우라'는 충고를 전해주어야겠다는 생각을 했다. 그러나 곧이어 전쟁이 나고 생사를 알 길도 없어지면서 까마득하게 잊어버리고 지냈다.

그 후 1958년경에 김원주에게 한 장의 명함이 전해진다. 명함에는 '아무쪼록 장수하십시오. 그대는 그래도 행복이 있을 것입니다'라는 글이 임장화의 필체로 쓰여 있었다. 전쟁 때 월남한 임장화가 서대문구 집으로 탁발하러 온 비구니에게 들려 보낸 명함이었다. 김원주는 그 명함을 전해 준 비구니에게 "혹시나 찾아온다는 말은 안 하더냐?" 하고 묻더니 자살하려고 했던 사람이 인제 와서는 오래 살라는 말을 남긴 것을 보고는 빙그레 웃음을 지었다.

✿ 절대적 사랑 백성욱과의 만남

한편, 임장화와 결별하고 경성으로 돌아온 김원주는 아현보통학교에 교사로 취직했다. 이제 그녀의 나이는 서른으로 20대의 파란만장한 연애 사건을 거치며 여성으로나 인간으로나 완연히 성숙한 단계에 접어들고 있었다. 사랑은 영원히 변하지 않는 것이라고 생각했던 그녀는 몇 차례의 연애와 이별을 통해 형성된 독특한 사랑 지상주의 관념을 지니게 됐다. 대표적인 것이 '정신적 정조론'이었다. 그녀가 주장하는 정신적 정조론은 남성들 입장에서는 쌍수를 들고 환영할 만한 것이었다. 정신적 정조란 결국 '여성의 성적 자유'를 뜻하기 때문이었다. 하지만 남성 중심의 연애가 지배하는 사회에서 여성의 성적 자유는 자칫 파멸로 흐르기 쉬웠다. 1927년, 김원주는 그 파멸과 구원의 갈림길에 서 있었다. 그때 그녀에게 구원의 손길을 내민 사람이 백성욱이었다.

1927년 봄, 김원주가 동아일보의 중견 기자 국기열과 동거하다 헤어졌다는 소문으로 일어난 파란이 잠잠해질 무렵이었다. 4년 전 충남 예산의 수덕사에서 만공 선사의 법문을 듣고 깨달음을 얻은 후부터 부쩍 불교에 관심을 가져왔던 김원주는 월간 《불교》의 문예란을 담당하고 있었다. 문예란을 맡아 자신의 글을 싣거나 때론 필자 섭외를 진행하던 그녀는 중앙불교전문학교(현 동국대학교)의 교수로 있다가 불교일보사의 사장으로 취임한 백성욱을 만나기 위해 신문사를 방문했다. 2층 사장실에서 처음 대면을 한 김원주와 백성욱은 서로에게 첫눈에 반했다.

붉어진 나의 얼굴을 유심히 바라보던 당신은 "선생의 고향은?" 하고 나지막이 물었나이다.

"선생의 고향은?" 하고 묻는 당신의 그 부드럽다고도 정답다고도 표현할 수 없는 은근한 목소리는 신운神韻으로 스며 나오는 신비성! 언제라도 내 가슴 안 영靈에 울리는 시처럼 아롱지며 미묘한 음악 이상으로 파동을 일으켰나이다.

…… 당신은 "장생張生은 묻지도 않는데 홍랑紅娘에게 자기 주소 성명을 일일이 일러 주었는데" 하시었나이다. 그 말씀을 들을 때 당신께 새로 정다움을 느끼기보다도 내게 대한 사랑을 명백히 고백하시는 데 나는 얼마나 만족을 느끼었는지 몰랐나이다. 당신이 "선생의 고향은?" 하고 물을 때, 그 눈의 매력적인 표정과 목소리에 내가 그렇게도 깊이 정을 느낀 것이 짝사랑의 발로는 아니었구나! 하고 혼자 생각할 때 내가 겪어온 모든 인간고의 대가가 될 만큼, 아름다움과 기쁨을 주던 그것을 그 무엇이라 이름지을까. 아무 이름에도 맞는 대칭 대명사인 '극히 아름다운 그것'이라 해 둘 수밖에 없나이다.

……그때는 신문사 층층대를 내려오면서 기꺼운지 서러운지 모를 이상한 감동에 못 견디어 두 손을 깍지 껴서 가슴을 비비며 이것이 사랑이로구나, 사랑이로구나 하고 속으로 부르짖었던 것이외다.

-김원주, 〈B씨에게〉,《청춘을 불사르고》

김원주는 그토록 찾아 헤매던 절대적인 사랑을 이제야 찾았다는 듯 그 사랑에 푹 빠졌다. 처음 만난 자리에서는 백성욱의 손님이 찾아오는 바람에 더 얘기를 하지 못한 두 사람은 단둘이 만났으면 하는 생각을 가졌다. 그 만남은 한 달 뒤 백성욱이 김원주의 집으로 찾아오면서 이루어졌다.

그렇게 본격적으로 연애를 시작한 두 사람은 만날 때마다 백성욱이 김원주에게 불법을 강의하면서 점차 불교라는 공통점을 중심으로 한 관계가 됐다. 백성욱은 14세에 출가해 독일 벌스블룩대학에서 불교 순전 철학佛教純全哲學으로 박사 학위를 받은 불교 사상 이론가였으므로 불교 입문자였던 김원주에게는 구세주처럼 느껴졌다. 더구나 백성욱은 유럽에서 오래 생활하다 온 남성이라 조선 남성과는 다르게 김원주에게 다정다감하면서도 열정적이었으며, 여성을 인격적으로 대할 줄 아는 사람이었다.

때때로 백성욱은 김원주에게 "만주로 가서 농사지으며 수양 생활을 해 볼까요?", "산중에 토굴을 파고 들어가 살다가 내가 양식을 구해 오면 당신이 마중 나와 내 이마의 땀을 닦아 주는, 그런 은근한 생활을 할 생각은 없소?" 하며 둘만의 수양 생활을 제안하기도 했다. 그래서였을까. 1928년이 되자 김원주는 새로운 희망에 부풀어 있었다.

❀ 편지 한 통만 남겨 놓고 입산하다

그러던 어느 날 그녀의 희망에 찬물을 끼얹는 사건이 발생했다. 백성욱이 한 통의 편지만을 남겨 놓고 어디론가 사라진 것이었다. 편지에는 '인연이 다해서 다시 뵈옵지 못하겠기에……' 하는 내용만 있을 뿐 떠나는 이유도, 어디로 가겠다는 말도 없었다. 김원주는 하늘이 무너지는 듯한 슬픔을 느꼈다. 워낙 슬픔이 크다 보니 원망도 노여움도 느낄 새 없이 그저 하염없이 눈물만 흘렸다. 이때 느낀 고통과 슬픔에 대해 훗날 김원주는 '별리別

離라는 칼에 중상을 입은 심장을 안고 사랑의 폐허에서 홀로 신음했다'고 적을 정도였다.

보낼 주소조차 적지 못하는 슬픈 편지를 밤마다 써서 책상에 수북이 쌓아 두며 지내기를 다섯 달, 어느 날은 편지를 구겨 버리고 혼자 앉아 울다가 제풀에 지쳐 마음을 비운 채 앉아 있었다. 그러다 백성욱과 처음 둘이서 만나던 날 생각을 하다 갑자기 그날 그가 해 준 말이 생각났다.

> 믿지 못할 것은 세상일이라, 만난 기쁨이 가기 전에 떠나는 설움이 오는 것이니 이 기쁨에만 취하지 말고 오직 우리가 할 일은 '하나' 화化에 이르는 공부를 하여 봉별逢別이 하나요, 애증이 둘이 아닌 법을 증득證得하게 되는 날 비로소 만나거나 떠나거나 사랑하거나 미워하거나 부동적 평안함을 얻는다.
>
> ─김원주, 〈B씨에게〉, 《청춘을 불사르고》

그 말을 떠올린 김원주는 절망의 끝에서 무상을 느꼈다. 곧 그녀는 '화化에 이르는 공부'를 하기로 결심했다. 그해 초여름 금강산 서봉암의 이성혜 비구니를 은사로 모시고 입산했다가, 7월 달에는 경성에 위치한 선학원에서 만공 선사로부터 수계를 받았다. 이로써 그녀는 중이 되는 길에 접어들었다.

한편 김원주에게 일절 행방을 알리지 않고 사라진 백성욱은 금강산으로 입산 수도를 떠났다. 먼 훗날 백성욱은 김원주에게 보낸 편지에서 그때의 사정을 밝혔다. 같이 만주나 산 속으로 들어갈 생각을 했지만, 김원주가 공부할 뜻은 없고 자신에 대한 정만 가득했기 때문에 차라리 혼자 두고 떠나면 필경 수도인이 될 것이라고 생각했다고. 그러기에 자신도 고통스러웠지만 떠난 것이라고.

입산 수도를 떠난 백성욱이 금강산과 오대산을 떠돌고 있을 1934년 무렵 어떻게 주소를 알았는지 김원주로부터 'B씨에게'로 시작되는 한 통의 긴 편지가 왔다. 비구니계를 받고 수덕사로 영

【일엽 스님】 자유연애론과 신정조론을 주창한 여성 해방론자 김원주는 결혼과 연애, 사회생활을 모두 버리고 출가했다. 사진은 병상에서 불편한 몸으로 하루 종일 좌선하는 모습이다.

원히 입산하기 전에 그리움을 담아 보낸 편지였다. 당시 백성욱은 입산 수도 중에서도 김원주를 잊기 위해 애쓰던 때였다. 하지만 애절한 사연을 담은 편지를 본 그의 머릿속에는 다시 경성으로 돌아가 같이 공부를 할까 하는 생각이 문득문득 떠올라 정진에 방해가 됐다. 밤에 자리에 누우면 김원주의 풍만한 육체가 떠올라 육신을 괴롭혔고, 산새 소리조차 그녀의 애절한 하소연으로 들릴 정도로 고통에 시달렸다. 하지만 다시 정신을 차리고 맹렬하게 정진에 임한 그는 김원주와의 정을 완전히 끊어 냈다.

홀로 입산 수도에 정진하며 5년을 보낸 후, 백성욱은 절까지 감시하는 일제의 압박을 피해 경성으로 돌아왔다. 활발하게 활동을 전개하던 그는 1941년경 김원주에게 자신이 지은 책과 약, 캐러멜 등을 보내 이제는 다 잊었다고 생각했던 김원주의 마음을 흔들어 놓았다. 백성욱이 물건을 보낸 이유는 수도에 더욱 정진하라는 의미였으나

김원주는 그가 물건을 보낸 것이 정에서 우러난 일이라고 생각했다.

아무튼 뜻밖에 당신에게서 온 정(?)의 연락으로 일어난 그 고뇌와 기쁨이 교차되는 감정에서 뿜어내는 가쁜 호흡이 한숨이 되어 흘러나옵니다. ……아무래도 당신을 향한 연모의 정의 재생임은 틀림없습니다. ……성불의 길이 조금은 더디어도 좋아요! 당신이 웃으며 당신의 그 부드러운 손으로 어루만져 주시는 즐거움을 한 번이라도 맛보여 주실까 바라는 애달픈 마음은 성불 다음가는 희망일 뿐입니다.

3월 18일
옛 여인 합장

단 한 번이라도 좋으니 만났으면 좋겠다는 김원주의 간절한 애소를 담은 편지를 보면서 백성욱은 자신도 모르게 눈물을 글썽거렸다. 그러나 10여 년의 입산 수도 끝에 끊어 낸 정이 아니던가! 백성욱은 자신을 애써 억누르면서 수도자다운 답변을 담은 편지를 보냈다.

무슨 생각이 일어나든 정진精進으로 녹여서 생각이 끊어지고 언어의 길이 다한 자리에 이르시기를 진심으로 권할 뿐입니다. 정진의 힘이 약하게 되신 듯 성현의 가피력加被力이 필요할 듯하오니 참회 기도를 하십시오.

더욱 정진하라는 내용으로 발신인 주소와 이름도 적지 않고 보낸 편지에 김원주는 시무룩해졌다. 하지만 자신의 사랑을 결연히 잊기 위해서라도 마지막 이별 의식을 해야겠다는 김원주의 욕망은 참회

기도로도 이미 다스려질 수 없는 것이었다.

아무튼 중생으로는 당신의 희생자였습니다. 중생심을 없애지 못한 나이기 때
문에 맺혀 풀지 못한 정한의 뭉치를 단시간에 풀지 못하고 그대로 둔다면 시
간적으로 정진에 큰 손실이 있을 것이 헤아려집니다. 그런 즉 정적情的 업의
이별주 한 잔쯤은 서로 나누게 돼야 할 것입니다.

업의 원소인 정! 가장 여의기 어려운 정! 괴로움의 근본인 그 정은 당신을 차
마 그저는 못 떠나겠다고 마지막 소원으로 애절하게 이별주 한 잔을 청하는
것입니다.

11월 21일

백련 합장

편지를 보내 놓고 김원주는 '이렇듯 간절한 사연의 편지를 보고도
설마 내 심정을 몰라 주지는 않겠지'라고 생각하며 답장을 고대했다.
그러나 이 편지를 본 백성욱은 큰 무안을 당한 사람처럼 두 손을 떨
기까지 했다. 그 이튿날 김원주의 상좌 스님에게 답장을 주면서 다시
는 편지하지 말라고 전해 달라 했다.

일시적 정열을 참아서 만년의 사랑을 살려야 할 것을 아시기 바라옵니다. 일
시적 사랑은 영원한 생명을 죽이는 칼이 됩니다. 소아의 일시적 사랑을 희생
해 대아의 일체애一切愛를 얻을 날을 기약하는 것이 정진의 구경처究竟處입니
다. 정진에 애를 쓸수록 강렬한 망상이 일어납니다. 이 고비를 힘차게 넘기는
것이 정진력을 기르는 일입니다. 정진력이 우주화하면 거기에서 우주가 곧

'나' 자체가 됩니다.

옛사랑을 다시 볼 수 있을까하는 기대에 설레던 김원주의 마음에 찬물을 끼얹는 짤막한 편지였다. 첫 번째 답장보다 더욱 강력한 어조로 정진하라는 얘기뿐이었다. 마지막 간청을 연거푸 거절당한 김원주의 마음속에는 괴로움과 쓰라림뿐이었다. 13여 년 동안의 수도 정진도 다시 되살아난 사랑 앞에서 물거품이 되려는 순간이었다.

승려로서 위기의 순간을 맞아 김원주는 냉정하게 생각하기 시작했다. 마지막이라는 단어에 매달려 스스로를 다스리지 못하고 애절하게 호소한 것이 부끄럽기까지 했다. 그렇게 생각하니 오히려 냉정하게 대한 백성욱에게 고마움을 느꼈다. 몇 개월 후 백성욱과의 사랑의 연을 끊은 김원주는 이별 편지를 보냈다.

나는 지금도 당신을 사랑의 대상으로 알지는 않는다 하더라도 내 앞의 존재로는 당신이 가장 위대하다고 느낍니다. 하지만 다시는 내게 정을 주기를 바라지도 않고 남에게 주는 정을 바라보지도 않으렵니다. 다만 변치 않는 동지로 성불의 길을 동행하며 사업으로 서로 돕는 벗, 곧 동지가 되기를 바랄 뿐입니다.

7월 17일 밤

백련 합장

김원주의 편지에 대한 답장은 10여 년이나 지난 1957년에서야 보내졌다. 백성욱이 자신의 환갑 기념 논문집을 보내면서 그 안에 편지를 동봉했던 것이다.

일엽 스님이 내가 떠난 일을 그리도 야속하게 여긴 것은 마치 몹시 배가 고플 때 받아 놓은 밥상을 빼앗긴 것 같은 느낌 때문입니다. 그러나 그 밥에는 독이 들었던 것입니다. 이제 일엽 스님은 회심의 미소가 있으리라 상상하오니 나도 자연 빙그레해집니다. …… 아무튼 이제 우리의 사랑은 사랑의 극치에 이르렀을까요? …… 사선을 넘을 채비나 잘하고 계신지? 이 말씀은 참으로 부질없는 말이 됐으면 합니다.

정유년 8월 19일

B 합장

김원주에게 더 큰 사랑을 깨우쳐 준 백성욱은 한국 전쟁 때 잠깐 내무부장관을 맡았다가, 1953년부터는 동국대학교 총장을 맡아 교육에 힘쓰다 1962년 총장직을 사임했다. 그 후 부천에 '백성 목장'을 세워 금강경을 중심으로 한 중생 교화에 힘쓰다 1981년에 열반했다. 김원주와 백성욱, 그들의 세속에서의 인연은 1971년 김원주가 열반에 듦으로써 끝이 났지만, 남녀의 사랑에서 출발한 그들의 사랑은 불교를 통해 내세에서까지 이어지는 영원한 사랑이 됐다.

❀ 사랑을 깨닫기 위해 중이 되다

한편 백성욱이 사라진 후 수계를 받긴 했지만 아직 불도가 무엇인지 깨닫지 못했던 김원주는 백성욱의 돌연한 입산을 이해하지 못했다. 더군다나 백성욱에게 버림받았다는 생각은 그녀에게 더욱 비참함을 안겨 주었다. 하지만 절대적 사랑도 세월이 지나면 잊혀지는 법이었다. 하지만 어릴 적부터 고아로 자라 외로움이 많았던 김원주는 끊임없이 사랑을 갈구했다.

백성욱과 헤어진 지 2년도 되지 않아 김원주는 보성고등보통학교 교사인 하윤실과 결혼식을 올렸다. 정식 결혼으로는 두 번째였다. 하윤실은 재가승이었는데, 시람들은 중한테 시집을 갔다며 그녀를 놀렸다. 백성욱에게 가르침을 받으면서 사랑을 나눴던 때의 감상과 추억에서 벗어나지 못하고 하윤실을 대리로 삼은 셈이었다.

하지만 그녀는 사랑보다는 생활을 위해 결혼한 것이었고, 남편 하윤실은 중이긴 했지만 공부가 그리 깊지 않은 사람이라 백성욱처럼 그녀가 원하는 가르침을 주지 못했다. 그러한 불만은 해가 지나면 지날수록 불법을 깨우치고 싶다는 소망으로 변해 갔다. 한때 믿었던 사랑의 불변성에 대한 생각도 변해 사랑으로는 만족을 얻을 수 없다는 생각이 자리 잡아 갔다. 사랑도 못 믿을 것이라는 생각을 동아일보에 발표했더니, 당시 동아일보 기자였던 설의식이 가십란에서 '그대가 사랑을 버리고 살아!' 하면서 비웃었다. 그만큼 김원주는 경성에서 '연애 대장', '사랑의 여신'으로 이름이 높았다.

하지만 그녀는 세상의 생각과 다르게 과감하게 사랑을 버렸다. 때론 사랑에 행복해하고, 때론 사랑에 울

【두 번째 남편 하윤실과 김원주】 백성욱과 이별한 지 얼마 되지 않아 김원주는 재가승과 결혼했지만 백성욱이 남긴 빈자리는 채워지지 않았다. 김원주는 하윤실과 끝내 이혼한 뒤 입산 수도의 길을 택해 다시는 속세로 나오지 않았다.

던, 불완전한 자신을 완성하기 위해 1933년 가을 김원주는 남편 하윤실과 이혼하고 입산 수도의 길을 택했다. 요즘으로 치면 유명 여류 소설가가 중이 된 셈이니 김원주가 수덕사에 입산했다는 소문은 삽시간에 퍼져 나갔다. 사람들은 "뭐, 몇 달이나 견딜라구" 하면서 그녀의 출가를 비웃었다. 또한 일부에서는 김원주가 중이 된 것은 실연에 지쳤기 때문이라는 말이 떠돌았다. 이에 대해 그녀는 "사랑에 지쳐서 중이 됐다니, 그것은 사랑 때문에 인생을 버렸다는 말인 것이다. 나는 사랑의 근본을 알아 사랑할 줄 아는 사람이 되려고 중이 된 것"이라며 자신이 중이 된 이유를 설명했다.

한편에서는 일부 신여성들까지 합세해 그녀가 남편을 버리고 입산한 것을 비난했다. 이래저래 말이 많자 김원주는 자신의 입산 수도에 대해 입장을 밝혔다.

그러나 나는 지금 와서 확실히 깨달았다. 나는 오직 내 한 몸이 되자. 그리고 나를 한 희생물로나 혹은 유희물로 취급하는 비인격자들에게 단연히 절교를 하자. 아니, 누구에게나 다 절교하는 것이 지금 내 인격을 구제하는 최고 수단이다. 나는 인생에 대한 모든 미련을 다 버린 사람이다. 나는 과거의 모든 기억을 다 잊었다. 쓴 과거는 다 사라져 버리고 어디까지든지 내 자아 가운데서 모두를 미화하고 모두를 향락享樂하자.

나의 과거를 회상할 때 나는 인생에 대한 절실한 각오를 했다. 나는 이로부터 우선 나를 완성해야만 되겠다. 이것이 나의 신생新生이라 한다. …… 나의 청춘을 완전한 사랑의 경지로 인도해 줄 한줄기 빛이 무한한 지평선 위를 날며 나에게 〈新生〉의 길을 가르치고 있다. 아 — 미쁜 〈新生〉의 길이여! 나는 그대의 가르침을 어김없이 지키리라.

—김원주, 〈일절의 세욕을 단하고〉, 《삼천리》 1934년 11월호

공개적으로 자신이 가야 할 새로운 길을 천명한 김원주는 수덕사, 직지사, 선학원 등을 떠돌며 수행하다가 1935년 7월 표훈사에서 보살계와 비구니계를 동시에 수계해 승려가 됐다. 그 후 그녀는 "성품이 백련꽃 같이 되어 세속에 물들지 않을 때까지 덕숭산 밑을 내려가지 말라"는 만공 선사의 말에 따라 25년 동안 글을 쓴다거나 대외 활동을 하지 않고 수덕사 견성암에서 오직 수도에만 전념했다.

❀ 마지막까지 불자의 길을 걷다

그녀는 그렇게 세속을 떠났지만, 세속에서 그녀가 남긴 사랑은 끊임없이 그녀를 괴롭혔다. 구도자의 길을 걷고자 하는 그녀에게 가장 큰 고통을 준 것은 그녀의 아들이었다. 입산 후 1년쯤 된 봄기운이 가득한 어느 날 밤중이었다. 한 학생이 심부름 왔다는 소리를 듣고 방밖으로 나서자, 대뜸 "어머니!"하고 부르는 것이 아닌가! 14년 전 일본에서 낳은 아들 오타 마사오가 자신을 찾아온 것이었다. 깜짝 놀란 김원주는 당황하며 혹시 누가 보지는 않았는지 주위를 둘러보았다. 방으로 아들을 데리고 들어온 김원주는 아들을 쓰다듬으며 눈물을 흘렸다. 마사오는 그토록 보고 싶어 했던 어머니의 무릎에 쓰러져 오열했다. 그러나 잠시 후 눈물을 닦고 마음을 추스른 김원주는 자신이 속세와의 인연을 끊은 승려임

을 깨닫고는 아들에게 냉정한 목소리로 말했다.

"울음을 그쳐라! 여기는 산중의 절이다. 너는 절에 왔으니 절 풍속과 예절을 지켜야 한다. 우선 나를 다시는 어머니라고 불러서는 안된다. 스님이라고 해야 한다. 알겠느냐?"

태어난 후 처음 만난 어머니로부터 어머니라고 부르지 말라는 기막힌 말을 들은 마사오의 가슴은 무너지는 듯했다. 승려라는 존재가 무엇을 뜻하는지 모르는 어린 나이의 마사오에게는 다만 어머니의 품이 그리울 뿐이었다. 그러나 김원주는 굳은 결심을 하고 입산해 서서히 불법을 깨쳐 가는 중이었기 때문에 아들에게 냉정하게 대할 수밖에 없었다. 다만 어른이 되면 자신을 이해할 수 있기를 바랄 뿐이었다.

훗날 오타 마사오는 일본에서 화가가 된 후 어머니의 성을 따라 이름을 김태신으로 고쳤다. 자신을 부처가 출가 전에 두었던 아들인 라홀라에 비유했던 김태신은, 라홀라처럼 어머니의 뒤를 이어 출가했다.

한편 유일한 혈육인 아들의 마음에 상처까지 낼 정도로 43년 동안 맹렬하게 수도에 정진했던 김원주는 1971년 1월 28일 새벽 1시경 그가 그토록 사랑했던 존재들을 뒤로 하고 열반에 들었다. 1세대 신여성으로 자유연애를 주창하고 몸소 실천했던 나혜석, 김명순, 윤심덕 등이 비참한 최후를 맞았던 데 반해 불자의 길로 접어든 그녀만이 유일하게 천명을 누리다 죽었다.

김명순, 연애가 '파멸'시킨 신여성

나를 비웃지 말고 나의 운명을 비웃어 다오

❀ '모델 소설' 전쟁

　　　　　　근대 조선에 불어 닥친 자유연애의 광풍에 희생된 사람들은 대부분 여성들이었다. 특히 소설가 김명순은 같은 문인 남성들에 의해 문란한 여인으로 낙인찍혀 불행한 삶을 살았다. 그 불행의 서막은 엉뚱한 곳에서부터 시작됐다. 일본이 일으킨 만주 침략 전쟁에서 과연 누가 이길 것인지 조선인의 이목이 집중돼 있던 1931년 11월, 김동인이 불면증을 치료하기 위해 경성에 오자 김억은 그를 찾아와 분통을 터뜨리며 한 가지 부탁을 청했다. 염상섭이 지난 날 돈이 없을 때 자신으로부터 술을 거나하게 몇 차례나 얻어먹은 은

혜를 망각하고 《삼천리》 10월호에 자신을 주인공으로 한 〈질투와 밥〉이라는 소설을 발표해 자신을 모욕했으니 그 복수를 해 달라는 것이었다.

〈질투와 밥〉은 'S'라는 주인공이 시골에 있는 부인 몰래 경성에 돈 많은 첩을 두고 살다가 그것이 들통 나면서 본부인과 첩 사이에서 겪는 소동을 그린 소설로, 김억이 겪은 일을 모델로 한 이른바 '모델 소설'이었다. 염상섭이 김억의 사생활을 소설로 써서 만천하에 자신의 사생활을 공개했으니 김억으로서는 분기탱천할 만한 일이었다. 똑같이 '모델 소설'로 복수를 하고 싶었지만 그는 시만 쓸 줄 알았지 소설은 쓸 줄 몰랐다. 이 때문에 복수심에 불탄 김억은 정거장까지 따라 나와 김동인에게 사정까지 할 정도였다.

며칠 후 치료를 마치고 평양으로 돌아온 김동인은 방에 드러누웠지만 여전히 잠이 오지 않자 책상에 앉아 원고지를 펴고 글을 쓰기 시작했다. 그렇게 김동인이 밤을 새워 가며 쓴 소설이 〈발가락이 닮았다〉였다. 이 소설은 'M'이라는 32세의 노총각이 정욕을 다스리지 못해 돈만 생기면 유곽을 찾다가 결국 각종 성병을 앓아 생식 능력이 사라진 상태에서 결혼을 했는데도 불구하고 아내가 임신을 하자, 아내의 외도를 의심하며 괴로워하다 결국 아내가 낳은 아이와 자신의 발가락이 닮았다는 사실을 발견해 의사인 작중 화자에게 자랑한다는 내용이었다.

이 소설이 1932년 《동광》 1월호에 발표되자 염상섭은 자신을 모델로 한 모욕적인 소설이라며 〈모델 보복전〉이라는 제목의 반박문을 써서 《동광》에 투고했다. 그 글에서 염상섭은 소설의 주인공이 서른이

【김동인의 연재소설】소설가 김동인은 신여성을 모델로 한 〈김연실전〉을 연재하기 시작했다. 김동인은 첩의 딸인 주인공이 문란한 자유연애를 하는 것으로 묘사했는데 실제 주인공이 신여성이며 유명 작가라고 밝혀 김명순의 명예를 실추시켰다.

넘어서 늦장가를 갔고, 신여성과 구식 결혼을 했다는 점 등이 자신의 가정생활과 똑같으므로 자신을 모델로 한 소설이라고 주장했다. 그러나 2월호《동광》에는 이 반박문이 실리지 않았다. 사태가 심각해질 것을 우려한 문인들이 염상섭에게 반박문을 당장 빼라고 권했기 때문이었다.

그럼에도 불구하고 문단 내에서 이 소설을 둘러싼 파장은 커져만 같다. 기자들까지 나서서 취재를 하고 다니자 결국 김동인은 조선일보에 장장 5회에 걸쳐 〈나의 변명 '발가락이 닮았다'에 대해〉라는 글을 연재해 항간에서 떠드는 것처럼 염상섭을 모델로 한 것이 아니며 오해를 불러일으켰다면 죄송하다고 사죄했다.

그러면서도 김동인은 〈발가락이 닮았다〉를 쓴 지 대여섯 시간 후에 자신의 부인이 아이를 낳았는데, 이 소설로 인해 사람들이 자신에게 의혹의 시선을 돌릴까 혼자서 근심하고 있던 와중에 염상섭이 그 근심을 스스로 떠맡았다며 그가 왜 그랬는지는 천고의 수수께끼라고 능청을 떨었다.

김동인이 변명을 하자 염상섭은 〈소위 '모델' 문제〉라는 제목의 글을 조선일보에 투고해 김동인의 사과를 받아들이면서 자신이 술은 좋아하지만 여자 뒤꽁무니를 쫓아다닌 적은 없다며 실제 사생활을 세상에 공개했다.

☸ 김명순, 모델 소설의 최대 희생양

김동인과 염상섭이 조선일보 지상에서 논전을 벌여 당시 이 '발가락 사건'은 세간의 화제가 됐다. 그나마 김동인이 사죄라도 했기 때문에 둘 간의 다툼은 커지지 않고 마무리됐다. 이 사건을 통해 김동인은 모델 소설이, 그 소설의 주인공으로 거론되는 사람에게는 치명적일 수도 있다는 사실을 깨달았지만 모델 소설 쓰기를 중단하지는 않았다. 이번에는 자신에게 대항할 수 없는 좀 더 만만한 대상을 골랐다. 근대 문학 최초의 여성 소설가인 김명순, 그녀가 희생양으로 선택됐다.

1939년 3월부터 김동인은 《문장》에 김명순을 모델로 한 〈김연실전〉을 연재하기 시작했다. 소설의 줄거리는 기생 출신의 어머니를 둔 '김연실'이라는 주인공이 그 피를 이어받아 소녀 시절부터 일본어 개인 교사와 수십 차례 성관계를 맺고, 어른이 돼서도 자유연애를 육체관계로만 생각해 많은 남성들과 관계를 맺다가 파멸한다는 내용이었다. 어떤 이는 '포르노 소설'인 줄 알았다고 할 정도로 당시로서는 성애의 묘사와 문란함에 있어 충격적인 작품이었다. 김명순뿐 아니라 나혜석, 김원주로 생각되는 여성들까지 등장해 세간의 화제가 된 이 소설은 "여자에게는 영혼이 없다"고 거침없이 말하곤 했다는 김동인의 봉건적, 적대적 여성관이 드러나는 소설이었다.

김동인은 〈김연실전〉이 김명순을 모델로 했다는 세간의 소문을 인정하지 않았지만 '발가락 사건'에서처럼 공개적으로 부정하지도 않았다. 그로 인해 〈김연실전〉의 모델로 지명된 김명순은 치명적 상처를 입었고, 결국 조선을 떠나 이국땅에서 비참하게 죽었다. 또한 〈김연실전)은 후세에까지 김명순을 '탕녀'로 각인시켜 최초의 여성 소설가로서의 그녀의 명성과 업적을 지워 버리는 역할을 했다.

　과연 김명순의 실제 연애가 어떠했기에 한 편의 소설로 인해 처참하게 버려진 채 잊혀진 이름이 된 것일까?

[최초의 여성 소설가 김명순] 김명순은 김동인의 모델 소설로 인해 치명적인 불명예를 얻게 됐다. 그녀는 당시 촉망받은 최초의 여성 소설가임에도 불구하고 사생활에 대한 오해로 인해 제대로 인정받지 못한 채 비참한 삶을 살았다.

✽ '나쁜 피'로 낙인찍히다

　　　　　　　김명순은 1896년 아버지 김희경과 어머니 김인숙과의 사이에서 태어났다. 어머니 김인숙은 가난한 집안에서 태어나 일찍 아버지를 여의었으며, 오빠마저 청일 전쟁 때 청나라 병사들에게 죽자 집안의 생계를 꾸려나가기 위해 기생이 돼야만 했던 여성이었다. 그러다 평양 부호 김희경을 만나 그의 첩이 된 후 김명순을 비롯한 8명의 아이를 낳았다.

　장녀였던 김명순은 인물이 곱고 귀여워서 '탄실'이라는 아명으로 주로 불렸으며, 훗날 어른이 돼서도 '탄실'을 필명으로 사용했다. 어머니가 첩이었던 탓에 큰집과는 다른 집에서 살고 있던 김명순은 큰집에 놀러갈 때마다 적모(아버지의 정실)가 자신의 어머니에게 퍼부어대는 "이리 같은 년, 벼락을 맞아 죽을 년" 같은 욕을 들으며 충격을 받았다. 어렸을 적에는 왜 그런 욕을 들어야 하는지 알지 못했던 김명순은 자신이 첩의 자식이라는 사실을 알게 되면서부터 열등감에 빠지기 시작했다. 열등감은 예수교 학교에 다니면서부터 더욱 커지기 시작했다. 학교에서 남의 첩 노릇을 해서는 못쓴다든지, 기생은 악마 같은 것이란 말을 들었기 때문이다.

> 나는 남만 못한 처지에서 나서 기생의 딸이니 첩년의 딸이니 하고 많은 업신여김을 받았다. ……지금의 한 마디 욕, 한 치의 미움이 장차 내 영광이 되도록 나는 내 모든 정력으로 배우고 생각해서 무엇보다도 듣기 싫은 '첩'이란 이름을 듣지 않을 정숙한 여자가 돼야겠다. 그러려면 나는 다른 집 처녀가 가지고 있는 정숙한 부인의 딸이란 팔자가 아니니 그 대신 공부만을 잘해서 그 결점을 감추지 않으면 안 되겠다.
>
> ─〈탄실이와 주영이〉, 《조선일보》 1924년 7월 8일자

어머니를 대신해 정숙한 여성이 되기 위해 김명순은 학생들 사이에서 '자전字典'이라는 별명을 들을 정도로 열심히 공부했다. 소학교 시절부터 문학에 관심이 있던 그녀였던 만큼 수많은 문학 작품을 읽고 글쓰기 노력을 한 결과 근대 최초의 여류 소설가, 현대시 최초의 여류 시인, 최초로 단독 창작집을 발간한 여류 문인이라는 영광스러운 타이틀을 차지하게 됐다. 이 타이틀들은 훗날 붙여진 것이긴 하지만 당시에도 김명순의 문명文名은 근대 조선에 널리 알려져 있었다.

그러나 불행히도 그녀는 '첩의 딸'이라는 봉건적 수렁에서 벗어나지 못했다. 그녀가 바라던 대로 공부를 잘하면 잘할수록, 소설가, 시인으로 인정받으면 받을수록 악소문과 추문은 끊이질 않았다. 근거

없는 소문으로 고통받던 그녀에게 남성 중심의 봉건 사회는 급기야 '나쁜 피'를 이어받아 그렇다며 그녀에게 원죄의 굴레를 씌웠다. 첩의 딸, 기생의 딸이라는 태생의 문제가 '나쁜 피'라는 혈통의 문제로 확대됐다.

> 그의 출생으로 보아서 자연히 정상적인 길로 나아가지 못하고 변태적으로 살아가고 방종, 반항의 생활을 했기 때문에 그가 쓴 글에도 그런 영향이 다분히 있었다고 하는 것은 당연한 일이었다.
>
> —전영택, 〈내가 아는 탄실 김명순〉, 《현대문학》, 1963년 2월호

> 그는 평양 태생이라는 것과 그의 모친이 애매曖昧 여성(반半 기생?)이었다는 것과 그의 고모들도 역시 그렇다는 것과 자기는 의붓자식이고 어머니는 일찍 돌아갔다는 것과 따라서 어려서는 가정에서 귀염을 받으며 자랐으나 장성한 뒤에는 의붓자식으로 설움을 많이 받았다는 것밖에는 알지 못한다. 그래서 그런지 그의 혈관 속에는 그의 어머니의 피와 또는 그의 고모들의 피가 흐르는 것 같다. 그로 하여금 '일개의 멜랑꼴리한 여성'을 만든 것이 의붓자식이라는 처지였으며 얼마간 퇴폐적 기분을 가지고 있게 한 것이 그의 가정 안의 환경이 아니였을까.
>
> —김기진, 〈김명순 씨에 대한 공개장〉, 《신여성》, 1924년 11월호

앞서 김기진이 쓴 김원주에 대한 공개장은 김명순에 대한 공개장에 비한다면 점잖은 편이었다. 김원주에 대한 글이 조롱 정도에 그쳤다면 김명순에 대한 글은 악의적인 인신공격 수준이었다. 특히 그

녀의 태생 문제를 공개적으로 거론한 것은 김명순의 원초적 열등감을 건드린 만큼 치명적이었다. 김기진뿐 아니라 전영택조차도 그녀의 삶을 '태생으로 인한 변태적 삶'이라고 소개했다는 것은 당시 남성 문인들 사이에서 김명순의 태생과 삶에 대한 인식이 얼마나 심각하게 왜곡돼 있었는지를 보여주고 있다.

벗어나고 싶어 했고, 잊고 싶어 했던 '첩년의 딸'이라는 열등감은 남성 문인들에 의해 확대 재생산돼 죽을 때까지 김명순의 삶에 깊고 어두운 그림자를 드리웠다.

✿ 강간을 당해도 김명순 탓

1907년 김명순이 경성에 있는 진명여학교에 입학한 해에 열등감과 죄의식의 원천인 어머니가 세상을 떠났다. 그리고는 얼마 되지 않아 아버지가 계모를 맞이해 김명순은 동생들과 함께 계모 밑에서 자라났다. 아버지 김희경은 관찰사가 되기 위한 청탁 자금 등으로 많던 재산을 탕진하고 빚만 남겨 놓고는 1910년경 사망했다. 아버지의 죽음과 더불어 가난이 찾아왔지만 공부에 대한 그녀의 열망을 가로막지는 못했다. 김명순은 여비를 마련해 바로 아래 동생 김기동과 함께 1914년 일본으로의 유학을 결행했다.

경성을 떠나기 전 숙부 김희선은 그녀에게 일본육군사관학교를 졸업하고 일본군 소위로 임관한 이응준이라는 청년을 소개시켜 주었다. 일본에서 외롭고 힘들 때 도움을 받으라는 뜻이었다. 숙부의 후원하에 도쿄로 유학 온 김명순은 고지마치여학교 3학년에 편입해 대학 진학을 위한 준비에 들어갔다. 새로운 학교에 다닌 지 1주일째 되던 날, 이응준이 기숙사로 그녀를 찾아왔다. 이것저것 어려운 것은 없는지 챙겨 주며 무슨 일이 있거든 언제든 연락하라는 그의 친절함에 군인 같은 외모와 말투 때문에 느꼈던 무서움도 사라져 갔다. 이후 몇 번 이응준을 만나면서 느낀 이성에 대한 설렘과 그리움은 평생 독신으로 지내면서 "기생의 딸이기 때문에 난봉이 나기 쉽다"는 주위의 시선을 비웃고 말리라는 김명순의 결심을 무너뜨리기 시작했다. 공부도 되지 않았다. 책을 들면 이응준의 얼굴이 떠올라 그냥 덮을 때가 많았다.

그렇게 1년이 지난 1905년 7월, 김명순은 이응준과 함께 도쿄 변두리에 위치한 아오야마 연병장 근처 으슥한 숲을 산책하고 있었다. 인적의 자취도 없는 숲 깊숙이 들어가자 이응준은 갑자기 김명순의 몸을 안고 끌어당기기 시작했다. 당황한 김명순은 있는 힘을 다해 저항했지만 야수로 돌변한 이응준의 완력을 당할 수는 없었다. 결국 그녀는 이응준에게 강간을 당하고 말았다. 이 강간은 그녀의 삶을, 미래를 송두리째 뒤흔들어 놓았다. 특히 그녀가 태어나 처음으로 연정을 품은 사람으로부터 강제로 정조를 빼앗겼다는 것은 그녀로서는 견디기 어려운 충격이었다.

며칠 후 김명순은 자살하기로 결심했다. 하지만 강에 뛰어 들어 죽으려던 그녀의 계획은 지나가던 행인에 의해 수포로 돌아갔고 조선뿐 아니라 일본에서까지 신문에 보도돼 파장을 일으켰다.

평안남도 평양 사는 김희경의 딸 17세 기정(김명순의 다른 이름)은 목하 도쿄에서 미국인의 경영하는 요츠야덴마마치 파푸테스트 교회 여자학교에 기숙 중인 바 지나간 24일 아침에 외출한 후로 행위불명이 되어 동 학교 사감이 욧츠야 경찰서에 보호 수색을 청원했으나 아직 종적을 알지 못했더라. 그 여자는 그전부터 고지마치 고반초 근처 하숙에 있는 유학생으로 목하 마포 연대부 보병 소위 이응준(23)이라는 한 청년과 서로 연연불망하는 사이라 한 즉 이응준을 생각하다 못해 료샤를 빠져나간 것이 아닌가 하는 말이 있고 또 그 여자의 동생으로 후시모 오오키마치 239번지에 김기동(16)은 누이의 일을 염려해 각처로 찾아다니는 모양도 가련하더라.

—⟨동경에 유학하는 여학생의 은적隱跡 어찌한 까닭인가⟩,

《매일신보》1915년 7월 30일자

계속해서 《매일신보》에서는 8월 5일자 후속 기사에서 이응준이 김명순과 결혼하자고 청했으나 그녀의 집안에서 거절해서 이런 일이 벌어졌고 그녀는 다시 기숙사로 돌아왔다고 전하고 있으며, 또 이어진 8월 13일자 기사에서는 이응준이 김명순을 사모한 적이 없으며 그러므로 당연히 결혼을 청한 적도 없다고 보도했다.

이처럼 언론에서는 그녀가 강간당한 것이 아니라 오히려 이응준을 짝사랑하다가 실연하자 자살을 시도한 것으로 보도해 이것이 마치 사실인 것처럼 굳어져 버렸다. 20여 년이 흐른 뒤에 김명순의 연애를 다룬 기사에서도 마찬가지였다.

김명순 씨에게는 그때 허혼許婚된 애인 한 분이 있었다. 후일 이X씨 서랑婿郞이 된 육군 대위 이XX 씨가 즉 그이였다. ……양양히 흐르는 시나가와의 시

냇가에 하늘을 우러러 흐느껴 우는 가련한 소녀 하나가 있었다. 그는 실연당해 자살하려는 김명순 양이라. 그는 일신을 만경창파에 던져 뜻대로 안 되는 애욕의 불길을 끊으려 함이었다. 그가 마구 몸을 날리려 할 때 어떤 청년이 곁에 나타났다. …… 그 일인 청년은 하도 수상해 그 소녀를 끌고 나와 몸을 뒤지니 거기에는 유서 세 통이 떨어져 나왔다. 유서에 의해 그가 조선 여학생이고 사관학교 학생에게 실연당해 자살하려 하던 사실이 모조리 판명됐다. 행인가 불행인가 더구나 그 청년은 동경 어떤 큰 신문사의 신문기자였다. 그래서 그 이튿날 도쿄 도하의 각 신문에는 김명순 랑娘의 사진이 나고 그 〈로-맨쓰〉가 나고 유서까지 모두 나서 연일 큰 쎈세이션을 일으켰고 육군사관학교에서는 이XX 씨에 대한 여러 가지 조사로 분잡한 광경이 전개됐다. 김랑은 여성의 최후의 일선까지 유린을 당하고 버려졌다고 진술했으나 이씨의 답은 사랑하는 사이는 되였으나 정조에 손은 아니 미쳤다고 했다. 그때 도쿄 어떤 큰 신문의 기사 표제는 〈美しき4谷の女王(아름다운 4곡의 여왕)〉이라 하여 그를 〈美しき丸顔の所有者(아름다운 둥근 얼굴의 소유자)〉라며 극구 찬탄했다. 그때의 김명순 랑은 사실 희세의 미모을 가졌다.

－〈신여성 총관2. 백화난만의 기미 여인군〉,《삼천리》1931년 6월호

강간으로 피폐해진 마음에 오보까지 겹치자 김명순은 울다 지쳐 미치기까지 했다. 가까스로 정신을 회복했지만 결국 이 일로 그녀는 학교를 졸업하지 못하게 됐다. 학교의 명예를 더럽혔다고 선생들이 졸업생 명부에서 그녀의 이름을 삭제해 버렸다. 더는 일본에 남아 있을 이유가 없었던 그녀는 귀국을 선택할 수밖에 없었다.

마음 가득 상처를 입고 돌아온 그녀에게 조선 사회는 더 큰 모멸감

을 안겨 주었다. 강간당한 것이라는 그녀의 주장은 곧이듣지 않고 오히려 그녀가 먼저 이응준을 유혹한 것이며, 이는 김명순의 혈관 속에 흐르는 '나쁜 피' 때문이라는 식으로 소문이 퍼져 나갔다. 피해자로서 동정을 받기는커녕 혈통까지 들먹이며 그녀를 매도했다. 이처럼 꿈 많던 소녀 시절에 겪은 강간 사건은 그녀의 정신 건강과 미래의 삶에 커다란 영향을 끼쳐 훗날 그녀가 정신병자로 죽게 되는 한 계기가 됐다.

한편 피해자인 김명순이 이 사건 이후 몰락해 갔던 것과는 대조적으로 가해자인 이응준은 조선인으로서는 드물게 일본군 대좌까지 진급했다가 광복을 맞았다. 그는 해방 후에는 미군정 군사 고문을 맡아 일본군 출신들을 대거 한국군으로 끌어들이는 데 핵심적 역할을 했다. 정부 수립 후에는 대령 계급으로 초대 육군참모총장에 임명됐으며, 석 달 후 준장으로 진급해 한국군 최초의 장군이라는 영예까지 안았다. 그의 출세는 전쟁 후에도 계속돼 체신부 장관, 반공연맹 이사장 등의 고위직을 맡아 활동하다 1985년 사망했다.

❀ '남편 많은 처녀'라는 억울한 오명

1915년 조선으로 돌아온 김명순은 상처를 내면 깊숙이 간직한 채 이듬해 4월에 숙명여자고등보통학교에 편입해 일본에서 못 다한 학업을 계속 이어 나갔다. 이때부터 그녀는 정신적 충격으로 인해서인지 눈의 초점은 항상 흔들리고, 침착성 없이 행동하기 일쑤였다. 그 와중에도 달처럼 둥근 얼굴에 분

【김명순의 시집】 1925년에 시집 〈생명의 과실〉을 출간하고 활발한 활동을 했으나, 도쿄로 떠난 뒤 작품도 쓰지 못하고 가난과 정신병에 시달리다 뇌병원에서 세상을 떠났다.

을 잔뜩 바른 채 당시 유행하던 히사시가미 머리를 하고 다녀 시선을 끌기도 했다. 내면의 상처를 감추기 위해 외양을 화려하게 꾸민 것이었지만 강간 사건에 관한 왜곡된 세간의 시선에 근거를 제공하는 역할을 했다.

1917년 3월 22살의 늦은 나이로 숙명여고보를 졸업한 김명순은 본격적으로 그녀의 문재를 발휘하기 시작했다. 그해 11월 최남선이 주간하던 잡지 《청춘》에서 실시한 현상 문예에 응모해 단편 소설 〈의심의 소녀〉가 2등으로 입선되는 기쁨을 누렸다. 1등이 이상춘, 3등이 주요한으로 이광수, 최남선 외에는 작가라고 명함을 내밀 만한 사람이 별로 없던 시절에 그녀는 근대 최초의 여성 소설가이자 입선을 통해 등단한 최초의 여성 작가가 됐다. 당시 현상 문예의 심사자였던 이광수는 〈현상 소설 고선여언考選餘言〉에서 권선징악이라는 낡은 양식을 완전히 벗어난 작품으로는 자신의 소설 〈무정〉과 진순성의 〈부르짖음〉, 김명순의 〈의심의 소녀〉뿐이며, 또한 이 작품은 고상한 재미를 주는 작품이라며 칭찬을 아끼지 않았다. '영업적 매녀賣女' 외에는 여성에게는 관심이 없다며 여성을 우습게 생각하던 김동인조차 김명순에 대해서는 조선의 여성 문인들 중에서 상당한 수준을 지닌 유일한 사람이라고 극찬할 정도였다.

하지만 훗날 이광수는 주요한과의 대담에서 김명순의 소설이 나중에 창작이 아닌 것, 즉 표절로 드러났다고 밝혔다. 그러면서도 구체적인 표절의 근거는 제시하지 않아, 현재에도 이 작품이 표절인지 아닌지는 확실히 밝혀지지 않고 있다.

어쨌든 당시에 《청춘》지 당선을 통해 김명순은 첫 여성 문인으로서 조선 사회의 주목을 받게 됐으며, 이후 3년여 동안 활발한 집필 활동을 펼친다. 그리고 문인으로서 어느 정도 기반을 잡은 후 학업을 계속하기 위해 1920년경 다시 일본으로 가서 이번에는 도쿄음악학교에 입학한다.

김명순은 음악을 공부하면서도 문필 활동을 중단하지 않고, 폐허와 창조 동인으로 참가하면서 당대의 주요 남성 문인들과 교우 관계를 맺는다. 이때부터 그녀의 주위에는 수많은 문인, 유학생들이 몰려들기 시작했다. 여성으로서는 최초의 소설가인데다 외모 또한 미인이라 할 수 있을 정도였기 때문에 아직 신여성이 드문 시대에 남성들의 호기심을 충분히 끌 만했기 때문이다.

그녀가 짧은 유학 생활을 마치고 귀국했을 때에는 '희귀한 감각적 여성'이라는 소문이 돌면서 청년들이 서로 순서를 다투면서까지 그녀와 함께 식사하기를 원했을 정도였다. 특히 남성 문인들, 그 중에서도 김억, 염상섭, 김만수 등은 그녀의 하숙집으로 찾아와 같이 산책하자는 등 끊임없이 유혹했지만 그럴 때마다 그녀는 적당한 구실로 거절했다.

그럼에도 불구하고 그녀를 둘러싼 악소문은 끊이질 않았다. 도쿄 유학 시절부터 몇 남편을 경유한 연애 대장이었고, 또 귀국 후에는 모 신문사의 기자와 사흘간 사직동에서 동거했으며, 그 후에도 전문학교 학생과 계동에서 동거했다는 등 구설수가 끊임없이 흘러나왔

다. 심지어는 주근깨를 없애기 위해서 얼굴에 양잿물을 발랐다는 이
야기까지 돌아다녔다.

그 중에서 가장 구체적인 소문이 김찬영, 임장화와의 관계였다. 둘
은 같은 평안도 출신으로 부호의 아들이라는 공통점을 지니고 있었
다. 화가였던 김찬영과의 관계는 훗날 일부 국문학자들조차도 김찬
영이 '대리 아버지'였다고 할 정도로 김명순의 남성 관계에 대한 왜
곡은 심각했다. 김명순이 두 번째 일본 유학 때 돈이 없어 쩔쩔매자
유학 경비와 생활비를 지원해 주었다는 것이 '대리 아버지'라는 설
의 근거였다. 더군다나 1956년에 발간된 《흘러간 여인상》이라는 책
에서 작가 이명온은 김명순이 김찬영으로부터 경제적 지원을 받았을
뿐 아니라 몸까지 섞은 관계라고 적어 놓았는데, 이 책은 김동인의 〈
김연실전〉과는 달리 소설이 아니라는 점에서 당시 악소문의 규모를
짐작할 수 있다.

김찬영 이후에는 임장화가 등장하는데 임장화와는 동거까지 했으
나 나중에 김원주에게 빼앗겼다는 것이다. 임장화와의 동거설은 목
격자의 증언까지 있긴 하지만 당시 김명순의 정신적, 경제적 상황으
로 보아서는 어떤 오해가 작용해 동거설이 퍼지기 시작한 것으로 보
인다.

❀ 끝없이 퍼지는 악소문들

한번 퍼지기 시작한 악소문은 걷잡을
수 없이 불어나 이제는 시집도 가지 않은 그녀를 두고 '남편 많은 처

녀', '처녀 과부'라 부를 정도였다. 김명순은 하소연할 데조차 없는 자신의 답답한 심정과 슬픔을 글로써 풀어 놓았다.

> 화려할 소녀의 시대를 능욕과 학대에게 빼앗기고 너는 이 10년간 얼마나 아프게 울어왔더냐. 길을 지나는 낯익은 얼굴들이 다 네게 무엇을 말하느냐. 가슴을 두들기며 몇 밤을 새워 가며, 길거리를 지나는, 가장 낯익어 보이는 사람에게 네 마음을 풀어 보인대야 알고 싶을 사람이 있을지는 모르나, 가슴 속 깊이 박힌 네 설움이 쉽게 옮겨질 것이냐……
>
> —〈봄 네거리에 서서〉, 《신여성》 1924년 3월호

그러나 이미 퍼지기 시작한 소문은 치명적 결말로 치닫고 있었다. 나카니시 이노스케라는 한 일본인 소설가가 쓴 〈너희들의 등 뒤에서〉라는 소설에 등장하는 '권주영'이라는 여주인공이 김명순을 모델로 했다는 소문이 돌기 시작한 것이었다. 이 소설은 일본인이 쓴 조선 청년 독립운동가들에 관한 소설이라 한글로 번역되기 전부터 꽤 인기를 끌고 있었다. 그런데 여주인공 '권주영'이 일본인 남성과 사랑에 빠지는 '창부 같은 계집'으로 설정돼 있었던 것이 문제였다. 곧 문인들을 중심으로 권주영과 김명순이 동일시되면서 그녀는 평범한 탕녀가 아니라 '나라와 민족을 배신한 창부'로 오인되기 시작했다.

김명순은 더는 걷잡을 수 없이 악화돼 가는 상황을 두고 볼 수만은 없었다. 그녀는 그간의 모든 소문에 대해 해명하기 위해 자전 소설인 〈탄실이와 주영이〉를 1924년 6월 14일부터 조선일보에 연재하기 시작했다. 이 소설에서 김명순은 주인공 '탄실'의 오빠를 등장시켜 자

신이 강간과 세간의 소문으로 인해 받은 상처와 고통을 설명하고, 나아가 '권주영'과 자신이 다른 인물이라는 점을 설명했다. 그리고 '첩의 딸'이라는 비웃음에서 벗어나기 위해 얼마나 노력했는지에 관해서도 서술했다.

그러나 이마지도 오래가지 못했다. 김명순이 자전 소설을 연재하자마자 기다렸다는 듯 〈너희들의 등 뒤에서〉가 한글로 번역돼 《매일신보》에 연재되기 시작했다. 사람들이 자신을 희롱거리로 삼고 있다고 느낀 그녀는 한 달여 만에 〈탄실이와 주영이〉의 연재를 중단하고 말았다.

그녀의 연재 중단을 비웃기라도 하듯 매일신보의 연재는 계속됐다. 어떻게든 답답한 마음을 풀고 진실을 알리기 위해 그녀는 다시 펜을 들었다. 이번에는 소설이 아닌 수필이었다.

아! 그러한 사람들이여. 나는 연애를 해 본 일이 없노라. 정말로 그렇다. 또 더군다나 자발적으로 해 본 일이, 금년 여름까지 분명이 없었노라. 하나 불행한 운명을 타고난 나는 끓는 듯한 학업에 앞설 결심과 목적을 가진 몸이면서 불행히 열다섯에 집이 패가해서 딸 같은 것에는 외국 보낼 여지가 없어지고 했었기 때문에, 나로서는 잘 속아 넘어갈 성질을 지닌 것도 아니었지마는, 부랑자들의 수단에 조종됐을 뿐이었다. 다만 그뿐이었노라. 나는 이미 그런 것들과 관계를 아주 끊었으니, 또 그뿐일 것이다.

아ー 비웃는 이들이여, 당신들은 나를 실연자라고 오래 비웃어 왔다. 하나 불행히 당신들은 불행한 운명을 타고난 한 처녀가, 불의의 능욕을 받고, 살기를 위해서, 썩어진 기둥으로 기와장을 받쳐 온 것을 도모지 헤아려 주지 못했다.

당신들은 나를 비웃기 전에 내 운명을 비웃어야 옳을 것이다.

―1924년 9월 10일 초고, 〈대중없는 이야기〉, 《생명의 과실》

아직도 강간의 상처를 내면에 간직한 그녀에게 연애는 일종의 금기였다. 따라서 그녀의 말대로 모든 소문은 돈 없이 공부하는 그녀를 돈으로 유혹하기 위한 남성들이 벌인 희롱과 농담의 결과였다. 김명순은 주위 사람들에게 오늘은 누가 또 유혹하더라는 말을 자주 하곤 했는데, 이조차도 나중에는 그녀가 먼저 유혹했거나 혹은 그 남자와 모종의 관계라는 소문으로 발전돼 있는 경우가 허다했다.

하지만 이것으로 그녀가 맞닥뜨린 불행이 끝난 것은 아니었다. 사이비 사회주의자 김기진은 그녀에게 카운터펀치를 날렸다.

그는 평안도 사람의 기질(썩 잘 이해하지는 못하나마)인 굴고도 자가방호自家防護하는 성질이 많은 천성에 여성 통유通有의 애상주의를 가미해 가지고 그 위에다 연애 문학서 류의 펭키칠을 더덕더덕 붙여 놓고 의붓자식이라는 환경으로 말미암아 조금은 꾸부정하게 휘어져 가지고(이것이 우울하게 된 까닭이다) 처녀 때에 강제로 남성에게 정벌을 받았다는 이유가 있기 때문에 더 한층 히스테리가 되어 가지고 문학 중독으로 말미암아 방분放奔해 졌다는 것이다. 그리고 이것들 제요소를 층층으로 쌓아 놓은 그 중간을 꿰뚫고 흐르는 것이 외가의 어머니 편의 불순한 부정不淨한 혈액이다. 이 혈액이 때로 잠자고 때로 구비치며 흐름을 따라서 그 동정動靜이 일관一貫되지 못한다. 그리해 이 동動, 정靜이, 그의 시에, 소설에, 또한 그의 인격에 나타난다.

…… 이렇게 말하면 너무 인격을 무시한 것 같지만 대체로 여자라는 것은 극

수주의자에게 가면 국수주의자가 되고 공산주의자에게 가면 공산주의자가 되는 모양이니까 별로 특히 김씨를 무시한 것은 아닐 것이다. 전 세계 여성 동맹회에서 공격한다면 그때에는 유쾌하게 응전이나 해 볼 테지만.

— 김기진, 〈김명순 씨에 대한 공개장〉, 《신여성》, 1924년 11월호

마치 이전에 김명순에게 무슨 큰 모욕이라도 당한 것처럼 김기진은 그녀를 짓밟지 못해 안달이었다. 세계 여성 동맹회와도 맞설 수 있다는 호기에 찬 김기진을 요즘 세상 같았으면 당장 멱살잡이에 들어가거나 명예훼손으로 고소했겠지만 아직 여성의 사회적 지위가 낮은 시대인 만큼 이 글에 대한 개인적인 반박 글을 싣는 것이 최선의 대응이었다.

김명순은 〈김기진 씨의 공개장을 무시함〉이라는 제목의 반박 글을 《신여성》에 쓰기로 했다. 그러나 그녀는 반박 글을 쓰지 않았다. 분노와 절망에 빠져 한때 정신 이상이라는 소문이 돌기도 했지만, 더는 남성 중심 사회와 맞서기보다는 새로운 살 길을 찾는 것이 빠르다고 판단했기 때문이었다. 그녀는 맞서면 맞설수록 자신의 침몰이 더 빠르게 진행된다는 것을 깨달았다.

학대받은 사람아, 네 자신 위에 고요히 돌아가 정밀히 생각해 보라. …… 떠나라. 이 도회 안에서는 네 빵이 없다. 네 빵이 없다. 집이 없다. 동무가 없다. 그러나 탄실아, 탄실아, 지금 이같이 되어 떠나면서 눈물을 거두라. 부질없이 운 데야 네 몸이 상할 뿐이다. 이 도회 안에서는 네 울음을 같이 울어 줄 사람은 없다. 모든 것이 허사였다. 탄실아, 이제 한 번은 단지 너를 위해 일어나 보

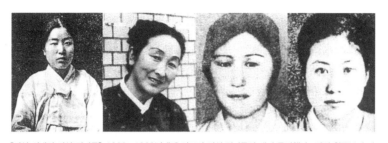

【경성 시대의 여성 작가들】 1920~1930년대에 이르러 여성 작가들이 대거 등장했다. 사진 왼쪽부터 나혜석, 최정희, 김명순, 박신애.

> 자. 모든 것을 잊어버리고, 모든 인정을 물리치고, 이제 다시 일어나자.
>
> —1924년 12월 3일 초고, 〈네 자신의 위에〉, 《생명의 과실》

다시 일어나자는 다짐대로 그녀는 1925년 초 매일신보에 입사해 이각경, 최은희의 뒤를 이어 세 번째 여기자가 됐다. 잠시 주춤했던 집필 활동도 활발하게 전개해 1925년 4월에는 여성 문인으로는 최초의 창작집 《생명의 과실果實》을 발간하는 영광을 안았다. 온갖 추문과 악소문을 이겨낸 이 시기는 김명순의 생애에서 유년기에 이은 가장 경제적으로 안정된 행복한 시기였다.

✽ 무일푼으로 유랑의 길을 떠돌다

1927년 6월, 김명순은 매일신보사를 퇴직하고 영화배우가 되기 위해 영화계에 투신했다. 여배우를 해 보지 않겠냐는 이경손 감독의 제안을 받고 고민 끝에 승낙한 것이었다. 유명한 여성 문인이자 기자였던 만큼 김명순의 여배우로

 179

의 전향은 신문 보도를 타고 경성의 화젯거리가 됐다. 기생조차도 여배우 하기를 꺼려할 정도로 여배우에 대한 인식이 낮아 애를 먹던 영화계에서는 두 손을 들고 환영했다.

그녀가 첫 작품으로 선택한 영화는 〈광랑狂浪〉으로 아리랑으로 유명해진 스타 배우 나운규와 같이 주연 역할을 맡았다. 그러나 얼마 지나지 않아 감독 이경손이 나운규 등 10여 명과 함께 조선키네마를 탈퇴하고 새로이 나운규 프로덕션을 창립하면서 그녀의 〈광랑〉 출연은 무산됐다. 하지만 곧 다른 기회가 찾아왔다. 대륙키네마에서 제작하는 〈나의 친구여〉라는 영화에서 주연을 맡아 성공적으로 영화계에 데뷔한 김명순은 여배우로서 큰 인기를 누렸다. 이어 〈숙영낭자전〉에도 출연한 그녀는 이 영화를 끝으로 배우 활동을 접고 1930년 프랑스 유학을 준비하기 위해 일본으로 건너가 프랑스어 학원에 다녔다.

【영화배우로 전향한 김명순】 영화 〈숙영낭자전〉에 출연한 사진. 김명순은 그 무렵 기생조차도 꺼렸던 영화 출현을 감행해 화제를 모았다.

당시는 '검은 목요일'이라 불리는 1929년 10월 24일에 일어난 미국의 주가 대폭락 이후 전 세계에 불어 닥친 대공황의 여파로 인해 전 세계가 극심한 빈곤에 시달리던 시기였다. 자주적 경제권이 없는 식민지 조선의 현실은 더욱 비참했다.

이처럼 어려운 시기에 무일푼으로 일본으로 건너간 김명순 또한 거리에서 칫솔, 양말, 엿, 낙화생(땅콩) 같은 것들을 이집저집 돌아다니며 팔아 학비와 생활비를 마련해야 했다. 그 모습이 일본으로 건너간 몇몇 사람들의 눈에 띄어 경성에도 김명순이 행상을 하고 있다는 풍문이 전해졌다. 그 무렵, 김명순의 생애에서 최초로 사람들로 하여금 동정심을 일으키게 한 사건이 발생했다.

> 8일 오후 9시경 간다구 어떤 빠―에서 양복 신사가 양장한 젊은 여자를 잡아 끌어내 울고 부르짖는 것을 난폭하게도 게다짝으로 무수히 난타해 전치 일주일의 타박상을 입혔다. 응급 수당을 해 그 여자는 자기 집으로 돌려보냈으며 그 남자는 경찰에 유치했다 한다. 취조한 결과 가해자는 우시고메구 모처에 사는 하세가와 다케오란 자로 방호단 분단장 외에 그러한 류의 직함을 두서너 개나 갖은 자이오, 그 여자는 아자부쿠 히루오마치 낙화생 행상 김명순으로, 하세가와가 그의 친구 3명과 술을 먹고 있던 중 김이 낙화생을 팔러 들어와 너무 심히 나대이므로 하세가와가 분해 그리된 것이라 한다.
>
> ―〈이야기꺼리, 여인 군상〉, 《별건곤》 1933년 9월호

일본 신문에 보도된 사건이 대중 잡지 《별건곤》을 통해 보도되자 사람들은 조선의 일류 문사였던 김명순의 불우한 운명에 동정을 금치 못했다. 이처럼 여전히 그녀를 쫓아다니는 고난의 운명 속에서도 6년 여 동안의 수학을 마치고 1936년 봄 김명순은 조선으로 돌아왔다. 하지만 그녀를 반겨 주는 것은 쓸쓸함과 가난뿐이었다. 귀국 차표를 살 돈조차 없어 유학생들의 도움으로 간신히 돌아올 수 있었던 김명순은 경성에서도 거처할 곳이 없어 지인들의 집을 떠돌며 생활해야만 했다.

1938년경 김명순은 예전에 폐허 동인으로 같이 활동한 적이 있었

던 사학자 이병도를 찾아가 갈 곳이 없으니 좀 있게 해 달라고 청을 했다. 그때 그녀의 곁에는 한 아이가 있었는데, 이병도가 누구냐고 묻자 그녀는 혼자 떠돌아다니기가 쓸쓸해서 고아를 얻었다고 대답했다. 세간에서는 이 아이를 두고 그녀가 낳은 임장화의 아이라는 말이 퍼졌다.

지금까지 김명순을 괴롭혀 왔던 악소문이 다시 조금씩 살아나기 시작했지만 그녀는 무시했다. 그런데 다시 활발하게 창작 활동을 하던 그녀에게 이번에는 자살을 생각할 정도로 결정적 절망을 가져오는 사건이 터졌다. 1939년 3월, 김동인이 그녀를 모델로 한 〈김연실전〉을 연재하기 시작한 것이었다. 지금까지 그녀를 둘러싼 모든 소문의 총체적 결정판이었던 그 소설로 인해 김명순은 나락에 떨어지고 말았다.

그녀가 받은 충격은 매우 컸다. 그해 겨울 "겨울에는 자살도 하기 싫어. 이제 봄철만 되면 자살하렵니다"라는 말을 남기고 끝내 자신

[신여성에 대한 이중적인 시선] 신여성은 관심과 동경의 대상인 동시에 풍자와 퇴폐의 온상으로 취급됐다. 남성과 팔짱을 끼고 활보하는 모던걸을 풍자한 그림(왼쪽)과 모던걸의 짧은 치마와 다리를 훔쳐보는 남자의 모습(오른쪽).

を파멸의 구렁텅이로 밀어 넣은 조선 사회에서 사라졌다.

✽ 쓸쓸히 비참한 최후를 맞다

1950년 한국 전쟁이 발발한지 몇 개월이 지났을 무렵, 소설가이자 목사인 전영택은 재일교포들이 만드는《복음회보》의 편집을 맡기 위해 도쿄로 건너갔다. 신문사의 사무실로 쓰고 있는 도쿄 YMCA회관에 들렀을 때 그는 어디서 많이 본 듯한 한 미친 여자를 보게 됐다. 여자의 얼굴을 자세히 본 그는 깜짝 놀라지 않을 수 없었다. 흰 머리카락이 주름살 가득한 얼굴을 덮고 있었지만 아직 젊었을 적의 용모가 남아 있는 그 여자는 한때 자신과 같이 창조 동인으로 활동했던 소설가 김명순이었다.

> 동경에 있는 우리 YMCA회관 뒷마당에 돼지우리도 같고 계사도 같은 판잣집이 그녀 최후의 보금자리였다는 말을 들으면 누구나 놀라지 않을 수 없고 동정을 금할 길이 없을 것이다. 그래도 마지막에는 우리 동포들이 모여 살고, 기독교 기관으로 된 곳을 찾아온 모양으로 한국 사람들에게서 한푼 두푼 동정을 받아서 살아왔다고 하고 약간의 닭을 쳐서 보태기도 했다고 한다.
>
> ─〈내가 아는 탄실 김명순〉,《현대문학》1963년 2월호

전영택이 YMCA에 있는 사람들에게 물어보았지만 아무도 언제부터 그녀가 이곳에 살았는지, 왜 미쳤는지는 자세히 알지 못했다.

이듬해 전영택이 세계작가대회에 참가하기 위해 도쿄에 갔다가

YMCA회관에 들렀을 때 이미 그녀는 세상에 없었다. 김명순의 정신병이 심해지자 보다 못한 주위 사람들이 아오야마에 있는 도쿄시립 뇌병원에 입원시켰는데, 얼마 지나자 않아 죽었다는 것이었다. 1951년 4월경이었다. 오욕의 세월을 살다가 결국 미쳐 죽은 김명순은 현재도 후대의 남성 문학평론가들에 의해 '문학 없는 문학 생활'을 한 작가라는 오명을 뒤집어쓰고 있다.

일평생 한 번도 제대로 해 보지 못한 연애의 추문에 휩싸여 불우하게 살다간 김명순. 그녀가 남긴 글에서 그녀가 연애로 인해 얼마만큼 고통받았는지 알 수 있다. 자유연애의 광풍이 불어 닥친 근대 조선에서 모든 연애가 곧 행복과 자아의 발견으로 이어지지는 않았음을 김명순의 생애를 통해 알 수 있다.

나는 여기서 비연애적 추태(내 생각에 의해서만)를 몇 가지 써 놓고 그 나머지의 모든 남자와 여자가 같은 이상을 품고 결합하려는 친화親和한 상태 또 미급未及한 동경을 이상적 연애라 하겠다. …… 그러나 이 사회에서 빈번히 연출되는 몇 가지를 들어 비연애라 함은,

1. 그의 다른 사람과의 연애 고백을 무시하고 그 상대자를 욕되게 하며 연애한다고 음행을 꿈꾸는 것.

2. 술 취해 그 집 문을 두드리며 그 상대자를 욕되게 하는 것, 난잡하게 사실 없는 일을 글로 써 내는 것.

3. 너무 공상한 결과 연애라고 없는 육적肉的 관계를 사칭해서 상대자를 거짓 더럽히는 것.

4. 역시 공상의 결과로 타인 앞에서 그 동경하는 대상을 만나서 그를 누르려는 반말로 남의 거짓 감정을 사는 것.

5. 어느 대상에게 연애를 고백하다가 거절을 당하고 1시간이 지나지 못해서 욕하는 것.

일일이 예를 들 수도 없지만, 이 종류의 인격이랄지(?)가 입으로만 '연애'란 것은 비연애다.(이름을 적어 내라 해도 불가능할 바 아니지만 1인으로 고립한 나를 모든 추한 감정으로 욕한 것을 이를 갈고 있다) 이상의 행동을 한 종류들은 도적질은 능할지언정 연애의 신성한 관문에 서지 못하리라.

−〈이성적 연애〉,《조선문단》1925년 7월호

제三부

경성 연애의 색다른 얼굴, 충격적 연애 사건

경성연애의 색다른 얼굴, 충격적 연애 사건

제七화

홍옥임과
김용주의 동성애자
철도 자살 사건

여자를 사랑한 여자의 비극적 최후

❀ 철로의 이슬로 사라진 두 여성

　　　　　　　　　　　어제 밤에 내린 때늦은 봄눈으로
인해 이제 막 피려던 진달래의 꽃봉오리가 움츠러든 1931년 4월 8
일 오후 2시 20분경. 절친한 사이로 보이는 두 여성이 경성역에서 2
시 30분발 인천행 기차에 올라탔다. 30여 분 후, 영등포역에서 내린
두 여성은 서로의 손을 꼭 잡고 철도 둑을 따라 인천 방향으로 걷기
시작했다. 그렇게 걷기 시작한 지 한 시간 정도 지난 후 두 여성은 영
등포역에서 오류동 방향으로 약 2킬로미터쯤 떨어진 철로 위를 걷고
있었다. 철로 위를 걸어가는 이들을 보고 선로 공부工夫가 "잠시 후면

기차가 지나가니까 철로 위를 걷지 마시오!" 하고 소리쳤다. 이 말을 들은 두 여성은 순순히 철로 위를 벗어나 둑 위로 올라갔다.

4시 15분경, 인천을 떠난 경성행 제428호 기차가 산 밑 곡선을 돌아 방금 전 두 여성이 걷고 있던 철로 위를 향해 다가가고 있었다. 그때였다. 방금 전 둑 위로 올라갔던 두 여성이 다시 나타나더니 서로 꼭 부둥켜안고 달려오는 기차를 향해 몸을 날렸다. 놀란 기관사는 기차를 급정거시켰지만 이미 두 여인의 시신은 차마 쳐다보기가 힘들 정도로 처참하게 찢겨져 있었다.

한 여성은 목이 잘린 채 선로에서 20여 간이나 떨어져 있는 밭에 떨어졌고, 한 여성은 허리가 잘린 채 10여 간 떨어진 밭에 떨어져 있었다. 두 여성의 전신은 전부 피투성이가 되어 있어 얼굴은 알아볼 수가 없었고 팔만 온전히 남아 있었다. 현장을 둘러본 영등포 역장은 그 처참한 광경에 몸서리를 쳤다.

> 열차의 정사 사건으로는 처음 보는 일이었습니다. 이날도 선로 공부가 주의를 시켰으나 듣지 않고 죽었습니다. 이로 보면 두 사람은 깊은 각오를 가지고 자살한 것이 분명합니다. 죽은 시체는 얼굴 하나 그대로 남아 있지 않아 누구인지 알아볼 수가 없었으나 오직 손만이 남아 있었는데, 손가락의 마디가 굵지 않은 것과 또는 손의 살결이 거칠지 않은 것으로 보아 가난한 집 여자가 아닌 것은 알았습니다. 무슨 까닭으로 죽었는지는 모르나 죽은 시체의 모양은 실로 처참했습니다. 철도 자살을 여러 차례 보았으나 이번같이 처참하게 죽은 것은 처음이었습니다.
>
> ─〈이번과 같이 처참한 죽음은 처음〉,《매일신보》1931년 4월 10일자

열차 승무원의 신고를 받고 영등포경찰서에서는 시흥군 북면 사무소 직원과 의사를 대동하고 출동했다. 우선 신원 파악을 위해 시체를 수색해 보았으나 유서도 없었다. 단지 두 여자의 품에서 발견된 같이 찍은 사진 한 장만이 두 여성이 살아 있을 때의 친분이 두터웠음을 말하고 있었다. 현장 시신만으로는 신원 파악이 어렵자 영등포경찰서에서는 시내 각 경찰서에 신원 조회를 하는 한편 동행한 면사무

【홍옥임(왼쪽)과 김용주(오른쪽)의 정사 사건】 여성들의 동성애에 대한 조선 사회의 태도에는 '이익이 있을지언정 해는 없는 관계'라는 생각들이 자리 잡고 있었다. 이처럼 관대했던 동성애에 관한 시각은 1930년대 후반에 이르러 프로이드의 이론과 서양 의학의 영향으로 일종의 병적 상태로 보는 인식이 늘어 갔다. 두 사람이 몸을 던진 영등포 철로의 사진이 보인다. 《매일신보》 1931년 4월 10일자

소 직원에게 지시해 두 여성의 시체를 공동묘지에 가매장했다.

두 여성의 신원은 다음 날인 9일 오전 8시경에야 밝혀졌다. 노란 '세투' 저고리를 입고 검은 비단 치마를 입은 여성은 창성동에 사는 21세의 홍옥임이었고, 회색 치마에 흰 저고리를 입은 여성은 동막현 마포구 대흥동에 사는 19세의 김용주였다.

한편 홍옥임의 집에서는 김용주와 함께 놀러간다고 나간 홍옥임이 우편으로 부친 유서가 저녁 8시에 집으로 배달되자, 이를 보고는 놀라 종로경찰서에 수색원을 제출했다.

어제 김용주가 찾아왔기에 점심이나 먹고 가라고 했더니 내 딸 홍옥임과 그는 놀러나간다고 하며 나갔습니다. 그 후로 아무 소식이 없더니 어제 오후 8시가량이나 되어 난데없는 편지 유서가 왔었지요. 그 애들이 나갈 때도 벙글벙글 웃음으로 아무 내색을 몰랐습니다.

〈웃으며 사지로, 어머니의 탄식〉,《동아일보》1931년 4월 10일자

김용주의 시댁에서도 오전 12시경에 집을 나간 며느리 김용주가 밤늦도록 돌아오지 않자 용산경찰서에 수사원을 제출하고 자동차로 갈만 한 곳을 찾아다녔으나 허탕만 치고 밤새도록 걱정에 잠을 이루지 못하고 있었다. 신고를 접수한 용산경찰서에서는 도쿄나 상하이로 가지는 않았나 하여 부산경찰서와 신의주경찰서에 전보로 긴급 수배령까지 내렸다.

다음 날, 아침이 돼서도 행방을 몰라 애를 태우는 창성동 149번지 홍옥임의 집에 매일신보 기자가 찾아왔다.

"선생의 따님이 홍옥임 씨가 아닙니까?"

"네, 그렇습니다. 그런데 그 애가 어제 오후 1시경에 집을 나갔습니다. 혹시 소식을 들으셨습니까?"

"아마도 영등포 가서 계신 모양인데 집을 나가실 때는 혼자 나가셨습니까?"

"아니요. 둘이서 나갔습니다."

"누구하고 같이 나갔나요?"

"덕흥서림 주인 김동진 씨의 따님 김용주하고 같이 나간 후로 소식이 없습니다. 어떻게 찾을 수 없나요?"

"네. 선생의 따님과 비슷한 분의 사실을 금방 들어 알았습니다. 아마도 불행한 일이 있는 듯하니 어서 영등포경찰서로 가십시오."

"그곳에 있는 것이 사실입니까?"

"네. 자살을 하신 듯합니다."

기자의 말이 끝나자 홍옥임의 아버지 홍석후는 매우 놀란 얼굴로 인력거를 타고 영등포경찰서로 향했다.

영등포경찰서에 도착한 홍석후는 때마침 연락을 받고 찾아온 김용주의 친정 및 시댁 가족들과 함께 보안계에서 보관하고 있던 딸들의 유류품인 구두와 사진을 보고 자살을 확인했다. 구두와 사진을 본 가족들은 이름을 부르며 쓰러진 채 대성통곡을 했다. 한참을 그렇게 울던 양쪽 가족은 경찰의 안내를 받아 가매장지로 가서 시체를 파내 각자의 집으로 돌아갔다.

이로써 하루 만에 자살한 두 여성의 신원이 가족에 의해 공식 확인됐다. 홍옥임은 세브란스의학전문학교 학감인 홍석후의 외동딸로 이화전문학교 음악과에 재학 중인 재원이었다. 홍석후는 조선에서 최초로 안과 진료를 시작한 저명한 안과 의사였으며 동생이 바로 유명한 음악가인 난파 홍영후라는 점에서 더욱 충격을 던져 주었다. 김용주는 종로에 위치한 유명 서점이자 출판사인 덕흥서림의 사장 김동진씨의 장녀로, 3년 전

【홍옥임이 죽기 일주일 전에 찍은 사진】

193

동덕여고보를 중퇴하고 동막에 사는 부잣집 심정택의 아들 심종익에게 시집간 여성이었다.

둘 다 유복한 집안의 딸이자 교육받은 신여성이라는 점에서 언론은 '젊은 신여성들의 동성애 정사'라며 사건을 대서특필했고 사람들은 큰 충격을 받았다. 그러나 김용주의 오빠는 누이동생이 자살한 동기를 불행한 결혼 생활로 꼽았다.

> 그러나 누이가 죽었다는 동기 같은 것은 아마도 결혼 생활의 파탄으로 인한 듯싶습니다. 그의 남편 되는 심종익 군은 휘문학교를 중도에 폐하고 도쿄에 건너가서 비행 학교까지 다니다가 요즈음은 귀국해 놀러 다니기만 하여 여러 번 우리 누이가 말했으나 도무지 듣지 아니했다 합니다. 그런데 이번에 홍석후 씨 따님 되시는 홍옥임과 같이 자살까지 한 것은 동덕여학교 고등과 2학년까지 같이 다니게 된 관계로 서로 친하게 된 것인데 여러 차례 집에 와서 놀다가 밤이 늦으면 자고 간 때도 한두 번이 아니올시다.
>
> ─ 〈남편의 방종을 누누이 권간勸諫〉, 《매일신보》 1931년 4월 10일자

반면 홍옥임의 삼촌 홍난파는 도대체 자살한 이유를 모르겠다며 눈물을 흘리며 탄식했다.

> 의외, 의외 해도 이런 의외가 또 어디 있겠습니까? 그 애는 친품이 얌전하고 성격이 온순해 도무지 이러한 일을 저지를 애는 아닙니다. 그리고 결혼 문제 같은 것도 약 1년 전부터 제가 생각하는 남자가 하나 있는데 우리 집안에서도 그 남자를 잘 알므로 저만 정식으로 결혼을 하겠다면 물론 허락해 줄 터이

니까, 결혼 문제 때문에 죽을 이유도 없고 대체 무엇 때문에 자살을 하게 됐는
지 도무지 그 이유를 알 수가 없습니다. 그리고 지난 1월 이후부터는 기쿠치
간菊池寬의 작품과 같은 문학서류만을 전문으로 탐독한 것을 보면 내 생각 같
아서는 누구나 한 번은 경험하는 인생의 번민기에 들어 항상 '벨랑꼴리'한 생
각을 가지고 인생의 허무를 통탄하던 나머지 필경 두 사람이 그같이 정사를
한 것이나 아닌가 합니다. 그러지도 않다면 그 부모, 그 형제, 그 가정에서 무
엇이 부족해서 자살을 선택하겠습니까? 생각하면 생각할수록 알 수 없는 일
이고 또 불쌍한 일이에요……

─〈문학서류의 탐독과 인생적 번민〉,《매일신보》1931년 4월 10일자

이처럼 가족들은 언론과 달리 동성애로 인한 정사는 아니라고 밝
히고 있다. 설령 두 여성이 서로 사랑하는 사이였다 하더라도 당시
여성간의 동성애는 매우 흔한 연애라서 동성애자로 밝혀지더라도 지
금과 같은 매몰찬 사회적 비난과 조소는 거의 없었다는 점에서 왜 자
살했는지에 대한 논란이 계속됐다. 과연 무엇이 두 여성을 죽음으로
몰아넣은 것일까?

❀ 뜻없는 결혼에 애태우던 그 가슴

1929년, 이제 열여섯 살이 된
김용주는 동덕여고보 3학년에 다니는 공부 잘하고 얌전한 학생으로,
교우들과의 관계도 괜찮은 학생이었다. 같은 학교에 다녔던 홍옥임
과는 1학년 때 같은 학급이었는데 홍옥임이 이화여고보로 전학한 후

에도 가깝게 지낸 사이였다.

　김용주의 아버지 김동진은 《가성백방길흉비결》이라는 책을 써서 자신이 운영하는 출판사에서 발간한 적도 있는 지식인이었다. 또한 덕흥서림이라는 경성에 몇 안 되는 서점도 경영하고 있었다. 그러나 여자가 공부는 해서 뭣에 쓰겠냐라는 생각을 가지고 있는 보수적인 아버지였다. 큰딸 용주가 공부를 잘했음에도 학교에 다니는 것을 썩 내켜 하지 않았던 김동진은 일찌감치 시집보내기로 생각하고 이미 몇 년 전에 심정택의 아들과 허혼까지 한 상태였다.

　그 해 여름이 되자 갑자기 심정택의 집에서는 할머니가 하루바삐 손자며느리를 보고 싶어 한다며 혼례를 올리자고 청했다. 이미 허혼까지 한 상태라 망설일 이유가 없었던 김동진은 시집보낼 날짜를 잡고 김용주에게는 학교에 그만 다니라고 했다. 동덕여고보를 졸업하면 이화여전 같은 상급 학교로 진학해 더 공부할 생각이었던 그녀에게는 청천벽력 같은 소리였다. 당시 여학생들은 〈조혼반대구락부〉라는 모임까지 결성해 가면서 혼자 힘으로 대항하기 어려운 부모에 맞서 서로 연대해 조혼에 저항할 정도로, 조혼은 여학생들 사이에서는 인생의 죽음이라고 여겨졌다. 다니던 학교에는 그런 모임이 없었던 김용주가 혼자서 해 볼 수 있는 방법은 기껏해야 울며불며 애원하기뿐이었다. 졸업이 얼마 남지 않았으므로 졸업할 때까지만이라도 다니게 해 달라고 부모에게 애원하고 선생님에게 매달려 호소했으나 아무 소용이 없었다.

　결국 김용주는 아버지의 강요에 의해 자기보다 나이도 어리고 아직 중학생에 불과한 심종익에게 시집을 갔다. 학교도 중단하고 원하지도 않던, 사랑은커녕 낯설기만 한 남편과 결혼 생활을 하게 된 그녀는 점점 절망감 속으로 빠져들었다. 부잣집 도련님으로 귀하게 자란 남편은 이성이라고는 아직 깨닫지 못해 천방지축으로 겉돌기만 할뿐, 그녀에게 어떠한 사랑이나 신뢰를 주지 못했다.

【졸업한 여학생의 번민】 교육을 받은 여학생들의 수는 갈수록 늘어났지만 그들이 졸업 후에 취직할 곳은 많지 않았다. 그나마 인텔리 여성에게 가능한 직업은 교사뿐이었다. 따라서 여학교 졸업생은 취업을 하지 못하고 결혼 후 살림을 하는 경우가 대부분이었다.

다음해 봄, 김용주는 친구들과 함께하며 즐거웠던 학창 생활과 못 다한 학업에 대한 열망을 잊지 못하고 고민 끝에 시부모에게 다시 학교에 다닐 수 있도록 허락해 달라고 간청했다. 구세대인 시부모들은 이제 막 시집온 며느리가 학교를 다니겠다는 것이 못마땅하긴 했지만, 공부를 하고 싶어 하는 모습이 한편으론 측은하게 여겨져 김용주의 청을 들어주었다. 어렵게 시부모의 허락을 받은 김용주는 기쁨에 넘쳐 긴 치마와 짧은 저고리를 벗고 곱게 간직하고 있었던 학생복을 꺼내 입었다. 마치 새로운 세상으로 나오는 사람처럼 기쁨에 떨리는 가슴을 애써 진정시키며 하인을 앞세우고 동덕여학교로 향했다.

그러나 그녀의 기쁨은 학교 문턱에서 슬픔과 좌절로 바뀌었다. 기혼자는 학교에 다닐 수 없다는 여학교 고유의 학칙이 그녀의 희망을 무참하게 꺾어 버리고 만 것이었다. 학교 문턱까지 갔다가 좌절하고

【신식 며느리 대 구식 시어머니】 구여성과 신여성의 대표적인 갈등이 시어머니와 며느리의 갈등이었다. 이 무렵 시집살이의 어려움 때문에 자살하거나 이혼하는 여성도 상당히 많았다.

만 김용주는 모든 것을 깨끗하게 단념하고 다시 시집으로 돌아와야만 했다.

시부모뿐 아니라 조부모까지 모셔야 하는 고달픈 시집살이 속에서 남아 있는 한줄기 기대는 오직 남편뿐이었다. 그러나 중학교를 마치고 1930년 휘문고등보통학교 1학년에 진학한 남편은 갑자기 비행사가 되고 싶다며 학교를 그만두고는 훌쩍 도쿄로 떠나갔다. 도쿄의 모 비행 학교에 입학한 남편은 처음에는 학업에 충실하는 듯했으나 얼마 지나지 않아 그마저도 때려치우고 귀향길에 올랐다.

그 뒤 남편은 다니던 비행 학교도 집어치우고 다시 조선으로 나왔다. 그리워하고 기다리던 남편은 집에 돌아왔건만 그러나 그 남편은 자기를 거들떠보아 주지도 않았다. 여기에 용주의 번민은 컸고 결혼 생활을 저주하는 원한은 덩어리지기 시작했다. 더구나 그의 시가는 돈 있는 집안이 그러한 것처럼 봉건적 지배력으로 그를 억눌러 꼼짝도 못하게 했다.

시부 되는 심정택 씨는 돈 있는 이들이 다 그러하듯 성적으로 방종한 생활을 향락하는 중등 부르주아의 대표적 한 사람이었다. 또 남편 심종익 군 역시 부친의 피를 받아 그러함과 동시 경제적 혜택을 입은 그는 부친 이상의 방종한 향락을 추구하며 지낸다고 한다.(주 : 종익 군은 심정택 씨의 세컨드의 소생이다)

- 〈그 여자들은 왜 철도 자살을 했나?〉, 《별건곤》1931년 5월호

마침내 결혼은 김용주에게서 청춘의 모든 기쁨을 빼앗아 버렸다. 학교로 다시 돌아갈 수도 없고, 남편조차 밖으로 떠돌며 방탕한 생활을 하는 그녀에게는 아무런 인생의 희망이 보이지 않았다. 날이 갈수록 마음속에서는 자신의 처지에 대한 한탄만 늘어 갔다.

그런 자신의 속내를 털어 놓을 수 있는 사람은 홍옥임밖에는 없었다. 김용주는 죽기 전까지 홍옥임과 수백 통의 편지를 주고받으며 자신의 인생과 결혼을 저주했다. 마침 홍옥임도 잇따른 실연과 고독, 아버지에 대한 원망으로 인해 삶을 비관하던 차였다. 둘 간의 관계는 서로 흉금을 털어놓으며 점차 죽마고우를 넘어선 단계로 접어들게 됐다.

✿ 아버지에 대한 절망

홍옥임의 아버지 홍석후는 한국 역사상 최초로 안과 및 이비인후과 전문의가 된 사람으로 조선에서는 처음으로 안과 진료를 시작해 경성 시내에서는 '닥터 홍'하면 모르는 사람

이 없을 정도로 유명 인사였다. 미국에서 의학 박사 학위를 받고 귀국한 후 세브란스병원 이비인후과에 재직 중이던 그는 1931년도에 종로사거리에 위치한 중앙기독교청년회관 건물에 광안사라는 개인 병원을 차려 놓고 환자들을 진료하고 있었다. 국악가였던 아버지의 피를 이어 받아 음악가로 명성을 떨치고 있던 난파 홍영후가 그의 남동생이기도 했다.

홍석후는 3명의 아들을 낳았는데, 딸은 홍옥임 하나뿐이었다. 어렵게 얻은 딸인 만큼 홍옥임은 눈에 넣어도 아프지 않을 만큼 귀엽고 사랑스러웠다. 그의 병원이 환자들로 문전성시를 이루었기 때문에 경제적으로도 부유했던 그는 홍옥임이 원하는 것이라면 무엇이든지 들어주었다.

홍옥임의 공부를 위해 서재를 따로 만들어 주었을 뿐 아니라, 피아노부터 시작해 당시 모든 소녀들이 꿈꾸던 것들을 하나도 빠트리지 않고 갖추어 주었다. 그런 아버지 덕에 홍옥임은 삼월백화점이나 정자옥백화점에서 판매하는 최신 유행의 옷과 할리우드 여배우들이 차고 다니는 시크한 시계로 몸을 치장할 수 있어 학생들 사이에서는 패션 리더로 통했다.

그렇지만 온 가족이 금이야 옥이야 떠받든 탓에 그녀는 세상에서 자신만이 제일이라고 생각하게 되어 독선적이고 타인을 하찮게 보는 경향이 있었다. 친구를 사귀면 며칠 지나지 않아 서로 싸우고 갈라질 만큼 그녀의 자존심은 보통이 아니었다. 아버지의 기대와는 달리 성적 또한 항상 밑에서부터 세는 것이 빠를 만큼 형편없었다.

그래서인지 학교에 적응을 잘 못한 홍옥임은 자주 학교를 옮겼다.

김용주와 같이 다녔던 동덕여고보에서 이화여고보로 전학한 후 1930
년에 졸업했다. 그리고는 몸이 아프다며 잠시 요양하다가 중앙보육학
교에 입학했으나 한 학기만 다니고는 자퇴했다. 자살하기 전에는 삼촌
홍난파가 강사로 있는 이화여전 음악과에 입학해 놓은 상태였다.

너무 강한 자존심과 자주 전학을 다닌 탓에 친구가 별로 없던 홍옥
임은 돈으로 사람을 사귀기 시작했다.

> 그는 어디서나 어여쁜 소녀를 보면 당장 금반지 한 개를 사서 선사를 하고 연
> 서를 써 보낸다. 동성끼리의 연애의 프로포즈는 대개 처음에는 반지를 교환
> 하는 것이 시초라고 하는 말을 들었다. 그럼으로 해서 홍옥임에게는 많은 동
> 성 애인이 있었다. 그러나 그도 나이가 차 감에 따라 그것으로는 관능의 만족
> 을 얻지 못했다.
>
> —〈그 여자들은 왜 철도 자살을 했나?〉, 《별건곤》 1931년 5월호

이광수의 부인 허영숙도 잡지에 진명여학교에 다니던 시절의 동성
연애기를 투고할 정도로 당시 여학생들 간의 동성연애는 흔했다. 여
성들의 동성연애는 대부분 학교를 졸업하고 나면 자연스럽게 사라지
는 것이었는데, 홍옥임도 마찬가지로 나이가 들어 감에 따라 이성으
로 눈을 돌리기 시작했다. 그녀는 간혹 친구들에게 "나는 세브란스
가 제일 좋아. 앞으로 나는 의사하고 결혼할 테야"라고 얘기하기도
했으며, 부모에게 모 남성은 어떠한 사람인지 물어보기도 했다.

말로만 그친 것이 아니라 얼마 후 그녀는 세브란스전문학교에 다니
는 R이라는 학생과 연애를 시작했다. 같은 학교에 다니던 오빠 홍재유

의 소개로 만나게 된 R과 그녀는 꽤 오랜 시간 동안 교제를 했다.

그런 와중에 알게 된 아버지 홍석후의 외도는 그녀에게 큰 충격을 주었다. 아버지가 '원동 재킷' 김화동과 연애한다는 사실이 경성에 널리 퍼졌던 것이다. 김화동은 항상 연애를 상징한다는 자줏빛 재킷과 연한 녹색을 띤 치마를 입고 다녀 '원동 재킷'이라 불렸으며, 경성에서는 모르는 사람이 없을 정도로 유명한 미인이었다. 자신에게 언제나 따뜻하면서도 근엄했던 아버지가 어머니 외에 다른 여성과 외도를 한다는 사실을 홍옥임은 믿을 수 없었다. 아버지도 남성이고 다른 남성들과 같은 욕구를 지닌 한 인간임을 받아들이지 못한 홍옥임은 남성들에 대한 경멸감을 느끼게 됐다.

이런 경멸감은 애인인 R군에게도 그대로 전해져 결국 그와 결별하게 됐다. 아버지 때문에 괴로워하던 그녀에게 애인과의 이별은 또 다른 충격이었다. 이때부터 그녀의 마음속에서는 결혼과 인생에 대해 비관하는 기운이 싹텄다. 그런 와중에 김용주가 보내오는 신세 한탄의 내용도 그녀의 비관을 부채질했다.

> 여자는 한번 결혼을 하면 곧 신세를 망쳐 욕스러운 생활을 하지 아니치 못하게 되니 바라건대 형님은 절대로 결혼하지 말라.
>
> —〈김용주로부터 평소 홍에게 보낸 편지의 내용〉, 《매일신보》 1931년 4월 10일자

그 후로 그녀는 곧잘 주위 사람들에게 "결혼도 아무것도 싫어. 죽으면 그만이지" 하며 절망하는 빛을 보이기 시작했다. 탈출구가 없어 보였던 그녀는 일본 작가 기쿠치 간의 소설 같은 대중 통속 소설

에 빠져들기 시작했다. 결혼했으나 불행한 김용주와 결혼하기도 전에 결혼에 절망한 홍옥임은 이제 서로 비슷한 처지와 생각을 가지게 됐다.

❀ 네가 없으면 나는 죽는다

"인제는 네가 없으면 나는 죽는다."

"정말 너하고 떨어져서는 하루가 안타깝구나! 얘! 네가 이 집 첩으로 들어와서 같이 살자꾸나. 그러면 날마다 떨어지지 않고 서로 같이 지내지 않겠니?"

"이디 첩으로야 올 수 있니? 세상이 창피해서. 그 대신 내가 너의 집 부엌 어멈으로 들어오면 날마다 한 집에서 지내고 그게 좋지 않으냐?"

"첩이고 부엌 어멈이고, 당장 너 없이는 내가 살지를 못하겠다."

그녀들이 자주 주고받았다는 이 대화에서 알 수 있듯이 서로 비슷한 상처를 지닌 홍옥임과 김용주는 우정에서 더 나아간 애정을 느끼게 됐다. 김용주와 더 사랑에 빠질수록 홍옥임은 자신의 주위를 에워싸고 있는 추악한 현실과 인생에 대해 실망했으며 염증을 느꼈다. 그녀는 친구들에게 차마 죽어 버리려 해도 박사인 아버지의 명예와 자기밖에는 동정해 줄 사람이 없는 용주의 일이 가엾어서 그러지 못한다며 언젠가는 세상을 떠나 한적하고 순결한 생활을 찾아 수도원에 들어가겠다는 말을 자주 했다.

결국 혼자 죽으면 김용주가 불쌍하다고 여긴 홍옥임은 그녀에게 같이 죽는 것이 어떻겠냐고 제안했다. 김용주도 애정 없는 지옥 같은 결혼 생활을 평생 하느니 차라리 죽는 것이 낫겠다는 생각이 들었다.

그리하여 1931년 3월 초경, 한강의 물소리도 유난히 처량한 어느 날 밤 자정경에 한강으로 향하는 막차 한 구석에는 김용주와 홍옥임, 두 사람이 나란히 앉아 있었다. 두 사람은 전차에서 내려 사람의 눈길을 피하며 강변으로 내려갔다. 모래 위에 옷을 벗어 놓고 마지막으로 미소를 띠며 서로의 얼굴을 쳐다본 그들은 손을 꼭 붙잡고 물속으로 천천히 걸어 들어가기 시작했다. 그러나 마침 반대편에서 여성들이 물속으로 들어가는 모습을 보고 급하게 다가온 배로 인해 그들은 다시 물 밖으로 이끌려 나갈 수밖에 없었다.

이렇게 첫 번째 자살에 실패한 그들은 4월 안으로는 자살하기로 결심하고 남아 있는 시간을 실컷 즐기기 위해서 밤낮으로 극장을 다니거나 쇼핑을 하면서 보냈다.

4월 1일에는 홍옥임이 이화전문학교에 가입학의 형식으로 입학했다. 이미 세상을 등지기로 결심한 그녀에게 학교는 아무 의미도 없었다. 그녀는 그 날자 일기에 '세상 사람은 모두 가면을 쓴 천사다. 나는 학교도 세상도 다 싫다'라고 적었다. 이날 김용주와 함께 일주일 후인 4월 8일에 죽기로 결정하고 나서는 애선사진관에서 최후의 사진 촬영을 하고 그 사진을 친구들에게 일일이 나누어 주며 작별의 인사를 나누었다. 또한 한때 애인이었던 R씨에게도 편지를 보내 유언을 남겼다.

철로의 이슬이 된

저로 하여 당신의 무릎에

울게 해 주세요.

아하, 이도 바랄 수 없을네라.

외로이 물러설 뿐.

드디어 죽기로 약속한 날이 밝았다. 죽음을 앞둔 홍옥임의 얼굴에는 오히려 희색이 만면했다. 곁에서 보는 사람이 오히려 무슨 좋은 일이라도 있는가 싶을 정도였다. 아침부터 자기의 옷장 속에서 옛날에 입던 비단 옷들과 새로 산 옷들을 꺼내서 일일이 몸에 대 보며 어떤 옷을 입고 죽을 것인지를 결정했다. 때맞춰 김용주가 집으로 찾아왔다. 아무것도 모르는 홍옥임의 어머니는 장국을 사 줄 테니 먹고 가라고 했으나 둘은 시간이 없다며 그냥 집을 나섰다.

경성역으로 향하기 전에 홍옥임과 김용주는 각각 자살할 뜻을 우편으로 가족들에게 알리기로 했다. 홍옥임은 그의 부친에게, 김용주는 그의 친정과 시댁에 유서를 보냈다.

"아버님! 먼저 가는 여식의 불효를 널리 용서해 주시옵소서. 여식은 허무한 진세塵世에 살기가 너무 욕되옵기에 영원의 나라를 찾아가오니 모든 죄를 관용하시옵고 아버님께서는 어느 때에나 오직 정의正義의 길을 걸어가시기만 불초 여식은 마지막 부탁하나이다.

此世一日短 彼世一日長

이 세상은 참으로 허무합니다. 그러나 저 세상은 영원무궁한 것이 아닐까요.

1931년 4월 8일

불초 여식 옥임 상서

홍옥임은 마지막 유언으로 아버지가 외도를 중단하고 떳떳하고 자랑스러운 길을 걸어가기를 부탁했다. 김용주의 유언은 다음과 같다.

인생의 생활은 헛됩니다. 헛된 인생의 그날그날이 시들합니다.
그리해 여식은 이승의 길을 떠나 저 승으로 영원한 죽음의 길을 떠나갑니다.

유서를 부친 두 연인은 이제 다정스럽게 손을 잡고 절망도 슬픔도 없는 세상을 찾아 떠났다. 홍옥임과 김용주가 함께 자살하자 두 집안에서는 생전에 서로 지극히 사랑하던 관계임을 생각해 함께 화장하기로 결정했다. 그녀들은 죽음으로써 영원히 함께 있게 됐다.

❀ 여학생 동성연애의 개화기

두 여성의 동반 자살이 언론에 보도되자 사람들은 "강제결혼 때문에 죽었다", "남편의 무관심으로 인해 죽었다", "감상적 허무주의 때문에 죽었다" 하며 나름대로 원인을 분석했다. 전반적으로는 윤심덕의 정사 때와 마찬가지로 자살을 비판하는 분위기였다.

그런데 한 가지 특이한 점은 이 사건을 '동성애자들의 정사'라고 규정하면서도 현재와는 다르게 그들의 동성애에 대한 비난은 없었다. 다만 동성애의 변태적 정사라면 그들의 그릇된 인생관 때문에 그리 된 것이므로 아무 동정의 여지가 없다는 비판이 유일했다. 집안에서는 사랑하는 관계였음을 고려해 아무런 거리낌 없이 함께 화장까

지 했다. '커밍아웃'이라는 특별
한 이름까지 붙여 가며 자신이 동
성애자임을 밝히기 위한 여러 고
통을 감수해야 하는 현재로서는
상상하기 어려울 정도이다.

　당시 동성애는 여학생들을 중
심으로 광범위하게 이루어지고
있었다. 앞서 얘기한 이광수의 부
인 허영숙도 '별로 남에게 뒤지지
않게 많이 했다'며 무려 세 명과
나눈 동성연애기를 털어 놓는다.
여학생들은 학교에서 또는 기숙

【홍옥임 유서】 홍옥임이 숙부 홍난파에게 보낸
유서의 겉봉. 《조선일보》 1931년 4월 17자

사에서 또래의 여성들과 엑스 형제를 맺으며 여성 특유의 우정과 애
정의 관계를 쌓아 나갔다. 엑스 형제란 학기 초가 되면 선배가 신입
생 중에 맘에 드는 학생을 골라 여럿 앞에서 공개적으로 형-동생 관
계를 맺는 것으로, 또래 집단에서는 '애정 발표'로 간주됐다. 여학생
들 간의 동성애가 가장 활발했던 학교는 이화학당, 경성여자고보, 평
양여자고보 등이 손꼽혔다. 물론 남학생들이라고 동성애자가 없었던
것은 아니었지만 그 빈도와 강도에서는 여학생의 동성애가 압도적이
었다.

　지금보다 너그러운 동성애에 대한 사회의 태도의 근저에는 '더럽
게 성욕의 만족을 얻으려 하는 수단이 되지 아니하는 이상에는, 이익
이 있을지언정 해는 없는 관계'라는 생각들이 자리 잡고 있었다. 그

러나 성욕을 더럽다고 생각하지 않은 여성들도 있었다.

> S언니! 참말이에요. 사람이 그리워요. 언니가 그리워요. 맘껏 부둥켜안고 숨 막히는 키스를 하고 싶어요. …… 언니! 지금 당장 뛰어가 보고 싶습니다. …… 나를 귀여워해 주세요. 사랑해 주세요. 차마 말로는 할 수가 없어서 이 렇게 잠을 이루지 못하다가 글로 써 드리는 것입니다.
>
> ─〈언니 저 달나라로, 사춘기 소녀의 심경〉, 《신여성》1933년 6월호

이처럼 관대했던 동성애에 대한 시각은 1930년대 후반에 이르면 서부터 프로이드의 이론과 서양 의학의 영향으로 인해 동성애를 일 종의 병적 상태이자 생리적으로 보면 좋지 않은 현상으로 보는 인식 이 남성을 중심으로 늘어만 갔다. 그렇지만 사회적으로, 가정적으로, 경제적으로 고립돼 있었던 여성들 간의 동성애는 줄지 않았다. 심지 어 결혼식까지 올린 여성 동성애자들도 있었다.

【기숙사와 동성애】 10대 초반의 어린 나이에 부모와 떨어져 기숙사에서 외롭게 생활하게 된 여학생들에게 동성 친구들은 굉장히 친밀하고 중요한 존재일 수밖에 없었다.

김모 씨의 부인 정순임과 김씨의 부인 장경희와는 오랫동안의 독수공방을 해

오다가 두 사람이 그 사회에서 연애를 하게 됐다 한다. 그러다가 이 두 부인은

정식으로 결혼까지를 하게 됐는데 정씨가 신랑이 되고 장씨가 신부가 돼서 각

각 조선 고래식古來式으로 예복을 입고 요리집에서 식을 거행했다고 한다.

－〈동성의 신랑, 신부의 결혼식에서 생긴 넌센스〉,《여인》, 창간호 1932년 6월호

한국 역사상 최초의 동성애자 결혼식의 주인공은 유부녀였다. 남
편과 이혼하고 나서 한 정식 결혼이었는지, 또한 두 부인이 결혼식
후 결혼 신고를 했는지는 확인되지 않지만 이 결혼식은 당시가 동성
애의 전성기였음을 여실하게 증명해 주고 있다.

한편 홍옥임과 김용주의 자살 이후, 여성들만의 자살 사건이 두어
건 정도 발생했다. 하지만 1937년 8월에 여직공과 함께 '묘령의 부
인'이 동반 자살한 사건을 빼고는 동성애자의 정사라고 할 만한 정황
은 아니었다. 동성애가 점차 금지된 사랑이 되어 가면서 이 사건도
점차 사람들의 뇌리 속에서 사라져 갔다.

제八화

독살미인
김정필 사건

남편을 죽여야 했던 구여성의 비극

❀ 모든 것은 '미인'이라는
　말에서 시작됐다

　　　　　　1924년 8월 15일 경성복심법원 제7호
법정에서는 이후 몇 개월 동안 전 조선을 뒤흔들게 되는 김정필 남
편 독살 사건의 공소 재판이 열렸다. 1심인 청진지방법원에서 사형
선고를 받고 2심 법원인 경성복심법원으로 넘어온 이 사건은 함경도
명천군에 사는 김정필이라는 여인이 남편을 독살했다는 혐의로 기소
된 것이었다. 재판이 열리기도 전부터 '방년 스물의 꽃 같은 미인이
자기 남편을 독살했다'는 동아일보의 기사로 인해 피고인이 절세미

인이라는 소문은 며칠 만에 온 장안에 파다하게 퍼졌다.

재판일이 되자 얼마나 미인인지 확인해 보려는 호기심으로 가득찬 방청객들로 법정은 개정 전부터 입추의 여지가 없었다. 오전 10시 정각, 개정을 선언한 요시다 재판장은 피고 김정필의 주소, 나이, 직업 등을 묻고 사실 심문에 들어갔다. 김정필은 초췌한 얼굴이었지만 똑똑한 말소리로 답변했다.

"너는 남편 김호철과 결혼하기 전에 한 동네에 사는 12촌 되는 김옥산과 여러 차례 정을 통한 일이 있느냐?"

"그것은 정을 통한 것이 아니라 제가 강간당한 것입니다."

"너는 너의 남편 김호철이 일자무식이오, 성질이 어리석고 얼굴이 보기 숭한 것을 싫어해 금년 5월 23일에 '랏도링'이라는 쥐 잡는 약을 엿과 밥에 섞어 먹여 너의 남편을 죽인 일이 있지?"

"저의 남편이 무식하기는 했으나 사람은 좋았고 쥐 잡는 약으로 죽인 일은 없습니다. 만일 남편이 싫었으면 이혼을 해 달라고 하지, 제가 왜 죽이겠습니까?"

1심 재판 기록에는 김정필이 모든 것을 순순히 인정했다고 되어 있는데, 2심에서는 남편 독살 사실을 부인하자 재판장은 당황하기 시작했다. 1심 재판 기록에 따르면 김정필은 김호철과 1924년 4월에 결혼한 후 크게 실망을 느껴 살해할 생각을 했다. 그러던 차 5월 23일에 주먹밥과 엿에 랏도링을 섞어 놓고 남편에게 "당신의 위장병과 임질을 고치려면 이 약을 먹으세요. 이 약은 제 오촌이 먹고 신효하게 나은 것이니 안심하고 먹어도 좋아요" 하며 주먹밥을 먹였다. 밥을 먹은 남편은 구역질을 하며 토했으나 다시 엿을 먹여 5월 27일에

211

남편을 사망케 한 사실을 자백했다고 적혀 있었다.

"경찰 조서와 1심의 기록에는 네가 사실을 자백하지 아니했느냐?"

"경찰서에서 순사가 때리면서 없는 일이라도 그렇게 말하라고 하기에 그리 말했습니다. 저는 억울합니다. 시어머니와 시아버지가 못된 사람으로 남편이 임질과 위장병으로 죽은 것을 내가 죽인 것이라고 덮어씌운 것입니다."

김정필이 부인으로 일관하자 후쿠다 검사는 "지금 피고는 죄를 면하려는 마음에서 거짓을 말하고 있다"고 반박한 후 1심과 같이 사형을 구형했다. 관선 변호인 모리이의 "강제 결혼으로 인해 발생한 사건이므로 선처를 바란다"는 간단한 변호를 끝으로 첫 공소 재판은 끝나고 재판장은 22일에 판결하겠다며 폐정했다.

재판이 끝나자 방청석에서는 얼굴이 천하일색이라느니, 이쁘기는 하나 일색은 못 된다느니 수군수군하는 소리가 들렸다. 한편에서는 통역관의 통역이 시원치 못해 재판 내용을 제대로 듣지 못했다며 불만을 토로하는 사람도 있었고, 사실 관계 조사가 매우 불충분하고 김정필에게 불리한 증인만 출석했다며 재판의 불공정성을 따지는 사람들도 있었다. 더구나 김정필이 범행을 전부 부인하자 이날의 공판을 계기로 '미인' 김정필을 동정하는 목소리는 날

【독살 미인 김정필 사건】 남편 살해는 드물지 않은 일이었지만 피의자가 미인이라는 이유로 장안의 화제를 낳은 사건이었다. 1924년 10월 10일 김정필 공판을 보기 위해 경성복심법원에 모인 사람들은 3·1운동 이후 종로에 모인 최대 인파였다. 《조선일보》 1924년 10월 11일자

로 높아져 갔는데, 이는 순전히 그녀가 미인이었기 때문이었다. 과연 얼마나 미인이었을까?

간수에 끌려 그는 가만 가만히 들어온다. 끓는 듯한 나의 시선은 그의 얼굴을 쏘아보았건만 원수 같은 용수(죄수의 얼굴을 보지 못하도록 머리에 씌우는 원뿔형 통) 때문에 그의 화용花容을 알아보기 어려웠다. 아직도 일 찰나刹那가 남았으되, 그의 설명한 키는 우선 헌칠했다. 밑으로 떨어진 나의 눈이 그의 발에 어른거릴 때야말로 아름다움의 균제均齊를 갖춘 발이로구나 했다. '마조히즘' 환자가 여자의 발에 지근지근 밟히면서 법열法悅을 느끼는 심리를 짐작할 수 있을 정도였다. 그토록 어여쁜 발이었다. 맵시 있는 발이었다. 곰실곰실 움직이는 그 가락은 아름다운 XX을 생각하게 했다. 포동포동하게 살찐 발등은 생글생글 웃는 듯하다.

내가 이 발로 말미암아 얼마 동안 황홀해하고 있을 적에 앞줄 자리에 앉은 그는 용수를 벗었다. 첫째의 경이는 그 살결의 흰 것이더라. 참으로 희다. 흰 그것이다. 옛날 시인 같으면 梨花一枝春帶雨(가지 하나에 핀 배꽃 봄비를 머금고 있구나)라고 읊조리고 말았으리라…… 이렇듯이 흰 바탕으로 된 그의 용모는 어떠했을까? 얼굴이 조금은 길어 보였다. 이마는 조금 좁아 보였다. 그러나 그 알맞은 오뚝한 코는 어디까지나 귀골적貴骨的이오, 이지적이었다. 비록 여의고 말랐을망정 귀밑에서 턱으로 보드랍게 가냘프게 스친 곡선! 어떠한 입신入神의 화필로도 이 선 하나만은 긋지 못하리라. 그렇다고 그의 아름다움이 '그림같이' 아기자기한 아름다움은 아니다. 어디인지 날카롭다. 싱그럽다.

……그 중에도 큼직한 눈! 어쩌면 저렇듯 청결 무구하랴, 어쩌면 저렇듯 복잡

다단하랴. 그것은 마치 햇살에 번쩍이는 비누 거품과 같다 할까. 어찌 보면 단순한 빛이요, 어찌 보면 오색이 영롱하다. 후정화後庭花(조선시대의 가곡)를 노래하는 기녀의 그것 같기도 하고 천당을 꿈꾸는 성모聖母의 그것 같기도 하다.

—〈김정필의 초상〉, 《시대일보》1924년 10월 13일자

그러나 그의 얼굴을 실제로 보고 "이쁘긴 뭐가 이뻐!" 하며 실망하는 사람들도 있었으나, 위와 같은 언론의 적극적인 지원에 힘입어 당시 절세미인 김정필의 인기는 연예인처럼 높아만 갔다. 그 인기를 반영하듯 22일 판결 당일의 법정에는 아침 8시부터 모여든 사람들로 대만원을 이루었을 뿐 아니라 법정 밖에까지 약 300명의 방청객이 몰렸다. 김정필이 얼마나 미인인지 자기 눈으로 확인해 보고, 또 1심대로 사형을 또 받을지 아니면 무죄가 될지 재판 결과를 확인하기 위해 몰려든 사람들이었다. 결국 종로경찰서에서는 4,5명의 경찰까지 출동해 원활한 재판 진행을 위해 소란 떠는 사람을 단속하기에 이르렀다.

김정필은 다른 사건의 남성 피고인 10여 명과 함께 초췌한 얼굴로 467호라 쓴 푸른 옷을 입고 출석했다. 요시다 재판장은 먼저 다른 피고 두어 명에 대한 판결을 내린 후 김정필에 대한 판결을 내렸다. 그러나 요시다 재판장은 예상과는 다른 판결을 내렸다.

"좀 더 조사할 필요가 있어서 판결을 무기 연기한다."

김정필이 범행을 부인한 것이 주효해, 의심이 든 재판장이 추가 조사의 필요성을 인정한 것이었다. 이 말을 들은 김정필은 "저는 애매하니 용서해 주십시오"라는 말을 남기고 퇴정했다. 사형이냐, 무죄

냐를 기대하고 왔던 방청객들도 후일을 기대하면서 해산했다.

❀ 애매하니 살려라,

　악독하니 죽여라!

　　　　　　재판장조차도 추가 조사의 필요성을 인정하
자 여론은 미인 김정필을 동정하는 방향으로 흘렀다. 재판장과 변호
사, 그리고 각 신문사에 김정필을 동정하는 투서가 날아들기 시작했
다. 판결일 전 날에 '한 방청인'이라는 익명으로 관선 변호인에게 투
서가 온 것에 대해 변호인은 "그러한 투서는 근래에 드문 일"이라며
소감을 밝혔는데, 이 드문 일은 이후 재판이 끝난 후에까지도 계속돼
재판장을 놀라게 했다.

　당시 신문사, 재판장, 변호사에게는 사형시키지 말라는 투서가 산
같이 들어왔는데, 그 중에는 지식인이나 문인들이 보낸 탄원서도 있
었다. 지식인들은 법 이론 등을 동원해 논리적으로 김정필을 옹호하
거나 또는 감형해 달라는 탄원서나 도움이 될 만한 사실 참고론 등을
써서 보냈다. 투서가 연일 쇄도하자 동아일보에서는 9월 8일자 신문
4면 전체를 할애해 투서들 중에서도 가장 일관적이라고 판단한 〈한
사형수에 대한 엄숙한 관찰〉이라는 제목의 투서를 게재하기도 했다.
그 중에서도 가장 압권인 투서는 '평양 모 도적'이 요시다 재판장에
게 보낸 투서였다.

　나는 일찍이 남 못할 행동을 해 금년 5월 하순에 함북 명천군 김정필의 남편

김호철의 집에 도적질을 간 일이 있는데 그때에 숨어서 엿들은즉 김호철의 집 방안에서 수상한 두 남녀의 목소리가 문틈으로 흘러나오는데 누구인지 자세히 알 수 없으나 어떤 여자를 무함하려는 계획인 듯했다. 그 당시에는 그것이 무슨 음모인지를 자세히 알지 못했더니 지금에 신문의 보도를 본즉 그때에 말하던 것이 김정필의 본부 독살 사건에 관한 이야기가 분명하다. 재판장은 김정필의 사건의 진상을 알려면 김정필의 시집 친척을 증인으로 불러 물어보라. 나는 김정필의 무죄함을 명백히 드러내기 위해 요시다 재판장을 찾아갈 생각도 간절하나 남을 구하는 것보다 나의 신변이 위급하겠으므로 가지 못하거니와 그러한 사건을 보고 묵묵히 지나갈 수는 없어 두어 자로써 그 사실을 고하노라.

－〈본부 독살 미인에 대한 기괴한 투서 일매一枚〉,《매일신보》1924년 10월 19일자

　도둑으로서 자신의 위험을 무릅쓰고, 재판의 방향까지 제시한 이 투서는 당시 이 사건에 대한 사회의 관심 수준을 보여주고 있다. 이처럼 사회적 관심이 뜨거웠던 탓이었는지, 아니면 일본인 관선 변호사의 무성의한 변호에 분노한 탓이었는지, 조선인 변호사 이인 씨는 무료 변론을 자청하고 나섰다. 훗날 조선어학회 사건으로 4년의 징역을 살 정도로 양심적, 민족적 변호사였던 이인은 광복 후 대법원장, 대한민국 초대 법무부장관, 친일 행위자를 처단하는 반민특위위원장까지 역임하게 된다. 하지만 당시에는 고작 1년 전에 변호사 시험에 합격한 풋내기 변호사였을 뿐이었다. 이인 변호사는 변호를 맡은 후 8월 25일에 경성복심법원 형사부에 공판 재개 신청서를 제출했다. 이로써 재판은 새로운 국면으로 접어들게 됐다. 이인 변호사는

동아일보와의 인터뷰에서 재판에 임하는 각오를 밝혔다.

> 이번 사건은 실로 중대한 사회 문제로 도저히 소홀히 처치할 문제가 아닙니다. 조선의 강제 결혼이 낳은 이 비극을 우리는 도저히 방관할 수가 없습니다. 그러므로 이번에 공판 재개를 신청하고 증인 신청을 하며 새로운 증거를 제출해 애매한 사람을 구하고자 합니다. 지난 23일에도 경성형무소에 가서 김정필을 만나 보았는데 눈물을 흘리면서 자기의 애매한 것을 말합디다.
>
> ─〈독살 미인 사건 공판 재개를 신청〉, 《동아일보》 1924년 8월 26일자

이 신청을 받아 들여 재판부는 10월 10일에 다시 재판을 열기로 했다. 2차 재판을 앞두고 투서의 열기는 더욱 뜨거워졌다. 투서 중에는 김정필을 동정한 내용만 있는 것은 아니었는데, 독살한 사실이 충분하니 그런 독부를 죽이는 것이 당연하다는 투서도 있었다. 그 중에 김정필의 남편이었던 김호철의 집 동네 사람 60명이 연명으로 진정한 투서는 오히려 대중의 공분을 불러일으켰다.

동네 사람들은 투서에서 김정필은 남편을 독살한 천하의 독부로 그 죄가 가히 사형에 마땅하니 재판장은 엄중히 처벌해 달라고 요청하는 한편, 방청인들에게도 김정필을 동정하지 말 것을 요구

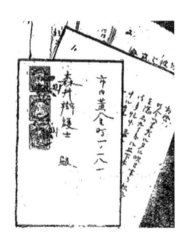

【김정필의 무죄를 주장한 투서】 요시다 재판장에게 김정필의 무고함을 주장한 방청객의 투서. 《동아일보》 1924년 9월 8일자

했다. 그 투서를 받은 재판장은 이 투서는 수리할 수 없다며 받지 않았다.

동네 사람들이 투서를 연명으로 보냈다는 사실이 보도되자 다음 날 이를 반박하는 투서가 들어왔다. 명천 주민의 진정서는 김정필의 시부모가 뒤에서 운동해 60여 명의 연명을 받은 것이니 재판장은 그리 알고 김정필에게 관대한 처분을 내려 줄 것을 호소하는 투서였다. 한 시골 여인의 사건을 두고 기이한 투서전이 계속되자, '투서하는 자를 모두 사형에 처형하라'는 투서까지 등장했다.

> 조선에서 독부가 본부本夫를 살해하는 일은 부지기수로 많은데 하필 김정필의 사건에 한해 이러니 저러니 하고 각처에 투서를 하여 김정필이가 무죄하다고 주장하는 것은 그 투서를 하는 사람의 심사를 알 수가 없다. 조선 민족을 위해 자기 생명을 희생한 강우규 사건 같은 데는 한 장의 투서가 없고 이러한 독부의 사건에 투서를 하는 것은 조선 민족의 부끄러운 일이라 하겠는즉 재판장은 김정필을 위해 투서하는 자를 김정필과 한가지로 사형에 처해 달라.
>
> —〈재판장에게 또다시 투서〉, 《매일신보》1924년 10월 10일자

강우규 의사 항거는 1919년 9월 2일, 64세의 고령에도 불구하고 사이토 총독을 암살하고자 조선총독부에 폭탄을 던졌다가 체포돼 이듬해 사형당한 사건이었다. 독립 투사가 사형당할 때에는 어느 누구도 투서 한 장 보내지 않다가, 남편 살해범 김정필에 대해서는 투서가 쇄도하는 세태를 꼬집은 것이었다.

이처럼 투서전을 비판하는 투서까지 등장할 정도로 주요 언론은

연일 자세히 김정필 사건을 보도해 그녀는 조선 팔도의 남녀노소 할 것 없이 모르는 사람이 없는 전국적 대중 스타가 됐다.

❀ 재판을 보려고 몰려든 수천의 군중들

드디어 수많은 사람들이 기다리던 김정필 남편 독살 사건의 2차 공판일인 10월 10일 아침이 밝았다. 8월 22일 공판 이후 이날을 손꼽아 기다려온 사람들은 쌀쌀한 아침 날씨에도 불구하고 남에게 뒤질세라 입을 굳게 다문 채 빠른 걸음으로 경성복심법원 앞으로 몰려들었다. 재판부에서는 방청객이 많이 몰린 것을 염려해 방청권까지 발행할 계획이었으나 포기하고 선착순으로 입장시키기로 결정한 상태였다. 조선일보에서 '먼저 오는 사람이면 구경할 수가 있다더라' 하고 친절하게 고지까지 한 상태여서 사람들은 서둘러 법원 앞으로 향했다.

재판 시간은 아침 9시였으나 8시 30분부터 법원 앞은 남녀노소, 신사, 학생, 기생 등 수백 명의 인파가 몰려 떠드는 소리로 시끄러웠다. 개정 시간이 다가오자 인파는 2,000여 명으로 늘어났다.

"나는 새벽 5시에 왔는데, 볼 수 있겠지."

"그리 빨리 올 필요 있나? 나는 7시에 도착했다네."

"이 사람들아, 나는 상점 문도 안 열고 왔어."

"밀지 좀 말세요. 깔려 죽겠네."

어떻게든 앞쪽으로 가려고 무조건 밀고 들어오는 사람들로 인해 '밀어라, 당겨라, 부벼라, 들어가자, 애개개 죽겠네' 하는 소리가 연이어 터져 나왔다. 땀이 흘러 눈도 제대로 뜨지도 못한데다가 머리까지 풀려 어찌할 줄 모르는 부인과 젊은 여성들도 있었다. 힘이 부쳐 대열에서 빠져나와 이 구석 저 구석에 모여 선 사람들 중에는 옷이 갈가리 찢겨진 사람들도 있었다. 그렇게 쫓겨 나온 한 청년은 재판을 못 보게 된 것이 아쉬워서 군중을 흘겨보면서 한마디 던진다.

"저런 무슨 먹고 살 일이나 생겼나? 왜 저 모양들이야?"

그러자 다른 사람이 맞받아친다.

"아따, 그 양반! 당신은 왜 와서 야단이오? 당신도 옷 꼴이 나만이나 하구려."

그렇게 비켜선 사람들은 자연스레 사건 평으로 화제가 넘어갔다.

"이러니 저러니 할 것 없이 참 그 여자는 세상에 태어난 보람이 있네."

"난 보람일지, 죽는 보람일지 누가 아우."

"명천 구석 조그만 촌 동네 색시가 이렇게 경성을 뒤엎다시피 했으니 죽는 한이 있다 하더라도 웬간 하우."

재판을 보기 위한 사람들의 열기에도 불구하고 재판정이 수용할 수 있는 인원은 5,60명에 불과했다. 종로경찰서에서는 경찰 20여 명을 동원해 법원 밖에 모여든 수천의 군중을 해산시키려 했으나 종로 일대에 모여든 군중은 재판이 끝날 때까지 자리를 뜰 줄 몰랐다. 이로 인해 종로를 경유하는 전차는 일시 운행을 중지했고, 같은 법원에서 열리는 민사 재판은 피고와 증인이 들어올 수 없어서 연기되기까지 했다. 《매일신보》에 따르면 재판에 수천 군중이 모이기로는 1919년 독립만세운동을 주도한 33인에 대한 공판 때와 조금도 다름이 없다고 할 정도였다.

✽ 재개된 공판,

그러나 불리한 증언들

재판은 법정에 몰려든 인파로 인한 대혼잡 때문에 예정된 시각 9시에서 두 시간 가량 늦은 10시 50분부터 개정됐다. 법정 안에는 경성복심법원장을 비롯해 판검사, 변호사 등 법조인까지 방청석에 앉아 있어 더욱 긴장감이 더해졌다.

이윽고 김정필이 초췌한 얼굴을 한 채 입정해 힘없는 걸음걸이로 피고석으로 향하자 방청객의 눈길은 일제히 그녀에게로 쏠렸다. 그녀가 침착한 태도로 피고석에 앉자마자 증인으로 온 김정필의 시어머니 최씨와 죽은 김호철의 형 김영철은 김정필에게 달려들며 폭행을 하려다가 경관에게 제지를 당했다. 경관의 만류에도 불구하고 시어머니 최씨는 "이 년! 꽃 같은 내 자식을 죽인 네가 아직 살아 있느냐!" 하며 약 5분 동안이나 발악을 해 할 수 없이 정리가 끌고 나간 후에야 비로소 공판은 시작됐다.

10시 50분 요시다 재판장과 후지무라, 가와시마 양 배석 판사가 착석하고 후쿠다 검사, 이인, 모리이 변호사가 착석한 후 재판장이 재심을 선언했다. 먼저 증인 중 죽은 김호철을 진단한 의사 최승하부터 신문을 시작했다. 최승하는 먼저 김호철을 진단한 경과를 설명했다.

"저는 5월 29일에 주재소의 부름을 받아 김호철을 진찰했습니다. 그의 간장이 녹아 붙었고 피부 빛이 누렇게 변해 입에서 악취가 나는 것이 음독한 지 4,5일쯤 되어 보였으며 벌써 생명이 위독한 상태여서 손쓸 방법이 없었습니다. 다음 날 오후 4시에 김호철이 죽었는데 즉시 해부해 보니 간장과 소장과 기타 내장이 적갈색으로 변해 있었는데 이것은 황린을 먹은 것이 분명해 보였습니다. 황린은 먹더라도 즉시 죽는 것이 아니라 천천히 지방에 용해돼 4,5일 혹은 일주일 후에 죽는 법입니다."

설명이 끝나자 요시다 재판장은 추가 신문을 했다.

"김호철에게 무슨 나쁜 병이 있었는가?"

"화류병(성병)이나 영양 불량증 같은 다른 병은 없었으며 체격도 좋았습니다."

"김호철이 살아 있을 때 독약 먹었다는 이야기를 하던가?"

"김호철의 말이 자기는 김정필에게 장가를 든 후 한방에서 같이 자기는 하되 자기는 아랫목에 누워 있고 김정필은 윗목에 있어 한 번도 동침한 일이 없었다고 합니다. 그런데 어느 날 밤에는 항상 냉정하던 김정필이 별안간 다정한 태도로 자는 방에 들어와서 무슨 병이 없느냐고 묻기에 자기는 아무 병도 없다고 말했다고 했습니다. 그리고는 며칠 후 밤에 아내가 늦게 들어와 환약 세 알을 주며 '산증疝症(생식기와 고환)이 붓고 아픈 병'에 좋은 약이라고 주기에 두 알을 먹어 보았더니 냄새가 고약하기에 한 알은 안 먹고 뒤뜰에 파묻었으며 그때부터 아내가 친하게 굴더라는 말을 들었습니다. 그 후에 파묻은 약을 분석해 보니 황린이 분명했습니다."

의사가 일본어로 진술한 내용을 김정필에게 통역해 들려주자, 그녀는 벌떡 일어나 의사의 주장을 반박했다.

"의사가 진단할 때에는 제가 경찰서에 잡혀가 있었으므로 진단을 어떻게 했는지 알 수 없습니다. 다만 김호철은 3년 전부터 산증으로 인해 여러 의사의 치료를 받아 왔으며, 제가 시집온 지 닷새 날부터 국부에서 고름이 나며 몸이 아파 앓는 것을 시집에서 소 뼈다귀 같은 약을 달여 먹인 일이 있습니다. 또한 제가 낮엔 일하고 밤에는 남편의 병을 간호까지 했는데 병이 없었다는 의사의 말은 거짓입니다. 그리고 '랏도링'은 5월 초순에 시집에서 그 약으로 쥐를 잡는 것을 보고 친정에 쥐가 많으므로 친정에 보내기 위해 시집 칠촌 댁에 부탁해 30전어치를 사다가 헝겊에 싸서 둔 사실이 있을 뿐입니다. 그 약을 남편에게 먹였다는 것은 거짓입니다. 참으로 억울합니다."

다음에는 변호사 이인의 의사 최승하에 대한 신문이 있었다. 이인 변호사는 진단서를 보니 별로 의사의 의견이 없고 의학 통편通編이나 책에 적힌 그대로 진단서를 썼던데 이로 보아 의심이 생긴다, 또한 명천 같은 곳에 대소변이나 독약 같은 것을 충분히 분석할 기구가 없을 듯하니 따라서 그 진단이 충분치를 못하다고 변론한 후 증인에게 질문을 던졌다.

"풍설에 김호철의 집과 증인 사이에 모종의 양해가 있는 듯하며 출석하기 전에 김호철의 친척을 만나 여비조로 돈을 받았다는 말이 있는데 사실인가?"

"절대 그런 일은 없었습니다."

뒤를 이어 김정필의 친정 아버지인 김경렬이 증인으로 나섰다. 재판장은 먼저 김호철과 김정필이 결혼하게 된 동기를 물었다.

"김정필이가 김호철에게 시집가는 것을 싫어하는 기색이 없었는가?"

"부녀 간에 의사 교환한 일이 없었으므로 알 수 없습니다."

"증인의 동네에 김옥산이란 청년이 경성 유학을 하다가 고향에 가서 아이들을 가르치며 증인의 집에 자주 출입한 일이 있는가? 또 김옥산과 김정필이 관계가 있다는 말이 있는데 사실인가?"

"김옥산이 간간히 저의 집에 출입한 일은 있었으나 제 딸과는 전혀 관계가 없었습니다. 이 말은 헛소문으로 매우 억울합니다."

"김정필 부부의 사이가 좋았는가?"

"자세히는 알지 못하나, 시어머니가 제 딸을 구박한다는 말은 들었습니다."

"쥐 잡는 약을 김정필에게 사 보내라고 시킨 일이 있었는가?"

"저희 집에 쥐가 많아서 처치할 궁리는 했습니다. 그러나 딸에게 쥐 잡는 약을 사 달라는 부탁은 한 일이 없습니다."

김경렬에 이어 죽은 김호철의 친형 김영철에 대한 재판장의 증인 신문이 이어졌다. 김영철은 함경도 사투리를 써서 재판에 열중해 있던 방청객을 가끔씩 웃겼다.

"김호철이가 약을 먹었다는 것을 어떻게 알았는가?"

"제 동생이 김정필에게 속아서 독약을 먹은 결과 심히 아파서 견딜 수 없다고 하기에 그때서야 알았습니다. 이 사실을 제가 알게 되자 김정필은 저에게 남편에게 약을 주었다는 말을 다른 사람에게는 하지 말아 달라고 부탁했습니다. 동생은 죽을 때 원수를 갚아 달라는 말을 남겼습니다."

"김정필이가 왜 남편에게 독약을 먹였는지, 그 이유를 아는가?"

"알지 못합니다."

마지막으로 김영철은 동생이 죽은 뒤에 김정필을 붙잡아 묶어 두고 주재소에 고소했다는 진술을 하고 물러갔다. 김영철의 진술이 끝나자마자 김정필은 별안간 벌떡 일어나 울면서 소리쳤다.

"스무 살에 과부된 것도 원통한데 내가 남편을 죽였다고! 새파란 하늘이 무서워 어떻게 그런 소리를 합니까! 고명한 판관께서 죄 없다고 말 한마디만 하시면 이 자리에서 죽어도 원통치 아니하겠습니다."

다음으로는 시어머니 최씨의 증인 신문이 이어졌다.

"김정필이 김호철의 아내인가?"

"무슨 그까짓 년을 아내라고 할 수가 있습니까?"

"김정필을 처음에 귀엽게 보았는가, 밉게 보았는가? 또 김정필 부부의 의가 어떠했는가?"

"처음에는 귀엽게 보았고 부부의 정의가 어떤지는 모릅니다."

"김호철이가 약을 먹었다는 것을 어떻게 알았는가?"

"아들이 죽기 전날에 저를 보고 말하기를 김정필이 죽을 약을 주어 이렇게 죽으니 원수를 갚아 달라 했습니다. 그리고 땅에 파묻었던 그 약을 파다가 저에게 주기에 냄새를 맡아 보았더니 성냥과 같은 유황내가 났습니다."

재판장의 신문이 끝난 후 이인 변호사가 몇 가지 질문을 던졌다.

"그 집에 쥐가 많았는가?"

"고양이는 많지만 쥐는 없었습니다."

"동생 김영철은 김호철이 다른 약을 쓴 일이 없었다고 했으나 증인은 그런 일이 있었다고 말했는데, 김호철에게 약을 먹인 적이 있는가?"

"소뼈를 달여 먹인 적이 있습니다."

최씨를 끝으로 모든 증인 신문을 마치고 나니 점심시간이 훌쩍 지난 오후 2시에 이르렀기에 재판장은 휴정을 선언했다. 재판정 밖에서는 법정 안으로 들어오지 못한 수천의 군중들이 점심 끼니도 거른 채 공판 소식에 귀를 세우고 있었다. 1시간 후인 오후 3시부터 다시 공판이 재개됐다.

이인 변호사는 죽은 김호철의 형수 최성녀와 그 당시 사건을 취조한 하나요 주재소 주임, 다케다 경부를 새로운 증인으로 선정해 달라고 신청하는 한편, 총독부 의원 의관에게 독약 감정을 의뢰하자고 신청했으나 재판장은 모두 각하했다. 이로써 모든 변론과 증인 신문을 마치고 이제는 검사의 구형과 변호사의 최후 변론만 남았다.

후쿠다 검사는 '피고 김정필의 범죄 사실은 사법 경찰의 표서와 의사의 진단서, 예심 종결서와 제1심 공판정에서 피고가 공술한 사실 및 증인들의 공술에 의해서도 그 증거가 충분하며 김정필은 그 남편이 못생긴 것을 미워해 '랏도링'을 먹여 독살한 것이 분명하다'고 논고를 한 후 원판결대로 사형을 구형했다.

검사의 사형 구형 후 관선 변호인 모리이 변호사는 '극형에 처하는 것은 너무 과도한 처분이니 사형만은 면하게 해 주기를 바란다'는 취지의 변론을 했다. 이어서 이인 변호사의 약 한 시간에 걸친 변론이 전개됐다.

우선 후쿠다 검사가 기록과 증인의 진술만 가지고 사형을 구형한 것은 사건의 실체를 규명해야 할 검사의 직무를 유기한 것이라고 호되게 질책한 후 본격적인 변론을 시작했다. 김정필이 남편이 못생겼음을 비관했다 하더라도 결혼한 지 열흘밖에 안 됐으므로 남편을 죽이겠다는 생각을 할 시간조차 없었을 것이며, 김호철이 독약이 든 밥을 먹고 곧 토했다고 했으니 토했으면 중독될 리가 없으며, 아무리 소량이라도 먹으면 곧 죽는 것이 독약인데 8일 후에 죽었다는 것은 더더욱 믿을 수가 없다.

또한 김호철이가 바보가 아닌 다음에야 자기가 먹은 것이 독약인 것을 알았다면 즉시 주위에 말하지 않았을 리가 없고, 남은 것을 땅에 묻을 리도 없을 것이다. 이러한 사실에 근거할 때 김정필이 독살했다는 증거가 불충분하므로 무죄라고 주장했다. 또 세계 각국에서 사형을 폐지하는 추세인데 오직 일본과 몇몇 나라에서만 아직 이런 악형이 있는 것은 형사 정책의 추세에 반하는 것이므로 사형만은 절대로 되지 않도록 판결해 달라고 변론했다.

끝으로 요시다 재판장은 피고 김정필이 마지막 최후 진술을 할 기회를 주었다.

"너는 재판소에서 조사한 바도 있고 증인의 진술도 너에게 유리하지 못하나, 변호사들은 네가 죽였을 리가 없으며 죽였다 하더라도 사형은 불가하다고 했다. 그러나 검사는 사형을 구형했고 네가 청진에서 자백한 일도 있으니 사실이 있으면 자백해 좋은 사람이 되는 것이 좋지 않겠느냐?"

"내가 청진서 재판을 당할 때도 정신없이 울고만 있었소……. 남편 죽어 과부된 것도 원통한데 내가 죽였다는 누명을 쓰고 죽게 됐으니, 죽이지만 아니했다고 한다면 이 자리에서 죽어도 좋습니다."

최후 진술이 끝나자 재판장은 후일에 판결 언도를 하겠다며 폐정을 선언했다.

❀ 사형에서 무기징역으로 감형

이제 두 달여 동안 조선을 흥분시켰던 김정필 사건은 최후 판결만 남겨 놓고 있었다. 재판부에서는 또다시 수천여 명의 방청객이 몰려 혼잡해질 것을 우려해 판결 언도 기일을 성해 놓고도 신문 기자들에게 절대 보안을 유지했다. 그러나 사회적 관심이 지대한 사건에 대한 판결 기일을 신문사에서 놓칠 리가 없었다. 조선총독부 기관지답게 제일 먼저 정보를 입수한 매일신보가 김정필 사건의 판결 기일이 24일로 예정돼 있다고 보도했다. 이로 인해 비밀리에 공판을 열겠다는 계획에 차질이 생기자, 재판부에서는 예정보다 앞당겨 기습적으로 22일에 판결을 내렸다. 그럼에도 불구하고 수백 명의 사람들이 재판이 열린다는 소문을 듣고 법원으로 몰려들었다.

오전 11시 20분경부터 경성복심법원 제7호 법정에서 요시다 재판장의 담임하에 김정필 본부 독살 사건의 2심 판결이 진행됐다. 피고 김정필은 회색 양목 저고리에 흰 치마를 입은 상태였다. 여전히 얼굴은 핼쑥한 상태였고, 가끔 천정을 쳐다보기도 하고 죽은 듯이 조용히 눈을 감고 묵상을 하는 듯한 태도로 초조하게 앉아 있었다. 다른 사건에 대한 심리가 끝나자 요시다 재판장이 판결을 언도하겠다고 말했다.

"피고에 대해서는 종래의 취조에 의해 역시 독살한 사실이 있다고 인정한다."

재판장이 유죄임을 인정하자 법정 안에는 극도의 긴장감이 돌았다. 재판장은 잠시 침묵한 후 다시 입을 열었다.

"원래 이 사건은 제1심 판결대로 사형이 매우 상당할 것이나 아직 나이가 어리고 또한 여러 가지 사정을 보아서 달리 처벌할 필요가 있으므로 무기징역에 처한다."

무기징역이 선고되자 긴장으로 인해 심각해진 방청객들의 얼굴이 일시에 펴졌다. 그러나 김정필은 '무기징역'이 무슨 뜻인지 몰라 멍하니 서 있었다. 옆에 있던 통역이 "무기징역은 종신징역이다"라고 알려주자, 무죄를 기대했다는 듯 항의했다.

"어떻게 재판을 그렇게 하십니까?"

"그 말은 여기서 할 것이 아니라 불복하면 상고를 하라."

"제가 너무 억울하니 상고하겠습니다."

말을 끝낸 후 김정필은 대성통곡을 하며 간수들의 손에 이끌려 법정 밖으로 향했다. 재판이 끝난 후 재판장은 조선일보와의 인터뷰에서 김정필은 아직 김호철의 호적에 등재되지 않은 상태이므로 존속 살해가 아닌 보통 살인죄로 인정해 형법 제199조를 적용했다고 밝혔다.

이후 상고하겠다던 김정필은 3심 상고 기한인 27일 오후 2시가 지나도록 상고장을 제출하지 않아 그대로 무기징역이 확정됐다.

한편 투서는 재판이 끝나도 한동안 계속됐다. 이번에는 무기징역에 항의하는 투서였다.

김정필에 대해 또다시 문제를 삼고자 한 투서 여러 장이 요시다 재판장에게 왔는데 그 중에는 "당연히 죽일 여자를 안 죽이는 것도 죄다. 내가 여러 번 사형에 처하는 것이 옳다고 투서했음에 불구하고 재판장은 드디어 무기징역을 시켰으니 이는 세상의 쓸데없는 부랑배와 변호사에게 동정한 것임으로 도저히 정당한 판결이라 할 수 없다. 요시다 재판장은 깊이 생각해 다시 그 여자를 사형으로 처벌하라"는 의미로 재판장을 톡톡히 꾸짖은 투서가 일 방청인이라는 서명으로 왔다 하며 복심법원 모씨는 "판결 받은 후까지 이렇게 말썽 많은 사건은 참으로 처음 봅니다" 하더라.

ㅡ〈지금에도 투서〉, 《조선일보》1924년 10월 28일자

이로써 김정필은 나이 스물에 무기징역형을 선고받고 서대문형무소에서 언제 끝날지 모르는 긴 수감 생활에 들어갔다. 그동안 죽이느니, 살리느니 말 많았던 세간의 관심도 조용히 사라져 갔다. 그러나 대사건이었던 만큼 그 후에도 언론에서는 독살 미인 김정필의 옥중 근황을 끊임없이 전했다. 모범수로서 성실한 생활을 한 김정필은 두 번의 은사령으로 12년으로 감형됐다가 1935년 봄에 가출옥으로 석방돼 고향으로 돌아갔다. 그녀가 석방되자 잡지 《삼천리》 기자가 찾아가 사건의 진실을 듣고자 했으나, 김정필은 끝내 진실을 밝히지 않았다.

❀ 언론이 만들어 낸 '미인' 열풍

강명화, 윤심덕의 정사 사건과 함께 '1920년대 3대 연애 사건'으로 불리는 김정필 남편 독살 사건은 근대 조선에 불어온 연애와 자유 결혼의 열풍이 신여성들만의 것이 아니었음을 보여주고 있다.

한편 김정필 사건 이후 언론은 여성과 관련한 모든 사건에는 '미인'이라는 수식어를 사용해 사회에 미인 열풍을 불러 일으켰다. 여성들 사이에서는 다음과 같이 이야기가 떠돈다고 전할 정도였다.

【12년 만에 석방된 김정필】 김정필은 출소 후에도 언론의 관심을 받았다.

"너 미인이 되고 싶으냐?"

"그래, 무슨 좋은 수가 있니?"

"그럼 있다마다."

"어디 좀 들어 보자."

"한강 철교에 가서 빠져 죽기만 해라."

"그러면 죽기만 하지, 그게 무슨 미인 되는 방법이냐?"

"왜 미인이 안 돼? 신문에서는 반드시 묘령 미인이 투신자살을 했다고 쓴다."

"이런 망할 계집애! 그것도 말이라고 하냐."

여성이 살인을 해도 미인, 독립운동을 해도 미인, 자살을 해도 미인, 정사를 해도 미인이라고 일컬으니 미인이 되기 위해서는 지금처럼 성형수술을 할 필요도 없이 신문에만 실리면 된다는 것이다. 이와 같은 미인 열풍에는 신문 구독자의 대다수인 남성들의 감각을 자극해 구독자를 늘리려는 언론의 장삿속도 한몫했다.

김정필의 사건이 재판소에서 발표되던 날 각 신문 기자는 한자리에 모여서 김정필을 좀 보자는 의론이 일어났다. 그래서 공판 전에 기회를 봐서 김정필을 구경했다. 기생, 여배우 같은 미인은 무대나 요리집 불빛 아래에 나타나야 더한층 고와 보이듯이 여자 죄수는 수갑을 차고 죄수의 옷을 입어야 특별히 아리따운 점이 있는 것이다.

기자 한 분이 "야 참 어여쁘구나!" 하고 부르짖었다. 실없는 이 한마디가 김성필의 운명을 정해 버렸다. 옆에 섰던 또 한 사람이 "여보게 우리 일제히 미인을 만들어 버리세나 그려" 했다. 이 소리에 누구 한 사람 반대하는 사람은 없었다. "그러세나 그려. 요새같이 재판소 기사 없는 때 미인이나 만들어 놓고 울궈 먹세 그려."

이 마지막 찬성에 마침내 김정필은 그날 밤 신문부터 절세의 미인이 되고 만 것이다. 김정필이 밉다고 해 버렸으면 김정필의 기사는 한 번만 났을 뿐이지, 이 소리 저 소리 뒤를 이어서 새로운 이야기거리를 꾸집어내서 쓸 필요는 없었을 것이다. 그러므로 결국 김정필은 절세의 미인이 한 번 됐고 각 신문에서는 새로운 인기를 김정필의 일신에다가 실어 놓고 마음대로 기사를 만들어 썼던 것이다.

– 〈미인 제조 비법 공개〉, 《별건곤》 1928년 8월호

1928년 잡지 《별건곤》에 실린 김정필이 스타가 된 이유를 꼬집은 허구의 글 속에서 당시 김정필 사건에 대한 관심의 원인을 알 수 있다. 이 사건을 계기로 외모에 따라 여성을 판단하는 시대가 조선에서도 열린 것이다.

✿ 구여성들의 비극과
   남편 살해라는 탈출구

조선 시대 후기, 유교 이데올로기가 기승을 부릴수록 여성들의 삶은 점점 비참함의 나락 속으로 빠져들었다. 여성들에게 고통을 안겨 주었던 제도와 관습은 근대 들어 조금씩 여성들의 노력으로 인해 변화되고 있었다. 그럼에도 불구하고 신여성을 제외한 대다수 여성들은 여전히 악습의 굴레 속에서 살고 있었다. 1911년 12월 19일자 《매일신보》 사설에서 당시 여성에 대해 '고로 가지고 있는 지식이 바느질에 불과하며, 보고 들은 것이라고는 집안 정원에서 벗어나지 않아 일개 가축과 같다'고 평가한 것은 전혀 과장이 아니었다.

일제에 의해 호적제가 시행되자 호적에 이름을 올리기 위해 다급히 만든 '박성녀朴姓女'(성이 박씨인 여성)니 '김성녀金姓女'니 하는 여성 이름이 흔히 쓰이자 동아일보의 한 독자가 이 이름들이 실명인지, 가명인지 묻는 웃지 못할 상황도 있었다. 더욱 심한 것은 아내를 팔아넘기는 행위였다.

【신여성과 구여성】 일부 신여성을 제외한 대부분의 구여성은 자신의 의지대로 결혼할 수 없었다. 조선의 구여성은 남편으로부터 벗어나기 위한 방법으로 독살을 택했는데 이는 전 세계 어디에서도 찾기 힘든 범죄 양상이었다.

1930년대까지도 아내를 세 번이나 팔았다가 구속된 남편이 있을 정도로 구여성의 삶은 비참했다.

이런 상황 속에서 12,13세라는 어린 나이에 강제로 시집을 가야 한다는 것은 그 자체로 여성들에겐 절망이었다. 근대 조선에 불어 닥친 자유연애와 낭만적 결혼, 그리고 행복한 가정에 대한 소망은 신여성만의 것은 아니었다. 시대는 변화하고 있어 여성들도 욕망을 가질 수 있고 또 그 욕망을 실현해 나갈 수 있는 시대라고들 하는데, 구여성들은 여전히 가정과 남편의 굴레에 갇혀 있었다.

그녀들은 신여성들과는 다른 방법으로 서서히 저항하기 시작했다. 그러나 저항의 방법은 많지 않았다. 무엇보다 먹고사는 것이 걱정이었기 때문이었다. 그래서 남편 살해라는 극단적 저항 방법을 채택하기 시작했다. 완력이 달리는 여성이 전통적으로 사용하던 방법, 즉 독약을 먹여 삶의 최대의 적인 남편을 살해했던 것이다. 들통만 나지 않는다면야 비인간적 취급을 받던 이혼녀보다야 훨씬 나았기 때문이다.

1930년 서대문형무소에 수감된 살인범 100명 중 남성이 53명, 여성이 47명인 것에서 알 수 있듯이 세계 어느 국가보다도 여성의 비율이 매우 높았다. 또한 여성 47명 중 31명이 남편 살해죄였던 것처럼, 당시 여성의 남편 살해는 흔한 범죄였다.

하지만 남편 살해는 전 세계 어디서도 찾아볼 수 없는 조선 특유의 범죄였다. 그 중에서도 1924년의 김정필 사건과 1934년의 박순옥 사건은 대표적인 남편 살해 사건으로 꼽힌다. 박순옥 사건의 경우 정부와 짜고 남편 배사복을 살해한 후 사체를 토막 내 야산에 유기한 잔인성으로 세상을 놀라게 했다. 이와 다르게 김정필 사건의 경우는 '독살 미인'이라는 수식어로 인해 재판 과정이 화제가 된 사건으로 남았다.

제
十
一
화
박진홍과 이재유, 그리고 김태준

경성 트로이카의 탄생·
3주간의 짧은 동거 생활로 끝난 첫사랑·
신출귀몰한 이재유의 탈출·
일본인 미야케 교수 이재유를 숨겨 주다·
아지트 키퍼 박진홍과 사랑에 빠지다·
박진홍, 임신한 몸으로 체포되다·
전향을 거부한 이재유, 감옥에서 죽음을 맞나·
박진홍 김태준과 부부가 되어 망명하다·
남에서 사형당한 김태준, 북에서 숙청당한 박진홍·

제四부

경성을 붉은색으로 물들인 혁명적 연애 사건

경성을 붉은색으로 물들인 혁명적 연애 사건

허정숙, 성적 반역'을 주장하다

조선의 콜론타이스트

❀ 임원근의 아내이자
동지가 되다

　　　　　　　1921년 1월, 경성역에서 상하이로 향하는
열차에 오른 젊은 허정숙의 마음은 동양의 런던이라 불리는 상하이
에서의 새로운 생활에 대한 기대로 부풀어 있었다. 그녀는 지난 2년
여 동안 조선여자교육협회에서 활동한 참이었다. 이러한 경험을 통
해 식민지 조선 여성들의 현실에 대한 새로운 자각과 이 현실을 변화
시키기 위해서는 더 많은 공부가 필요하다는 깨달음을 얻었고, 결국
그 깨달음은 그녀로 하여금 두 번째 유학을 결심하게 했다. 유학지

로 상하이를 선택한 이유는 상하이가 세계 각국에서 쏟아져 들어오는 새로운 문물과 사조로 인해 혼란스러우면서도 자유롭고 진취적인 분위기를 지녔기 때문이었다. 상하이만이 콜럼버스적인 발견에 대한 욕구로 가득 찬 자신을 첨단 지식과 사상의 세계로 안내해 줄 것이라는 생각에 그녀는 어렵게 아버지를 설득해 유학을 떠났다.

이제 스무 살을 갓 넘긴, 하나밖에 없는 자식을 상하이로 보내는 아버지 허헌은 승강장에 서서 마지막까지도 근심스러운 표정을 지우지 못한 채 딸을 배웅하고 있었다. 상하이 임시정부의 국무총리로 있는 이동휘에게 딸을 부탁한다는 편지를 보냈지만, 자유분방한 딸의 성격을 아는지라 안심이 되지 않았다. 몇 년 전 일본으로 유학 보낼 때 규율이 엄격한 신학교에 보냈지만 견디지 못하고 중도에 돌아온 딸이었기에 걱정이 되는 것은 당연한 일이었다. 아들이 없어 아들처럼 키우다 보니 그만 너무 자유분방한 성격이 되고 만 것이었다.

이런 아버지의 근심을 알고 있지만 자신의 앞길은 스스로의 힘으로 개척해야 한다는 생각을 가지고 있던 허정숙은 아버지에게 건강하시라는 인사말을 남기고 만주로 향했다. 안동현에서 다시 상하이로 가는 열차로 갈아 탄 그녀는 중국인들 사이에 얌전히 앉아 있었다. 그녀는 창밖으로 스쳐 가는 만주 벌판의 광활함을 바라보고 있었다. 그때 그녀의 귀에 "안녕하세요" 하는 인사말이 들려왔다. 소리가 난 곳을 쳐다보자 중국인 옷차림을 한 낯선 청년이 미소를 지으며 서 있었다. 청년은 허정숙의 맞은편 자리에 앉으며 말을 이었다.

"저도 조선 사람입니다. 경기도 개성이 고향입니다."

"아, 그러세요. 저는 함북 명천에서 태어났어요. 지금은 상하이로 유학 가는 길입니다."

"상하이로요? 잘됐군요. 저도 그곳으로 가는 길입니다. 그곳에서 영어 전문학교에 다니고 있는데 일이 있어 안동에 다녀가는 길이지요. 상하이는 처음 가시는 것 같은데 제가 안내를 해 드릴까요?"

"그렇게 해 주신다면 저로서야 매우 고맙지요."

"통성명이 늦었습니다. 저는 임원근이라고 합니다. 올해 스물세 살입니다."

"저는 허정숙이라고 합니다."

열차 안에서 우연찮게 임원근을 만난 허정숙은 그와 함께 여러 가지 이야기를 나누면서 상하이까지 동행했다. 상하이에 도착하자마자 앞으로 미물게 될 이동휘의 집으로 찾아산 허성숙은 며칠 동안 임원근의 안내를 받으며 상하이외국어학교에 등록하랴, 새로운 생활에 적응하랴 분주한 나날을 보냈다. 같이 상하이 시내를 돌아다니면서 이야기를 나누는 동안, 허정숙은 임원근이 어떻게 자랐고 어떤 생각을 품고 있는 청년인지 알게 됐다. 1917년에 일본으로 건너가 인쇄 직공으로 일하면서 게이오의숙을 마쳤으며 그 후 다시 상하이로 건너와 사회주의연구소에서 맑스주의를 공부하고 있다는 임원근에 대해 그녀는 호감을 느끼기 시작했다. 그리고 그 호감은 얼마 되지 않아 연애로 이어졌다. 사귀기 시작하면서 가난한 고학생인 임원근의 처지를 동정한 허정숙은 아버지에게 편지를 보내 임원근을 만났다는 사실을 알리며 두 사람 몫의 학비를 부쳐 달라고 부탁할 정도로 가까운 사이가 됐다.

임원근과의 연애를 통해 사회주의 사상을 접하게 된 그녀는 1917

【젊은 시절의 허정숙】
《제일선》 1932년 7월호

년 러시아 혁명 이후 세계 젊은이들 사이에서 각광받고 있던 사회주의 이론을 체계적으로 배우기로 결심했다. 이 결심을 임원근에게 말하자 그는 자신과 함께 사회주의연구소에서 공부하고 있던 박헌영, 김단야를 소개해 주며 그들의 학습 모임에 참여할 수 있도록 해 주었다. 몇 개월 뒤 어느 날 허정숙은 중국어를 공부하는 야학에서 만난 주세죽이라는 여성을 이 모임에 소개했다. 얀딩쉬여학교에 다니고 있던 주세죽은 1919년 독립만세운동에 참여했다가 체포된 경력이 있는 여성이었다. 젊고 새로운 사상에 대한 지적 호기심으로 가득 찬 주세죽에게 호감을 느낀 박헌영은 곧 그녀와 열렬한 연애에 빠져들었다. 그 후 그들의 관계는 혁명 운동과 독립운동을 함께 하는 친구이자 동지이자 연인이 됐다.

❀ 사회주의 운동에 뛰어든 두 사람

임원근과 연인이 된 지 1년이 지난 1922년 4월 초순경, 여전히 학교에 다니며 공부에 집중하고 있던 허정숙에게 임원근이 체포됐다는 소식이 전해졌다. 3월 25일에 상하이를 떠나 조선으로 들어가려던 임원근이 박헌영, 김단야와 함께 안동현에서 일제 경찰에 의해 반일 운동 혐의로 체포돼 신의주형무소에 수감됐다는 것이었다.

이 소식을 들은 허정숙은 안타까운 마음에 당장이라도 신의주로 달려가고 싶었다. 하지만 일단은 자신의 공부를 마치는 것이 중요하다고 생각해 꾹 참고 학업에 매진해 그해 말 무사히 상하이외국어학교를 졸업했다. 졸업하자마자 조선으로 귀국한 허정숙은 1년 6개월의 실형을 선고받고 평양형무소에서 복역 중이던 임원근의 옥바라지를 하며 조선에서의 새로운 삶을 준비하기 시작했다.

1924년 1월 19일 임원근과 박헌영의 만기 출소일이 다가오자 허정숙과 주세죽은 각각 자신의 연인을 맞이하기 위해 미리 맞춰 둔 흰색 한복을 가지고 평양형무소로 향했다. 오전 8시경 굳게 닫힌 형무소 문이 열리고 임원근, 박헌영, 김단야가 밖으로 걸어 나오자 서로 얼싸안고 재회의 기쁨을 나눈 이들은 평양에서 회포를 풀고 이튿날 경성으로 향했다.

그동안 떨어져 있던 고통과 슬픔을 만회라도 하려는 듯 허정숙과 임원근은 지체하지 않고 바로 결혼식을 올렸다. 둘 다 돈이 없는 형편이어서 신혼집은 따로 꾸리지 않고 아버지의 집에 얹혀살기로 했다. 그렇게 서둘러 결혼식을 올린 지 얼마 안 되어 허정숙은 임신을 했고 그해 말 건강한 첫 아들 임표를 낳았다.

이렇게 행복한 가정을 꾸리는 한편 그들은 활동을 재개했다. 임원근과 허정숙은 함께 1924년 2월 11일에 결성된

【임원근】 허정숙은 임원근이 감옥에서 고통받는 동안 송봉우와 연애를 했고, 이로 인해 두 사람은 결별하게 된다. 임원근은 감옥에서 출소 후 다른 여성과 결혼했고 사회주의 운동을 포기했다.

사회주의 청년 단체인 신흥청년동맹에 가입한 것을 시작으로 본격적으로 사회주의 운동에 뛰어들었다. 특히 허정숙은 임신한 몸임에도 불구하고 주세죽, 정칠성, 정종명 등과 함께 기독교 계열의 여성 단체 외에는 단체라고는 없던 조선에서 1924년 5월 최초의 사회주의 여성 단체인 조선여성동우회를 결성하기에 이른다. 조선여성동우회는 창립 선언문에서 여성도 인간이라는 선언하에 남성으로부터 억압받는 여성의 해방을 부르짖었다. 그리고 신여성들이 주로 주장하던 교육을 통한 여성 계몽 운동에서 탈피하면서 여성의 지위에 대한 계급적 분석을 시도, 무산계급 여성을 중심으로 한 여성 운동에 적극 나섰다.

사회주의 여성 운동의 공간이 펼쳐지자 허정숙은 상하이에서 공부한 사회주의 이론을 바탕으로 여성 해방 이론가로서의 면모를 한껏 발휘하게 된다. 1924년 11월 3일자 《동아일보》에 발표한 〈여성 해방은 경제적 독립이 근본〉이라는 글에서 그녀는 여성이 억압받는 이유가 지금까지 여성이 기생충같이 남성에게 의존해 먹고사는 문제를 해결했기 때문이라고 주장했다. 그리고 여성의 진정한 독립은 경제적 독립으로부터 시작한다고 말했다. 이 글은 단박에 세간의 주목을 받게 됐다. 계몽과 교육을 통한 여성의 자각을 주장하는 계몽주의 여성 운동과는 궤를 달리하는 것이어서 신선함을 던져 주었던 것이다.

❀ 임원근의 두 번째 수감 생활

하지만 자신의 주장과는 달리 허정

숙은 경제적으로는 여전히 아버지에게 의존하고 있었다. 이러한 점에서 스스로 모순을 느꼈는지 이듬해인 1925년 1월에 동아일보사에 기자로 취직했다. 허정숙의 생애에서 최초의 노동자 생활이었는데, 남편이 먼저 입사하고 그 뒤를 따라 그녀가 입사하자 세간에서는 이 부부를 일컬어 "원앙 기자"라 부르며 부러워했다. 하지만 이 부부의 행복은 그리 오래가지 못했다.

> 시내 종로경찰서 고등계에서는 30일 새벽부터 돌연히 활동을 개시해 시내 관철동 변호사 허헌 씨 사무소에 이르러서 씨의 영양令孃 허정숙 씨와 그의 남편 임원근 씨를 동서에 인치하고 가택 수색을 한 후 다시 시내 모처로부터 주의자主義者(당시 언론에서는 공산주의자를 주의자라고 불렀음) 4, 5명을 동에 데려다가 검속하고 방금 취조 중이라는데 사건의 내용은 극히 비밀히 하므로 자세히 알 수는 없으나 평북 모 지방 경찰로부터 촉탁을 받아 가지고 그와 같이 검속 취조 중이라 하며 모 주의 선전에 관한 범죄 사실이 발각된 것인 듯하다는데 관계된 여러 명은 달아났으므로 계속 활동 중이라더라.
>
> ―〈허헌 씨 가택을 수색, 임원근 허정숙 씨 부부 검속〉, 《동아일보》 1925년 12월 1일자

허정숙과 임원근이 검거된 이후 약 100여 명이 추가로 검거되면서 이 사건은 사상 최대 규모의 사건으로 커져 갔다. 훗날 역사에서 '제1차 조선공산당 탄압 사건'이라 명명된 사건이 터진 것이었다. 당시 일본 제국주의는 1919년 독립만세운동 이후 문화 통치를 한다면서 민족주의자들을 회유하는 한편, 독립운동에 가장 앞장서고 있던 공산주의자들을 체포하기에 혈안이 되어 있었다. 그런 와중에 신의

주에서 결혼식 피로연을 하던 고려공산청년회 신의주 회원들이 술에 취한 채 일본인 순사와 조선인 변호사를 집단 폭행하는 소동 끝에 제 1차 조선공산당 관계자 거의 대부분이 검거되는 어처구니없는 사건 이 벌어졌다.

한편 연행된 후 허정숙은 혐의가 없다는 판결을 받고 금방 풀려났 지만, 조선공산당 당원이었던 임원근은 12월 3일에 박헌영, 주세죽 등과 함께 사건이 발생한 신의주형무소로 압송돼 두 번째 수감 생활 에 들어갔다.

❀ 허정숙과 송봉우의 연애

제1차 조선공산당 탄압 사건으로 인해 대부분의 지도부가 구속된 후, 체포되지 않은 사회주의자들은 제2차 조선공산당 결성을 추진했다. 남편이 구속 중인 허정숙은 직접 당원 으로 가입해 활동하는 대신 제2차 조선공산당 결성에 간접적인 지지 와 지원을 보냈다.

그런 긴박한 와중에 사회주의자들 사이에서는 허정숙이 다른 남 성과 연애 중이라는 소문이 퍼져 나갔다. 소문의 파트너가 된 남성은 같은 사회주의자이긴 했지만 화요회 계열로 분류되는 임원근과는 분 파가 다른 북풍회 소속의 송봉우였다.

> 그럴 때에 가장 사랑하는 부군 임원근 씨가 제1차 당 관계로 입옥入獄하게 됐
> 다. 그녀는 울었다. 태화여자관의 우량아 선출 대회 때에 1등에 선발돼 목욕

통까지 상품으로 탄 세 살 먹은 그의 애아愛兒 임표가 아빠, 아빠를 부를 때에 규장閨帳의 젊은 여인 허여사는 단장의 모성애의 눈물에 몇 번 방바닥에 엎드려 울었던가. 그러나 허여사는 너무나 정열적이고 너무나 풍향豊饗한 탄력을 가진 여인麗人이었다. 감옥에 남편을 보낸 후 얼마 있지 않아서 이혼계를 써가지고 부군의 옥사를 찾아가는 얼음 같은 찬 일면을 가진 여성이 됐다. 그 뒤 그는 아버지 의 성이 다른 둘째 아이를 낳았다. 그의 집에는 온후하던 아버지 허헌을 비롯해 싸늘하고 델리케이트한 공기가 떠도는 것을 어쩔 길이 없었다.

　　　　　　　—〈현대여류사상가들3, 붉은 연애의 주인공들〉, 《삼천리》1931년 7월호

　위 기사에서는 아버지의 성이 다른 둘째 아이를 낳았다고 했지만, 실제는 임원근이 구속되기 전 ㄱ와의 관계에서 임신한 둘째 아이였 으며 1926년 봄에 출산해 이름을 임영이라고 지었다. 하지만 훗날 임원근이 출소하기 전에 실제로 송봉우와 동거하기도 했으므로 당시 의 소문이 근거가 없었던 것은 아니었다. 하지만 이 당시 송봉우와의 연애는 그리 오래가지 못했다. 송봉우도 제1차 조선공산당 사건에 연루돼 1926년 1월에 구속됐기 때문이다.

　그럼에도 불구하고 허정숙과 송봉우가 그렇고 그런 관계라는 소 문의 파장은 엉뚱한 곳으로 퍼져 나갔다. 당시 사회주의자들은 화요 회, 북풍회, 서울파 이렇게 세 분파로 나뉘어져 서로 간에 치열한 다 툼을 벌이던 중이었다. 송봉우가 소속된 북풍회는 강명화의 애인 장 병천도 활동했던 단체로 일본 유학생 출신 사회주의자들이 중심이었 다. 그런데 조선공산당은 화요회가 중심이 되어 결성한 당이었다. 이 런 상황 속에서 허정숙의 연애 소문을 둘러싼 파열음이 생기기 시작

했다. 급기야 임원근이 소속돼 있던 화요회에서는 북풍회에서 허정숙을 이용해 정보를 빼 가는 것이 아니냐는 의심을 품게 됐다. 더구나 송봉우는 북풍회의 종파 활동에 가담했다는 이유로 1925년 11월 조선공산당 내에서 징계를 받은 인물이었다. 남편과 가까웠던 동지들로부터 의혹의 시선을 받게 된 허정숙은 마음이 괴로웠다.

사위 임원근의 변호를 맡고 있던 아버지 허헌 또한 딸이 구설수에 오르내리는 데 마음이 편할 리가 없었다. 세간에는 아버지와 딸이 다투는 목소리가 들린다는 소문이 떠돌았다. 그녀가 몸담고 있는 단체 안에서도 논란이 끊이질 않았고 무엇보다 배신자라는 화요회 동지들의 매서운 시선에 부담을 느낀 허정숙은 결국 아버지의 뜻에 따라 미국 유학길에 올랐다. 그녀는 아이들을 어머니가 있는 함북 명천으로 보내고 아버지와 함께 1926년 5월 31일 미국으로 떠났다. 스스로도 난마와 같이 흐트러진 정신을 수습하기 위해 미국으로 간 것이라고 밝혔을 정도로 그녀의 심리 상태는 불안정했다.

한편 형무소에 있다고 해서 임원근의 귀에 이런 소식이 전해지지 않을 리 없었다. 두 번째 수감 생활을 시작한 임원근에게 허정숙과 송봉우의 연애 소문이 전해진 것은 겨울 내내 괴롭히던 삭풍의 차가움이 어느 정도 가실 무렵이었다. 감옥에서 가출옥 다음으로 가장 기쁜 일이라는 아내로부터의 면회는 없었고, 오히려 나쁜 소식이 전해지자 그는 서서히 무너지기 시작했다. 허정숙을 평생의 동지이자 동반자로 생각했던 그는 소문을 믿으려 하지 않았지만 형무소에 갇혀 아무것도 할 수 없다는 무력감에 괴로울 수밖에 없었다.

그렇게 괴로워하던 임원근은 1926년 7월 22일 경성형무소로 이감

됐다. 열차를 타고 이감된다는 소식을 듣고 동지들이 신촌역으로 몰려왔다. 임원근이 탄 객차에 올라탄 정종명, 조원숙 등 여성 동지들은 그의 창백한 얼굴, 그리고 족쇄와 수갑을 찬 모습을 쳐다보며 기가 막혀 한숨만을 내쉴 뿐이었다. 아내는 이미 두 달 전에 미국으로 갔건만 그는 혹시나 허정숙과 아들이 오지는 않았을까 두리번거렸다.

사랑의 결정체인 귀여운 아들 '표'를 안아 주고 싶었다. 어머니 젖꼭지에 매달려 벙실거리는 어린 천사의 얼굴을 기어코 한 번 보고 싶었다. 그러나 모든 것은 환상이었다. 그의 어머니와 그는 이미 여러 달 전에 서西와 북北으로 나뉘고 말았다. 어머니는 미국으로 아들은 명천으로 각기 흩어지고 말았다. 아니다. 그의 어머니와 아들은 영원히 서로 서로 떠나야만 될 운명을 가지고 있다.

만날 때 감정으론

한평생 이별이란 모르더니

어찌해 세상사 봄꿈 같이

반半도 못간 인생 길에 작별이 이루어졌네

만날 때 감정으론

한평생 이별이란 모르더니

호사好邪한 건 사람 마음

어찌 어찌 하노라는

그대와의 굳은 맹세 모두 다 잃게 됐네

만날 때 감정으론

한 평생 이별이란 모르더니

사랑으로 만났던 님

사랑 식어 사라지니

낡은 도덕과 거짓 형식

두 사람을 매여 둘 힘이 없어

감각 없는 손길같이 스르르 풀어졌네

-임원근, 〈옥중기 2〉, 《삼천리》1930년 10월호

압송하는 일본 경찰의 재촉 속에 사랑의 부질없음을 한 편의 시로 남기고 그는 경성형무소로 향했다.

❀ 사회주의 운동을 포기하고
   상인이 되다

그 후 임원근은 5년여의 수감 생활을 마치고 1930년 1월 1일 만기 출소한 후 다른 여성과 결혼해 새로운 가정을 꾸렸다. 그리고는 감옥에서 신경 쇠약증까지 걸렸던 고통을 다시는 겪고 싶지 않았는지 사회주의 운동을 포기하고 상인으로 변신했다. 그가 끝까지 사회주의 혁명가로서의 삶을 살아갔던 젊은 시절의 동지 박헌영, 김단야와는 다른 길을 걸었던 것은 어쩌면 허정숙으로부터 받은 충격 때문이었는지도 모른다.

한편 미국으로 건너가 영어 공부를 하며 미국의 사회상과 여성 운

동을 연구하던 허정숙은 1년 6개월 동안의 미국 생활을 마치고 1927년 11월 14일에 귀국했다. 귀국 후 그녀는 그동안의 활동 경험과 미국에서 공부한 이론을 바탕으로 동아일보에 〈부인 운동과 부인 문제 연구〉를 발표하며 이론가로서의 면모를 다시금 과시했다. 또한 1928년부터는 여성 단체인 근우회의 선전 조직부를 맡아 여성들의 의식화와 조직화에 앞장섰다.

그리고는 3년 전 연애 소문으로 파문을 일으켰던 송봉우가 1929년 4월에 만기 출소하자 허정숙은 이번에는 거리낌 없이 그와 연애를 시작했다. 남편 임원근은 아직도 경성형무소에서 복역하고 있는 상황이었다.

훗날 허정숙은 남편 재옥在獄 중 아내의 수절 문제를 묻는 삼천리 기자의 질문에 부부가 같은 동지인 경우에는 수절 문제가 더욱 복잡하고 심각하다며 출옥할 때까지 수절함이 원칙이나 경제 관계, 성 문제로 인해 끝까지 수절하기는 어렵다는 의견을 피력했다. 항상 아버지 덕분에 경제적으로는 궁핍함을 느끼지 못했던 그녀였기에, 자신의 의견대로라면 그녀는 성욕을 견디지 못해 송봉우와 연애한 것으로 해석할 수밖에 없는 발언이었다.

※ 붉은 사랑을 실천한
　 조선의 콜론타이

이러한 허정숙의 행동을 두고 사람들의 시선이 고울 리 없었다. 하지만 김원주, 나혜석에게 한 것처럼 인격

【콜론타이】 세계 최초 여성 외교관으로 유명한 소련의 혁명가. 1923년에 발표한 소설 〈붉은 사랑〉은 세계적인 베스트셀러가 됐다. 이 소설의 연애론은 일부 여성 사회주의자들에게 프롤레타리아의 연애론으로 주목받았다. 콜론타이주의의 핵심은 연애는 개인의 일이라는 '연애사사론', 매력을 느끼면 육체적 결합은 자유라는 '연애유희론'이다.

적 모욕을 퍼붓지는 못했는데, 그 이유는 민족 변호사로서 모두에게 존경받는 아버지 허헌의 명망과 더불어 허정숙 자신이 보수적 남성들조차 경의를 표하지 않을 수 없는 독립운동가였기 때문이었다. 동아일보에 다닐 때 받은 월급조차 전부 독립운동 자금으로 사용했다는 것은 이미 널리 알려진 사실이었다. 그렇다고 허정숙의 문란한 행동을 마냥 지켜볼 수만 없었던 사람들은 당시 유행하던 콜론타이주의에 빗대 그녀에게 '붉은 사랑을 몸소 실천하는 조선의 콜론타이'라는 별칭을 붙여 주었다. 콜론타이가 주창한 연애론은 연애지상주의와의 대척점에 선 연애론이었다.

지금까지의 연애는 영靈과 육肉이 일치함으로서 의의가 있는 것으로 보았고 그럼으로 사랑하기 전에 육체적 관계를 맺는 것은 대단히 도덕에 어긋난 일이라고 하는 것이 우리들이 보통 알고 있는 연애론의 상식입니다. 사랑하기 때문에 결혼하고 사랑하지 않기 때문에 이혼한다는 것도 이러한 연애론에서 나온 것입니다.

그러나 콜론타이 연애론은 연애에 있어서 영육을 둘로 나누고 본능의 향락에

만 의의를 둔 것입니다. 그렇다고 영혼과 육체를 기계적으로 구별한다기보다는 오히려 사랑과 영혼을 중요시하지 않는 데 있습니다. 간단히 말하면 연애 지상주의가 아닙니다. 사랑하느냐, 사랑하지 않느냐 하는 것은 별 문제이고 성적 본능만 기계적으로 만족하면 좋다. 아니, 그럴 수밖에 없다는 것입니다. 왜냐하면 연애에는 많은 시간과 정력이 소모되는데 그렇기 때문에 우리가 해야 할 사회적 임무를 방해한다. 그 임무는 개인의 사사로운 일이 아니라 사회에 유용한 일이다. 반면 연애는 개인의 일이므로 언제까지 성욕을 참을 필요는 없다는 것이 콜론타이 여사의 근본적 생각입니다.

─〈콜론타이주의란 어떤 것인가?〉, 《삼천리》1931년 11월호

사람들의 눈에 사회주의자인 허정숙의 연애가 콜론타이주의의 실천으로 비춰진 것은 당연했다. 한편 같은 사회주의자 안에서도 허정숙의 행동에 대해 두 파로 나뉘어져 논란이 이어졌다. 비판하는 사람들의 논리는 둘이 부부이면서 또한 동지임에도 불구하고 송봉우에게 가 버린 것은 잘못이라는 것이었다. 반면 옹호하는 쪽의 논리는 아내가 남편의 소유물이 아닌 바에야 새로운 사랑을 쫓아 송봉우에게 간 것은 자연스러운 일이며, 더구나 임원근과 허정숙이 동지인 것은 여전히 변함없다는 점에서 허정숙의 잘못은 없다는 것이었다.

하지만 이렇게 말썽 많은 이들의 연애는 채 1년도 가지 못하고 중단됐다. 1930년 1월 허정숙이 광주학생운동에 연루돼 체포됐기 때문이었다. 2개월 뒤 열린 공판에서 허정숙은 보안법 7조 위반으로 징역 1년을 선고받고 복역을 시작했다. 복역 후 얼마 지나지 않아 허정숙은 임신 사실을 알았다. 그녀의 세 번째 아이인 그 아이는 송봉우

와의 관계에서 임신한 자식이었다. 허정숙은 점점 배가 불러 오자 형 집행 정지를 얻어 5월 16일에 가석방됐고 1931년 1월경 무사히 세 번째 아이를 출산했다. 이를 두고 언론에서는 '나이 30세 이전에 애 인을 세 번 가졌고, 가졌을 적마다 옥동자를 얻었다'며 비꼬았는데, 첫 번째 아이는 임원근과의 관계에서, 두 번째와 세 번째 아이는 각 각 송봉우와 신일룡과의 관계에서 낳은 자식으로 오인한 기사였다. 이는 허정숙이 구속되기 전 조선일보 기자였던 신일룡과의 연애설이 나돌았는데, 세 번째 아이를 신일룡과의 관계에서 임신한 아이로 착 각한 것이었다. 신여성 김명순을 파멸시킨 악소문이 사회주의자라고 빗겨 가지는 않았던 것이다.

아이를 낳고 6개월여 동안 몸을 추스린 그녀는 남은 형기를 채우 기 위해 다시 경성형무소에 수감됐다. 임신과 연이은 수감 생활로 인 해 건강이 악화된 그녀는 늑막염에 걸려 거의 대부분의 형기를 병감 에서 생활하다가 1932년 3월 18일에야 만기 출소했다.

출소한 후 허정숙은 아직 호적상 부부로 남아 있던 임원근과 이혼 하기로 합의했다. 임원근이 재혼할 예정이었기 때문에 아이들은 계 속 허정숙이 키우기로 합의했다. 임원근이 재혼할 무렵 허정숙도 송 봉우와 동거를 시작했다. 송봉우는 1931년부터 《비판》이라는 잡지 의 주간을 맡고 있는 상황이었고, 허정숙은 아버지와 함께 국내에서 는 매우 생소한 태양광선치료원이라는 일종의 병원을 개원해 세상을 놀라게 했다.

❈ 전향한 송봉우에게 결별을 선언하다

　　　　　　　　　　　　　　　　허정숙의 생애에 가장 평
온한 나날이 계속됐다. 치료원은 아버지와 자신의 명망에 힘입어 개
원한 첫날부터 꾸준히 환자들이 찾아오더니 매일 수십 명의 환자로
북적였고, 사랑하는 송봉우, 그리고 세 아이들과 함께 단란한 가정을
꾸려 나가고 있었다.

　하지만 식민지의 현실은 그들이 일상의 평온함을 느끼도록 내버려
두지 않았다. 1934년 7월 송봉우가 남경군관학교 학생 사건에 연루
돼 일경에 체포됐다. 이 사건은 의열단이 중국 난징에 세운 군사 간
부 학교에서 훈련을 받은 청년들이 대거 조선으로 들어와 활동하려
다 검거된 사건이었다.

　연행된 송봉우는 감옥에서의 끔찍한 고통을 더는 겪고 싶지 않아
서인지 전향을 선택했다. 전향을 선택한 그는 잠깐 동안 조사를 받고
금방 석방됐지만 그를 맞이하는 허정숙의 눈길은 싸늘했다. 아무리
사랑하는 사람이지만 조국의 독립과 혁명을 버린 사람은 더는 사랑
할 만한 대상이 될 수 없었다. 허정숙은 한 치의 망설임도 없이 송봉
우와의 결별을 선택했다.

　두 번째 남편과의 결별 후 몇 년 동안의 휴식기를 통해 건강을 회
복한 허정숙은 새로운 활동을 모색하기 시작했다. 예전에 같이 활동
했던 동지들은 아직 형무소에 있거나 아니면 행적이 묘연한 상태였
다. 따라서 국내의 모든 운동이 장기간의 침체기에 접어든 지 오래였
기 때문에 활동 공간을 중국으로 옮기기로 결심했다.

❀ 세 번째 연인이자 동지, 최창익

　　　　　　　　　　　　　　허정숙이 중국으로의 망명을 결
심한 계기는 1935년부터 아버지의 집에 드나들던 최창익을 만나면
서부터였다. 최창익은 제3차 조선공산당 사건으로 1928년에 검거됐
다가 출소한 지 얼마 안 된 서울파 출신의 사회주의자였다. 최창익과
허정숙은 새로운 활동을 모색하면서 서로 가까운 사이가 됐고, 같이
중국으로 망명하기로 결정했다.

　1935년 여름 그동안 독립운동 자금으로 소모한 재산을 만회하기
위해 조선에 불어 닥친 골드 러시에 편승한 아버지의 금광이 있는 함
경도 원산으로 찾아간 허정숙과 최창익은 가족들과 함께 조용히 작
별 인사를 나누었다. 아버지는 딸의 손을 꽉 부여잡고 아들이었다면
진작 중국으로 보냈겠지만 딸이다 보니 망설였다며 이제라도 마음
놓고 떠나라는 격려의 말을 했다. 그렇게 가족들의 몸조심하라는 당
부와 격려를 뒤로 하고 허정숙과 최창익은 일본 경찰의 감시를 피해
국경을 넘어 중국으로 향했다.

　무사히 중국으로 망명한 그들은 처음에는 항일 독립 투쟁 조직과
연계를 갖지 못한 채 방황하다 난징에서 한국민족혁명당에 가입하며
본격적인 항일 무력 투쟁에 나섰다. 2년 후인 1937년, 중국에서의 생
활이 어느 정도 안정을 찾자 그들은 동지들의 축복을 받으며 결혼식
을 올렸다. 허정숙에게는 두 번째 공식적 결혼이었다.

　새로운 동지이자 연인을 맞이한 허정숙은 그와 함께 옌안 등지에
서 맹렬하게 무장 독립 투쟁을 전개하다 1945년 마침내 조국의 독립
을 맞아 귀국길에 올랐다. 12월 만주를 거쳐 해방된 조국으로 돌아온

그들은 남쪽으로 내려오다 동지들과 함께 평양에서 그 행보를 멈추었다. 허정숙은 곧바로 조선공산당 북조선 분국에 들어가 활동을 재개했으며, 최창익은 중국에서 같이 활동했던 김두봉, 박창옥 등 훗날 연안파로 불리는 동지들과 함께 활동을 개시했다.

이즈음 허정숙과 최창익은 그동안의 결혼 생활을 끝내고 이혼하기로 합의했다. 새로운 여성과 사랑에 빠진 최창익이 먼저 이혼을 제의했고 허정숙은 흔쾌히 동의했다. 오랫동안 생사고락을 함께한 허정숙과 이혼한 최창익은 1946년 다른 여성과 결혼식을 올렸으며 허정숙은 이 결혼식에서 축사를 하며 이제는 동지로 남은 옛 남편의 결혼을 축복했다.

이로써 허정숙은 자신의 생애에 두 번의 결혼과 이혼, 한 번의 동거라는 이력을 남기게 됐다. 결코 적다고 할 수 없는 결혼과 이혼에 관한 이야기는 소문을 타고 과장됐다. 대한민국 임시정부 국무위원을 역임했던 장건상은 훗날 그녀를 회상하면서 시집을 일곱 번이나 간 여성으로 기억하고 있었다. 또한 임원근과의 결혼 사실만을 알고 있는 사람들은 최창익을 임원근의 가명으로 여기기도 했다. 독립운동가들 또한 소문을 통해 접한 신여성의 연애를 조롱하며 술자리의 안주로 삼던 남성들과 별반 다르지 않았던 것이다.

그러나 김원주 등 낭만주의 신여성들과는 다르게 그런 악소문에 상처입기에 허정숙은 너무나 뛰어난 이론가이자 혁명가였다. 그녀는 악소문에도 아랑곳하지 않고 북조선 인민위원회 선전부장을 거쳐 북한에 정권이 수립된 이후 내각 각료인 문화선전상에 취임했다.

❀ 거짓 증인이 된 허정숙

　　　　　　　　하지만 서서히 김일성 1인의 독재국가로
변해 가는 북한에서 김일성에 대해 비판적이었던 연안파의 거물 최
창익과 허정숙의 앞날은 바람 앞의 등불과도 같은 것이었다. 1956년
경부터 최창익은 김두봉 등 연안파 동지들과 함께 김일성 개인 우상
숭배를 비판하며 반김일성 투쟁을 벌였다. 이른바 '8월 종파 사건'을
일으킨 것이었다. 한동안 수세에 몰렸던 김일성은 1957년부터 '반종
파 투쟁'이라는 명목하에 본격적인 연안파 숙청에 나섰다. 먼저 독립
운동 당시 조선민족동맹 주석으로 명성을 날렸던 노혁명가 김두봉을
조선노동당에서 제명한 후 농장으로 쫓아냈다. 다음 순서는 최창익
이었다. 김일성은 1958년 3월 조선노동당 대표자 회의에서 거짓 증
인들을 내세워 최창익을 비판했다. 그 거짓 증언에 나선 사람들 중
한 명이 허정숙이었다.

> 최창익을 중상모략하기 위해 최의 전 부인이었던 허정숙까지 연단에 올려 세
> 웠다. …… 그녀와 최는 항일 투쟁을 할 때 부부였다. 이러한 그녀가 동지이
> 자 지난날의 남편이었던 최창익의 〈역사적인 죄악 폭로문〉을 읽어야만 했을
> 때 억울함을 참을 길 없어 연단에 선 채로 울음을 터뜨렸다. 그녀는 이 대회에
> 끌려오기 전에 갇혀 있었다. "최창익도 숙청하고 우리 함께 혁명을 해야 하지
> 않겠느냐. 그놈과 같이 죽고 싶어서 그러는가" 하는 따위의 갖은 협박과 회유
> 가 가해졌다. 그녀는 100일 동안 계속된 핍박을 견뎌 내지 못하고 중앙당 조
> 직부 지도원이 쥐어 주는 〈최창익 폭로문〉을 받아 쥐고 말았다. 폭로문을 읽
> 으면서 그녀가 운 이유는 최를 비롯한 모든 전우들의 비참한 운명을 생각하고

그 따위 폭로문을 읽어야 하는 자기 신세가 억울해서였을 것이다. 허정숙은 회의가 끝난 뒤에도 오랫동안 갇혀 있었다.

―〈전 북한군 사단 정치위원 여정 수기 ― 비화 김일성과 북한〉,

《동아일보》1990년 6월 24일자

이후 최창익은 쿠데타 기도 혐의로 7월경에 체포됐다. 그가 언제 어떻게 죽었는지는 아직도 알려지지 않고 있다. 일신의 안위를 돌아보지 않고 수십 년간 조국의 독립과 사회주의 혁명을 위해 싸워 온한 혁명가가 김일성의 권력욕에 비참하게 희생된 것이었다.

❀ 붉은 연애의 투사, 세상을 뜨다

한편 자신의 목숨을 지키기 위해 전 남편을 사지로 내몰았던 허정숙은 목숨을 부지할 수는 있었으나 이후 권력층에서 밀려났다. 그 후 몇 년간의 공백기를 거친 후 1965년부터 민주여성동맹 부위원장이라는 직함으로 다시 등장한 허정숙은 1972년부터는 조국전선 서기국장, 같은 해 12월 최고인민회의 부의장, 1986년 노동당 비서에 중용되며 북한 정권 내 최고위층으로 자리 잡았다.

그녀는 죽기 몇 년 전 제작된 자전적 영화에서 예전에 그 자신이 여성으로서의 자각과 성적 반역을 주장하며 실천했던 자유로운 연애 편력에 관한 내용을 삭제했다. 인민을 위한 사회주의 국가라고 주장하지만 여전히 봉건적 가부장제 사회를 벗어나지 못한 북한에서 수십 년 전 허정숙이 벌인 자유연애는 불순한 것이기 때문이었다.

어느덧 무상한 세월은 흘러 허정숙의 나이 아흔이 됐다. 온갖 고난과 역경을 견뎌 오며 자유연애와 여성 해방 사상을 몸소 실천하던 그녀도 더는 생명을 유지하지 못하고 끝내 눈을 감고 말았다. 1991년 6월 6일, 조선중앙통신은 허정숙이 오랜 병환으로 사망했다고 공식적으로 보도했다. 남한의 주요 언론들은 당 서열 15위의 북한 권력자가 사망했다고 일제히 보도했지만, 그녀가 한때는 '조선의 콜론타이'로 불리며 붉은 연애의 투사로 전 조선을 풍미했음을 기억하는 이는 드물었다.

제十화
박헌영과 주세죽, 김단야와 고명자

사랑과 혁명, 그 비극적 변주곡

✿ 삼인당과 여성 트로이카,
　여섯 명의 연인들

　　　　　　　1924년 1월 19일 아침 8시경, 식민지 조선인들의 기세를 꺾어 버리기라도 하겠다는 듯이 높다랗게 서 있는 담벼락과 견고한 철문을 자랑하는 평양형무소 정문이 조용히 열리기 시작했다. 잠시 후 열린 문 사이로 20대 중반의 동갑내기로 보이는 남성 세 명이 천천히 걸어 나오기 시작했다. 감옥 밖으로 완전히 벗어난 그들은 그동안 갑갑했다는 듯 활짝 기지개를 켜며 자유로운 공기를 맘껏 들이마셨다. 형무소 앞에서 그들의 출소를 기다리던 사람들은 함박웃음을 지으며 그들에게 다가섰다.

훗날 사람들이 '삼인당三人黨'이라고 부르게 되는 박헌영, 김단야, 임원근이 1년 10개월 동안의 감옥 생활을 마치고 본격적으로 혁명 운동과 독립운동에 뛰어들기 위해 기지개를 펴는 순간이었다.

조선에 아직 당이라고 이름조차 못 듣던 1922년 봄 베이징, 상하이를 거쳐 경성으로 들어오던 세 사람의 표한한 청춘이 있었으니 그들은 신의주에서 잡혀 모두 1년 반의 복역을 하고 나왔다. 이들이 뒷날 최초이던 제1차 조선공산당의 '오르거나이저organizer'로 많은 사람들을 놀라게 했던 박헌영, 김단야, 임원근 3인이었다.

－〈현대여류사상가들 3. 붉은 연애의 주인공들〉, 《삼천리》 1931년 7월호

삼인당을 마중 나온 사람 중에서도 유난히 빛나는 얼굴로 하얀색 한복을 들고 앞으로 나서는 여성들이 있었다. 한 명은 이미 상해에서 박헌영과 혼례를 치른 주세죽이었으며, 다른 한 명은 임원근의 연인 허정숙이었다. 오직 김단야만이 쓸쓸하게 출감 환영식을 치러야 했다. 그렇다고 김단야가 혼자 몸은 아니었다. 부모의 강요에 의해 어릴 적에 조혼한 몸이었지만 구여성인 아내는 그를 이해하지 못했다. 그래서 상하이에 있을 때부터 연인이자 동지를 둔 두 친구를 부러움의 시선으로 바라봐야만 했다.

하지만 그 부러움은 오래가지 않았다. 경성으로 돌아와 맹렬히 활동을 개시한 김단야에게 고명자라는 또 다른 여성이 나타났다. 둘은 만난 지 얼마 되지 않아 동지애를 넘어 사랑에 빠져들었다. 김단야는

고명자와 결혼하기 위해 부모에게 아내와 이혼하겠다고 했지만 순박한 촌부였던 부모는 이혼만은 안 된다며 반대했다. 그렇지 않아도 가정은 돌보지 않고 밖으로만 떠돌며 독립운동에 전념하는 그를 좋아하지 않던 부모와의 사이는 더욱 멀어졌다. 그렇지만 그의 동지들은 김단야에게 어떠한 비난도 하지 않았다. 사회주의자들 또한 조혼을 타파해야 할 악습이라 여겼고 나아가 혁명가의 아내는 같은 길을 걸어가는 동지가 더 낫다고 생각했기 때문이었다.

세 쌍의 연인 중에서 가장 먼저 2월경에 임원근과 허정숙이 결혼식을 올렸고, 11월 7일에는 박헌영과 주세죽이 충남 예산 박헌영의 고향 집에서 결혼식을 올렸다. 상하이에서 혼례를 치르기는 했지만 양가 부모를 모시고 한 것이 아닌지라 다시 결혼식을 올렸던 것이다. 시골의 아내와 이혼하지 못한 김단야만이 고명자와 결혼식을 올리지 못했지만 형식적인 결혼식은 올리지 않아도 상관없었다.

이렇게 김단야와 연인이 된 고명자를 포함해서 주세죽, 허정숙까지 세 명의 신여성을 사람들은 '여성 트로이카'라고 불렀다. 트로이카는 원래 3을 뜻하는 러시아어인데, 세 마리의 말이 끄는 삼두마차라는 뜻으로 주로 사용되고 있는 단어였다. 당시 경성에서는 여성 운동가들 중에서도 주세죽, 허정숙, 심은숙, 조원숙을 두고 '네 미인'이라고 불렀는데, 그 중에서도 주세죽의 미모는 단연 뛰어나 '동양적 고전미의 여인麗人'이라 칭송을 받았다. 비록 네 미인 중에는 들어가지 못했지만 이화학당 출신인 고명자의 미모도 빠지는 편은 아니었다.

각각 삼인당과 여성 트로이카라 불린 박헌영과 주세죽, 김단야와 고명자, 임원근과 허정숙은 1920년대 초반, 뜨거운 가슴을 지닌 청

【여성 트로이카】 청계천에서 탁족하는 1920년대 여성 트로이카의 모습. 왼쪽부터 20대 무렵의 고명자, 주세죽, 허정숙이다. 이들은 각각 당대의 혁명가 김단야, 박헌영, 임원근과 결혼했다. 박비비안나 제공

춘이라면 피해갈 수 없었던 길을 연인이자 동지라는 관계를 맺으며 뛰어들었다.

삼인당은 합법 단체인 신흥청년동맹, 한양청년연맹을 중심으로, 여성 트로이카는 여성동우회에서 적극적으로 활동했다. 전국을 무대로 돌아다니며 무산계급의 각성과 단결을 촉구하는 강연회에 놀란 경기도 경찰부가 이들을 불러다가 치안유지법을 준수하라며 경고할 정도로 왕성한 활동이었다.

1년 동안 청년 단체와 여성 단체에서 활동한 성과를 바탕으로 이들은 1925년 4월 18일 박헌영과 주세죽의 살림집에서 열린 제1차 고려공산청년회 창립 대표회를 주도했다. 이날 대회에서 박헌영은 고려공산청년회 책임 비서로, 김단야와 임원근은 각각 연락부와 교양부 책임자로, 주세죽은 후보 위원으로 선출됐고 고명자는 평회원으로 참여했다. 또한 그들은 그 전날 경성 시내 중국요리집에서 열린 조선공산당 결성에도 적극적으로 참여했다.

하지만 일제에 의해 금지된 사회주의 운동을 한다는 것 자체가 여섯 명의 앞길이 순탄치 않을 것임을 예고하는 것이었다.

✿ 일경에 체포된 연인들

　　　　　　　　2년여 동안의 평화로운 시간이 지나고 1925년 11월 말 연이은 검거로 인한 제1차 조선공산당 탄압 사건이 터지면서 이들의 운명은 서로 엇갈린 행로를 걷기 시작했다.

　조선공산당이 조직되던 해 11월 22일 밤의 일이다. 신의주 부내 경성식당에서 일어난 소위 신의주 신만청년회 사건이 있었으니 이 신만청년회는 서울 화요회 계통의 사상 단체였다. 회원의 혼인을 축하하기 위해 신만청년회의 집행위원이요, 공산당의 유력한 간부인 독고전과 수십 여 명이 음식을 먹고 있던 중 같은 식당에 와서 놀고 있던 변호사 박유정과 순사 스스키 시요시 등과 평시부터 사상적으로 서로 간 반목이 있던 터이라 양편에서 취담이 왔다 갔다 하고 언사가 좋지 못하게 나아가다가 마침내 정면으로 충돌이 되고 말았다. ……변호사 박유정이 그들을 상대로 폭행죄로 고소를 하여 일부를 검거하게 됐고 그들을 취조하던 중 고소인 측의 "청년회원 중 김득린이 붉은색 토시를 힘차게 치며 너희가 이것을 이길 터이냐?' 했는데 아무래도 그 말이 심상치 않다"고 하는 말을 자세히 알아보는 동시에 한편으로 가택 수색을 하게 됐다. 그 중 김경서의 집에서 공산당의 간부 박헌영으로부터 상해고려공산당의 수령 여운형에게로 가는 조선공산당의 운동 보고서 한 장이 발견됐다. 의외의 대사건을 발견한 경찰서에서는 11월 25일을 기점으로 신의주는 물론 경성에까지 일제히 대검거를 했으니 이것이 당시 천하의 이목을 경동시키던 제1차 조선공산당 사건인 것이다.

　　　　　　　　　　　　－〈조선공산당 여문餘聞〉,《제일선》1933년 3월호

제일 먼저 박헌영과 주세죽이 집에 있다가 급습한 경찰에 의해 체포됐고, 다음 날 임원근과 허정숙이 연행됐다. 이때 마침 김단야는 고향인 경북 김천에 내려가 있다가 동지들의 연행 소식을 들었다. 상황을 파악하기 위해 경성으로 온 김단야는 자신도 위험하다는 판단이 들자 재빨리 상하이로 몸을 피했다. 그의 연인 고명자 또한 체포를 면할 수 있었는데, 그녀는 사건이 터지기 직전에 모스크바에 있는 동방노력자공산대학으로 유학을 떠난 상태였다.

연행자 중에서 허정숙은 며칠 후에 혐의가 없어 풀려났지만, 박헌영과 주세죽, 임원근은 연행된 다른 동지들과 함께 사건의 1차 발생지인 신의주경찰서로 압송됐다. 압송된 이들은 이미 신의주경찰서에 수감돼 있던 신만청년회 동지들과 같이 신문을 받게 됐다.

일경의 혹독한 고문에도 불구하고 박헌영은 조직과 동지들을 보호하기 위해 이미 경찰에 압수된 문서에 의해 드러난 사실 외에는 일절 발설하지 않았다. 특히 아내 주세죽을 보호하기 위해 "그녀는 아직 교육 수준이 낮아서 공산주의가 무엇인지도 모르고 사상 운동에 대해서는 흥미도 없소"하고 거짓 자백을 했다. 유일하게 부부가 같이 잡혀와 있는 모습에 동정심을 느낀 다른 동지들도 주세죽의 연관만은 철저하게 부인했다. 10여 일 후, 조사를 모두 마친 경찰은 사건을 신의주지법 검사국으로 송치하고, 연행된 이들은 전부 신의주형무소로 이송했다.

【박헌영과 주세죽 부부】 모스크바 유학 시절에 아기와 함께 찍은 사진. 나중에 이 아기는 부모가 누구인지도 모른 채 보육원에서 자라게 된다.

그로부터 열흘 후, 다행히 주세죽은 증거 불충분으로 석방됐다. 중앙위원들의 유고 때, 대신 그 역할을 담당해야 할 후보위원인 그녀를 보호하기 위한 박헌영과 동지들의 노력 덕분이었다. 또한 그들의 철저한 심문 투쟁 덕분에 일제는 고려공산청년회와 조선공산당의 일부만 그 규모를 파악할 수 있었고 대다수의 지방 조직과 회원들은 보호될 수 있었다. 추가 조사를 해 봐야 더 나올 것이 없다는 판단을 내린 검사가 12월 22일에 관련자 18명을 신의주지방법원 예심계로 넘기면서 사건은 일단락되는 듯 보였다.

하지만 이듬해 봄 대한제국의 마지막 황제였던 순종이 승하하면서 그들의 운명은 새로운 비극을 예고하고 있었다. 새로운 운명은 상하이로 망명한 김단야로부터 시작됐다.

✾ 엇갈리기 시작한 운명

일경의 삼엄한 국경 검문을 피해 무사히 상하이에 도착한 김단야는 여운형의 집에서 머물면서 국내에 남아 있는 동지들과 연락을 취했다. 그리고 상하이에서 자신이 할 수 있는 일을 준비하기 시작했다.

한편 1차 탄압 사건에 연루되지 않은 혁명가들은 당 조직을 재건하기 위해 노력한 끝에 1926년 3월경 책임 비서 강달영을 중심으로 조직 재건을 완료했다. 이로써 제1차 조선공산당이 붕괴된 지 4개월여 만에 제2차 조선공산당이 재건됐다. 김단야는 상하이에 머물면서 코민테른과 조선공산당 사이의 연락 업무를 담당하며 기관지《불꽃》

의 편집 책임을 맡았다.

그러던 중 조선에서 큰 변고가 생겼다. 1926년 4월 26일 오전 6시 10분, 조선의 27대 왕이자 마지막 왕인 순종이 한 많은 세월을 뒤로 하고 지병으로 승하했던 것이다. 모든 신문은 일제히 이 슬픈 소식을 보도했고 전 조선인들은 크나큰 슬픔에 잠겼다. 유림들을 중심으로 '망곡단', '봉도단' 등의 애도 단체가 조직됐고, 창덕궁 앞에 모여 통곡하는 군중의 수는 날로 늘어 갔다. 상인들은 영업을 중단하고 철시 했으며, 심지어 요릿집조차 문을 닫고 기생들도 슬픔의 눈물을 뿌렸다. 1919년 고종의 승하로 인해 일어난 독립만세운동을 경험했던 일제는 전국 각 주재소에 경비 강화를 지시했다. 며칠 후 순종의 장례식이 6월 10일로 결정되자 긴장됐던 분위기는 더욱 고조됐다.

순종의 승하 소식을 들은 김단야는 "사회주의자들의 대부분은 동시에 민족주의자이기도 하기 때문에 사회주의자들이 민족 운동의 전위로 활동하는 것은 전적으로 타당하다"며 이 계기를 틈타 즉각적이고 단호한 행동들이 있어야 한다고 주장했다. 세부 계획 논의를 위해 체포의 위험을 무릅쓰고 조선으로 잠입한 김단야는 평양에서 고려공산청년회 책임 비서인 권오설과 모임을 갖고 인산일에 국장 행렬 및 사람들이 많이 모이는 장소에서 선전물을 배포하고 '대한 독립 만세'를 외치기로 결정했다.

하지만 이 거사는 6월 10일에 배포하기 위해 천도교당에 몰래 보관하고 있던 격고문이 일경에 압수됨으로써 수포로 돌아갔다. 그리고 조선공산당의 거의 대부분 당원이 검거되는 대규모 탄압 사건으로 발전했다. 연행된 사람들로 인해 새로운 사실들이 드러나면서 이 사건은 제1차 조선공산당 사건으로 재판을 받고 있던 사람들에게까지 영향을 미쳤다.

1926년 7월 10일, 조선총독 사이토 마코토는 두 사건을 병합해 심리하기로 결정하고 신의주지방법원장에게 명령해 박헌영 등 21명을 경성지방법원 예심계로 이송할 것을 명령했다. 이 명령에 의해 박헌영은 7월 21일에 경성으로 호송됐다.

【젊은 시절의 김단야】
김단야는 20여 년 동안 조국의 독립과 혁명 운동에 앞장섰지만 마지막에 그를 기다린 것은 억울한 오명과 죽음이었다. 원경 스님 제공

> 박헌영 씨는 모든 것은 단념한 듯이 오히려 쾌활한 태도로 자기보다 밖에 있는 여러 동무들의 안부와 또 그날 밤 자기네가 오는 줄을 알고 경성역에는 필시 많은 동무들이 나왔을 터인데 그들을 비록 찰라 같은 사이에라도 만나 볼 수가 없게 된 것이 무엇보다도 유감이라는 말을 순사에게 재삼하는 모양이었다. 신촌역에서 하차할 때에는 주의자 7, 8명 중에 특히 박헌영 씨의 부인 주세죽 여사가 눈물 먹은 얼굴로 그리운 남편과 말 한 마디 못하고 서 있는 정경은 그야말로 비감한 무언극의 한 장면이었다.
>
> ―〈참참한 밤중에 무언극의 한 장면〉, 《동아일보》 1926년 7월 23일자

일경이 책임 비서 강달영을 체포한 후 암호 문서를 해독하면서 새로운 사실들이 밝혀짐에 따라 박헌영과 임원근은 처음부터 다시 조사를 받아야 했다. 두 차례의 대규모 검거로 인해 105명의 사람들이 체포됐으므로 예심은 해를 넘겨 3월까지 진행됐다. 예심을 끝낸 판사는 105명 중 99명만을 기소했는데, 5명은 면소 처분을 받았고 나

머지 1명은 면소할 필요조차 없었다. 체포된 사람 중 박순병이 고문 후유증으로 이미 감옥에서 사망했기 때문이었다. 일경은 그가 맹장염으로 죽었다고 발표했지만 아무도 그것를 믿지 않았다.

그리고 뒤늦게 체포된 2명을 포함해 피고의 숫자가 총 101명에 이르러 제1,2차 조선공산당 탄압 사건은 '101인 사건'이라고도 불렸다. 그렇게 101명이 기소된 채 1927년 9월 13일에서야 첫 공판이 열렸다. 전 조선의 이목은 이날 경성지방법원에서 열리는 조선공산당 사건 공판에 집중됐다.

101명의 피고 중에서 병으로 인해 거동이 불편한 조이환, 백광흠 등의 6명과 보석 중에 있는 주종건이 출석하지 못한 채 공판이 열렸다. 박헌영은 자신의 발언 기회가 오자 "공산주의자의 목적은 조선 민족의 해방과 정의의 실현"이라며 따라서 자신들은 무죄라고 주장했다. 재판장은 정숙하라고 고함을 쳤지만 박헌영은 계속 말을 이어갔다. 박순병이 고문으로 죽었다는 사실을 알게 된 그는 이 자리에 같이 있어야 할 동지들 중에서 몇 명이 보이지 않는다며 그들을 살려내라고 외치면서 재판장에게 달려들었다. 다른 동지들도 불법을 규탄하며 단상에 뛰어올랐지만 경관들이 재빨리 달려들어 그들을 바닥에 쓰러뜨린 뒤 무지막지한 폭행을 가했다. 소동이 일어나자 재판장은 서둘러 제1회 공판을 폐정했다. 경관과 간수들에 의해 끌려나온 박헌영은 형무소로 돌아간 뒤 처절한 폭행과 고문을 당했다. 동지들의 죽음으로 인한 정신적 충격과 뒤이은 고문으로 박헌영의 심신은 피폐해져 갔으나 그의 법정 투쟁은 계속 이어졌다.

✿ 정신이 이상해진 박헌영

　　　　　　　　9월 20일 재판장이 제4회 공판 개정을 선언하자마자 박헌영은 벌떡 일어나 재판관석으로 다가가며 외쳤다.

"재판장, 피고인들 가운데 박순병이 보이지 않는다. 여기 데려와 함께 공판을 진행해라."

말이 끝나자마자 박헌영은 재판관에게 안경을 집어던지며 달려들면서 계속 "박순병을 데려오라!"고 고함을 질렀다. 박헌영이 마치 광인처럼 계속 난동을 부리자 간수들이 그를 재판정 밖으로 끌고 나갔고 공판은 개정 10여 분만에 중단됐다.

한편 주세죽은 공판이 비공개로 진행되는 탓에 법정 안으로 들어가지 못하고 밖에서 공판 경과를 초조히 기다리고 있었다. 순간 갑자기 법정 안에서 통곡하는 소리가 들리고 이어서 안경이 벗겨진 박헌영을 여러 간수들이 끌고 나와 간수 휴게소로 들어가자, 이 광경을 목격한 주세죽은 어떻게 된 일인지 몰라 애태우며 눈물만 흘리고 서 있었다.

11시 10분경 다시 박헌영이 입정하면서 공판이 속개됐다. 그러나 공판이 속개되자마자 그는 또 고래고래 소리를 지르기 시작했다. 박헌영이 계속 떠들어 대자 재판장은 간수들에게 지시해 그를 긴 의자에 눕히고 강제로 진정제를 먹여 가며 공판을 진행할 수밖에 없었다.

그렇게 제4회 공판이 지나가고 22일 열리는 제5회 공판에는 박헌영이 출석하지 않았다. 박헌영의 모습이 보이지 않자 이를 둘러싼 세간의 의문은 증폭됐고 주세죽은 변호사와 함께 박헌영을 면회했다. 그들의 입을 통해 박헌영의 신체에 이상이 생겼다는 말이 흘러나오

271

기 시작했다.

남편의 신체에 돌연히 이상이 생겨 변호사들과 함께 서대문형무소에 갔다 온 박헌영의 부인 주세죽 여사는 다음과 같이 말하더라. "최근 몇 차례 면회를 한 즉 면회를 할 적마다 신상이 차차 못해가므로 적지 않은 염려를 가지고 있던 중 지난 20일에 뜻밖에 법정으로부터 간수에게 붙잡혀 간수 휴게소로 들어가는 것을 보고 어찌된 까닭인지 알지 못해 창황조조함을 참지 못했습니다. 그리해 21일 오후 3시에 형무소에 가서 면회를 한즉 그전보다도 한층 더 신색이 해쓱해지고 정신이 극도로 흥분된 모양이며 또 잠을 자지 못한 모양 같아 보입니다. 그리고 지금은 변호사들과 같이 갔었으나 형무소에서 지금 면회하는 것이 박헌영에게 이롭지 못할 터이니 내일 다시 와서 면회를 하라 하기로 저는 면회도 하지 못하고 돌아왔습니다"라고 하며 수색이 얼굴에 가득했더라.

–〈문제의 피고 박헌영 옥중에서 신체 이상〉,《매일신보》1927년 9월 23일자

이후 열린 공판에서도 박헌영이 출석하지 않자 무슨 일이 생긴 것이 분명하다는 추측과 함께 그가 단식을 하고 있다는 소문까지 퍼졌다. 더욱이 주세죽이 신청한 면회를 재판장은 허가했으나 형무소 측에서 계속 불허하자 그녀도 자기 혼자 편안히 음식을 먹을 수는 없다며 동반 단식에 들어갔다. 당황한 형무소에서는 박헌영의 단식은 사실이 아니며 식사를 계속하고 있다고 발표했다.

그러나 10월 7일에 박헌영을 면회한 변호사들은 음식은 섭취하고 있으나 의식이 불명료해 공판이고 뭐고 아무것도 모르는 상태라며 병보석을 신청하기로 결정했다. 감옥의가 진단한 바에 따르면 박헌

영은 심신 상실, 조이환
은 폐결핵, 백광흠은 건
성 늑막염, 폐 응고증 등
을 앓고 있어 생명이 위
급한 것으로 나타났다.
그러나 이 신청은 재판
부에 의해 기각됐다.

병보석이 기각된 박
헌영의 증상은 더욱 심

【박헌영의 제4회 공판 소식】 정신 이상 증세를 보여 재판이 시
작한 지 20분 만에 휴정했다는 기사를 담고 있다. 《조선일보》
1927년 9월 21일자

해져 두 번이나 목을 매고 자살을 시도하다가 발각됐고, 그때마다 그
를 붙잡는 간수들에 맞서 극렬하게 몸부림을 치다 온몸이 시퍼렇게
멍들 정도였다. 11월 15일 변호사들은 다시 그에 대한 병보석을 신
청했고 마침내 생명의 위급함을 인정한 재판관은 보석을 허가했다.

1927년 11월 22일 2년여 만에 세상으로 나온 박헌영은 정신병자
가 되어 있었다. 그것도 사랑하는 아내의 얼굴을 보고도 알아보지 못
한 채 오히려 무섭다고 자꾸 도망을 치는 중증 정신병자였다. 젊은
시절 상하이에서 함께 주먹을 부르쥐며 조국 독립을 갈망하는 사이
였던 심훈은 뼈만 남은 그의 얼굴을 보며 오열했다.

이게 자네의 얼굴인가?

여보게 박군 이게 정말 자네의 얼굴인가?

알콜 병에 담가 논 죽은 사람의 얼굴처럼 창백하고

마르다 못해 해금海錦같이 부풀어 오른 두 빰

두개골이 드러나도록 바싹 밀어버린 머리털

아아, 이것이 과연 자네의 얼굴인가?

……

박아 박군아 헌영아!

사랑하는 네 아내가 너의 잔해殘骸를 안았다

아직도 목숨이 붙어 있는 동지들이 네 손을 잡는다

이빨을 악물고 하늘을 저주하듯

모로 흘긴 저 눈동자

오! 나는 너의 표정을 읽을 수 있다

오냐 박군아

눈은 눈을 빼어서 갚고

이는 이를 뽑아서 갚아 주마!

너와 같이 모든 X을 잊을 때까지

우리들의 심장의 고동이 끊칠 때까지

－심훈,〈박군의 얼굴〉,《조선일보》1927년 12월 2일자

[보석으로 출옥한 박헌영] 1927년 11월 정신이상
으로 출옥하게 된 박헌영을 데리러 온 어머니와 아내
주세죽의 모습. 원경 스님 제공

감옥에서 나온 박헌영은 곧바로 정
신과 전문 병원인 김탁원 의원에 입원
했다. 그를 진단한 의사는 정신이 완전
히 상실됐으며 치료를 한다 해도 예전
의 모습으로 회복되기는 어렵다고 발
표했다. 병원에 있어 보았자 별반 차도
가 없을 것 같다는 판단이 든 주세죽은

남편을 데리고 정신 건강에 좋다는 온천과 절을 돌아다니며 간호하기 시작했다.

❀ 박헌영과 주세죽,
　조선을 탈출하다

　　　　　사람들의 관심은 여전히 진행 중에 있는 조선 공산당 재판으로 다시 향하기 시작했으며 박헌영은 서서히 잊혀져 갔다. 그렇게 1년이 지났을 무렵 사람들의 눈을 의심케 하는 기사가 신문에 보도됐다.

> 박헌영은 그의 애처 주세죽 여사에게 안겨 불치의 중한 병에 백약을 다 써 보았으나 하등의 효과를 얻지 못하고 전지 요양이나 해 볼까 하여 애처인 주세죽 씨에게 인도돼 함남 석왕사에 머물다가 지난 초여름에 또다시 주세죽 씨의 고향인 함흥에서 얼마간 치료를 하던 끝에 부부의 종적을 어디로인지 감추고 말았다고 한다. 들은 바에 의하면 러시아나 혹은 중국 방면으로 탈주한 것 같다 하며 그의 거취를 맡아 보던 함흥경찰서장 이하 책임자들은 경계를 게을리했다 해 징계 처분까지 당했다 한다. 이와 같이 불우한 그들에게도 사랑의 속삭임이 있었든지 들은 바에 의하면 박헌영 보석 즉시로 주세죽 씨가 임신해 국경을 탈출할 즈음에는 임신 6,7개월이라 주세죽 씨는 자기의 부른 배를 부둥켜안은 채 남편 박헌영의 손목을 이끌고 경계가 엄중한 국경을 넘었다 한다.
>
> 　　　　　－〈조선공산당원 박헌영 탈주〉, 《동아일보》 1928년 11월 15일자

그러나 사건이 신문에 보도될 즈음에는 이미 블라디보스토크에서 딸을 낳은 후 그 딸을 품에 안고 모스크바로 향해 그곳에 도착한 지 열흘도 더 지난 후였다. 박헌영이 아내와 함께 무사히 탈출했다는 소식은 사람들에게 묘한 희열감을 불러일으켰다. 그러나 한편에서는 미쳤다는 그가 어떻게 국경을 넘을 수 있었는지 의문을 제기했으며, 세간에는 박헌영이 미친 척 연기한 것이었다는 소문이 돌았다.

그 무렵이었다. 가수 김정구의 형인 김용환은 마침 영화 촬영차 국경 근처에 왔다가 두만강변을 거닐고 있었다. 그는 유유히 흘러가는 두만강 물을 바라보면서 며칠 전 신문에 실린 박헌영 탈출 기사를 떠올렸다. 박헌영이 만삭의 몸을 한 주세죽과 함께 이 강을 건너기 위해 노심초사했을 모습을 연상하자 그의 가슴에는 애처로움이 저며 왔다. 푸른 물 위에서 빈 배를 젓는 뱃사공의 모습을 보며 생각에 잠겼던 그의 머릿속에는 별안간 음악적 영감이 떠올랐다. 몇 년 후 김용환은 그때 종이에 적은 감상을 가수가 된 동생 김정구에게 전해 주었다. 이렇게 해서 탄생한 노래가 민족적 애환을 표현했다고 평가받는 〈눈물 젖은 두만강〉이었다.

1928년 11월 5일, 블라디보스토크에서 낳은 갓난아기 박비비안나를 안고 모스크바에 도착한 박헌영과 주세죽을 제일 먼저 반갑게 맞아 준 사람들은 김단야와 고명자였다. 김단야는 6·10만세운동이 실패로 돌아간 후 국내의 조직이 궤멸되자 1926년 8월 모스크바로 와서 레닌대학에 다니며 코민테른 동양부 조선 담당 조사관으로 일하던 중이었다. 고명자는 아직 동방노력자공산대학에 다니고 있던 중이었다.

모스크바에서 박헌영 부부는 '정치 망명가들을 위한 집'에 머물렀다. 박헌영은 자신의 이론적 전망을 확대하기 위해 김단야의 추천을 받아 레닌대학에 입학했다. 주세죽도 고명자가 다니는 학교에 입학했다. 학교에 다니면서 주세죽은 조선 여자라는 뜻을 지닌 '꼬레예바'라는 이름을 사용했는데 이는 박헌영이 지어 준 것이었다. 박헌영 부부는 딸과 함께 단란한 가정을 이루며 공부에 전념했다.

❀ 고명자와 김단야의 마지막 이별

1년여 후, 그들은 또다시 이별의 순간을 맞이했다. 고명자와 김단야가 4차까지 재조직됐다가 끝내 무너진 조선공산당 재건을 위해 다시 조선으로 들어가기로 한 것이었다. 모스크바역에서 서로 손을 굳게 맞잡고 다시 만날 날을 기약하며 김단야와 고명자는 블라디보스토크로 향했다. 동방노력자공산대학을 졸업한 다른 학생들과 함께 블라디보스토크로 온 그들은 안전을 위해 각자 들어가기로 결정했다. 9월부터 경성에서 열리는 조선박람회로 인해 더욱 삼엄해진 경계망을 뚫고 먼저 고명자가 잠입에 성공했으며, 김단야도 10월경 청진을 거쳐 경성으로 향했다.

경찰의 눈을 피해 경성에 들어온 연인은 마포구 도화동에 방을 하나 빌려 같이 살기 시작했다. 김단야는 1925년부터 계속 일경의 추격을 받고 있는 터라 언제 체포될지 모르는 긴장된 상황이었다. 한시도 지체할 수 없었던 그는 곧바로 조선공산당 조직 준비위원회 결성에 착수했다. 동지들과 몇 차례의 모임을 갖고 재건 조직 결성에 분

주하던 어느 날, 김태희와 함께 인천으로 가던 고명자가 사색이 되어 돌아왔다. 김태희가 열차 안에서 일경에 체포됐다는 것이었다. 그러자 다른 동지들은 해외에서 입국한 사람들의 장기 체류는 매우 위험하니 즉각 출국해야 한다고 주장하기 시작했다. 체포의 위험을 각오하고 들어와 목적을 이루지 못하고 떠나야 되는 상황이 답답했지만, 자신이 체포될 경우 조직에 큰 피해를 가져올 수도 있음을 알고 있는 김단야는 결국 다시 조선을 떠나기로 결심했다. 하지만 그것이 고명자와의 마지막 이별이 될 줄은 그들 중 누구도 생각지 못했다. 운명은 그들에게 다시는 이승에서의 만남을 허락하지 않았다.

김단야는 준비위원회 책임 비서를 다른 동지에게 맡기고 고명자의 조심스런 배웅 속에 12월 초 조선을 떠나 모스크바로 향했다. 이듬해 4월 김단야는 다시 상하이에 모습을 나타냈다. 코민테른 동양비서부 조선위원회의 전권을 위임받아 기관지 출판 및 연락 업무를 하기 위해서였다. 그 즈음 조선에 남아 활동을 하던 고명자는 경찰에 체포돼 김단야의 행방을 실토하라는 고문에 시달리고 있었다.

경기도 경찰부는 돌연히 도화동 부근에 수 대의 자동차를 몰아 수십 명의 공산당원들을 체포했다. 그 가운데 꽃과 같은 미모의 여성 고명자도 끼었다. 고명자는 애인인 제1차 및 제2차 공산당의 오르거나이저인 김단야와 함께 모스크바로부터 들어와서 시외 인적이 드문 외딴 집에 조그마한 살림살이를 차리고 있으면서 당의 재건 운동에 여성부 조직의 임무를 맡고 활약했던 것이다. 고명자가 잡힐 때 김단야는 두 달 동안이나 경성에 잠복해 있다가 다시 몸을 해외로 피했다.

－〈현대여류사상가들 3. 붉은 연애의 주인공들〉, 《삼천리》 1931년 7월호

하지만 이미 조선을 벗어난 김단야의 행적을 고명자가 알 수는 없었다. 이듬해 치안유지법 위반 혐의로 기소된 고명자는 1931년 10월 경성지법에서 징역 2년, 집행유예 4년의 선고를 받고 석방됐다. 한편 상하이에서 연인의 체포 소식을 들은 김단야가 할 수 있는 것은 오로지 독립의 그날을 앞당기기 위해 노력하는 일뿐이었다.

❀ 박헌영, 또다시 체포되다

김단야는 상하이에서 기관지 발간 작업을 착실하게 준비해 1931년 3월부터 《콤무니스트》를 발행할 수 있게 됐고, 박헌영은 모스크바에 머물면서 편집위원으로 참여했다. 기관지 발간 사업은 이듬해 1월에 박헌영과 주세죽 부부가 상하이로 와 결합하면서 더욱 힘차게 추진됐다. 네 살이 된 박비비안나는 모스크바 근교의 이바노바시에 위치한 스타소바 육아원에 맡겨 두고 온 상태였다. 막 사물을 가리기 시작할 무렵부터 육아원에서 길러진 박비비안나는 이후 자신이 고아인 줄 알고 자라야만 했다.

상하이에서 박헌영과 주세죽은 프랑스 조계에 보금자리를 마련해 생활하면서 조선공산당 재건 운동을 시작했다. 특히 박헌영은 그동

안 김단야가 해 오던 국내와의 연락 업무 등 제반 업무를 인계받아 모든 실무를 직접 처리하기 시작했다. 김단야에 대한 경찰의 추적이 점점 심해지면서 그가 언제 체포될지 불확실하기 때문이었다. 이때를 전후해 이들은 조선공산당 운동에서 유명한, 이른바 '국제선'이라는 이름으로 불리게 됐다.

박헌영은 1931년 10월 출옥한 고명자와 다시 연락을 취하는 한편 김형선을 통해 조선 내에서의 혁명 운동과 연계하고 있었다. 당시 상하이 사변과 윤봉길 의사 폭탄 투척 사건으로 일경이 상하이에 있는 독립운동가들을 붙잡기 위해 대대적인 검거 작전을 실시했지만, 다행히 이들은 체포되지 않고 활동을 지속할 수 있었다.

하지만 오랫동안 김단야를 추적하고 있던 일경은 1933년 6월경 드디어 김단야의 행적을 파악하는 데 성공했다. 김단야로 추측되는 이두수라는 인물이 7월 5일 오전 7시부터 8시 반 사이에 상하이 공동 조계 북경로 부근에서 접선한다는 사실을 파악한 일본 영사관 경찰은 새벽부터 그 부근에 잠복했다. 이 사실을 까마득히 모른 채 이두수라는 인물은 7시 45분경 약속된 장소에 나타났다. 용의자를 발견한 일본 경찰은 주저 없이 현장을 덮쳐 이두수를 연행했다. 곧바로 고문을 가하자 뜻밖에도 그는 자신이 김단야가 아니라는 것이었다. 그럼 누구냐는 질문에 그는 순순히 자신의 이름을 밝혔다. 박. 헌. 영.

순간 취조하던 일경은 자신의 귀를 의심하지 않을 수 없었다. 1928년 미친 척하며 보석으로 풀려난 후 국외로 탈출해 일본 경찰을 망신시켰던 그 박헌영이 아니던가! 이렇게 박헌영은 세 번째로 체포됐고 김단야는 세 번이나 체포를 면하는 행운아가 됐다. 하지만 그의 인생에 항상 행운만 있는 것은 아니었다. 이 행운이 몇 년 후 그의 목숨을 단축시키는 이유가 될 줄은 그때는 몰랐다.

한편 다음 날 새벽까지 기다려도 남편이 집으로 돌아오지 않자 주세죽은 혹시 체포된 것은 아닐까 하는 두려움에 떨며 김단야를 찾아갔다. 그들은 상황을 알아보기 위해 박헌영과 연락을 주고받던 한 여성의 집을 찾아갔다. 김단야와 주세죽이 그 여성의 집에 도착한 지 5분 만에 일본 경찰이 그 집을 급습했다. 살고 있는 거처를 실토하라며 고문을 당한 박헌영이 그 집으로 일경을 안내한 것이었다. 일경의 급습을 눈치 챈 김단야와 주세죽은 집의 복잡한 구조를 이용해 조용히 빠져 나오기 시작했다. 몰래 도망치는 그들의 귀에 엉뚱한 집임을 알아챈 일경이 박헌영을 사정없이 구타하는 소리가 들리기 시작했다. 일경은 왜 다른 집으로 안내했는지 말하라고 윽박질렀다. 박헌영은 경찰이 자신을 폭행했기 때문에 일부러 다른 집으로 데려왔다고 말했다.

그토록 심한 폭행에도 불구하고 박헌영은 자신과 김단야의 거처는 절대로 발설하지 않았다. 그의 철저한 심문 투쟁 덕분에 또다시 주세죽과 김단야는 무사할 수 있었다. 체포된 박헌영의 몸에서는 두 통의 은어 통신문이 발견됐는데 그 중 한통은 김단야가 고명자 앞으로 보내는 것이었다.

사랑하는 벗 고명자에게

날씨가 무척이나 덥다. 세월은 빨라서 편지를 받은 지가 엊그제 같은데 벌써 2개월 전의 일이다. 명자! 너는 그간 어떻게 지냈는지? 네가 있는 곳은 지금쯤 큰 홍수라도 난 것은 아닌지? 내가 있는 곳은 홍수로 커다란 소동이 있었다. 그래서 지금도 검은 구름이 끼면 또 비가 오려나 하고 걱정하고 있는 것을 보면 사람들의 심리 변화는 확실히 대자연의 변화에 따르는 것 같구나. 어서 빨리 시원한 바람과 밝게 빛나는 별과 벌레 소리가 들리는 시원한 가을바람이 부는 때가 오면 좋겠다. 그러면 큰 물난리 걱정은 없을 텐데. 명자! 쓸데없는 말만 너무 많이 늘어놓은 것 같구나. 그간 너의 댁은 모두 무사하신지? 선기 씨도 이 여름방학에는 돌아와 있겠지? 네 생활이 적적하다는 것은 나도 잘 알고 있어. 나도 몇 번이나 편지를 쓰려고 생각했지만 마음대로 되지 않는구나. 우리 식구들도 모두 무사해. 어머니도 별일 없으시고 언니도 여름에는 돌아와 계시지. 나는 의사 말에 따르면 폐가 나빠졌고 류마티스가 있으니 온천 여행을 하라고 하더군. 내가 일하는 유치원에서 휴가를 얻어 동래 온천에 가는 중이야. 지금 경부선 기차 안에서 이 편지를 써서 부산으로 가서 보내는 거야. 동래에 가서 약 2주일간 머물 생각이야. 그 이상 계속 머무는 것은 경제 사정이 허락하지 않거든. 온천욕은 모든 건강하지 못한 사람들에게 좋은 것이지. 너도 시종 건강치 못하니 한번 오도록 해라. 요번에 (이런 기회에) 온다면 친구도 만나고 병도 치료할 수 있으니 실로 일거양득 아니겠니? 애써 주었으면 좋겠다. 동래에 가서 또 편지할게. 그럼 이만 마친다.

경부선 기차 안에서 심삼순으로부터

—〈김단야 발신 번역문〉, 《이정 박헌영 전집 4권》

은어로 작성된 글이니만큼 동래를 블라디보스토크로 설정해 상상한다면 김단야는 자신이 그곳에 가 있을 테니 고명자가 조선을 탈출하기를 바란 것은 아니었을까? 어쨌든 박헌영의 체포로 김단야의 편지는 고명자에게 전달되지 못했고 체포된 박헌영은 7월 말 경성으로 압송됐다. 악명 높은 경기도 경찰부 미와 주임이 직접 그를 취조했지만, 박헌영은 악랄한 고문에 맞서 철저한 심문 투쟁을 벌였다. 그의 국내 연락책인 김형선은 일찌감치 체포돼 있었다. 잘못하면 조선공산당 재건 운동이 무너질 수도 있는 상황이어서 박헌영은 철저히 자신을 위장해야만 했다. 1928년 탈출 이후의 행적을 집중 추궁받은 그는 정신병 치료를 위해 탈출한 것뿐이었으며, 동지들이 자신을 정신병자 취급하며 운동가로 인정하지 않아 운동을 하고 싶어도 하지 못했다고 진술했다. 그러다 33년 1월 상하이의 길거리에서 우연히 김단야를 만나 생활비를 준다는 말에 어쩔 수 없이 그를 대신해 연락만 담당했다고 주장했다.

물증도 없고 사리에 맞는 박헌영의 진술에 일본 경찰은 어쩔 수 없이 20여 일만에 취조를 마치고 그를 검사국으로 송치했다. 열흘 후 그는 김형선 등 6명과 함께 치안유지법 위반 혐의로 경성지방법원 예심에 회부됐다. 1934년 12월 10일 조선공산당 재건 사건의 제1회 공판이 열리자 7년 만에 나타난 박헌영의 모습을 보기 위해 수백 명의 방청객이 몰려들었다. 전과 같은 상황을 우려했기 때문인지 일제는 박헌영만을 분리해 신속하게 공판을 진행했으며 불과 17일 만에 열린 선고 공판에서 박헌영은 징역 6년형을 선고받고 기나긴 수감 생활에 들어갔다.

❀ 김단야와 주세죽의 뜻밖의 결혼

한편 박헌영의 체포 후에도 여전히 상하이에 남아 계속 활동을 하던 김단야와 주세죽은 1933년 9월 마지막 남은 국내 연락 담당자마저 체포되자 마침내 코민테른에 절망적인 보고를 하지 않을 수 없었다.

"나는 모든 것을 잃었다. 나 혼자는 상해에서 아무것도 할 수 없다."

코민테른으로부터 모스크바로 오라는 답변을 들은 김단야는 그해 말 주세죽과 함께 상하이를 떠나 모스크바에 도착했다. 조선공산당 재건 운동의 모든 싹이 사라진 상황에서 김단야가 모스크바에서 할 수 있는 것은 동방노력자공산대학에 와 있는 유학생들을 지도하는 것뿐이었다. 주세죽은 1931년에 중단했던 동방노력자공산대학에 다시 복학해 5개월 정도 공부한 후 외국인 노동자 출판부 조선과에 교정원으로 들어갔다.

그해 말, 김단야와 주세죽은 머나먼 이국땅에서 결혼을 했다. 각각 고명자와 박헌영을 버린 것이었다. 박헌영은 세 번째 수감 생활을 시작한 지 얼마 되지 않았고 고명자와는 연락할 방법도 없었다. 훗날 주세죽은 남편 박헌영이 어디에 있는지 알 수도 없었고, 또한 주변 상황이 김단야와 함께 살 수 밖에 없게끔 만들었다고 강변했다. 도대체 어떤 상황이 주세죽으로 하여금 10여 년 동안 함께한 동지이자 남편을 버리게 했을까? 그것은 여전히 알 수 없는 수수께끼로 남아 있다. 다만 해방이 된 후 혁명가들 사이에서는 주세죽과 김단야가 그 전에 이미 눈이 맞은 사이였고, 그것을 눈치 챈 박헌영이 1929년에 주세죽과 결별했다는 소문이 돌기도 했다. 그 소문을 사실로 믿은 이들은 목소리를 높여 가며 주세죽과 김단야를 비판하기도 했는데, 자신의 사생활에 관한 이야기들이 떠도는 것을 원하지 않은 박헌영은 함구령을 내리기도 했다.

어쨌든 김단야와 주세죽의 결혼 생활은 일경의 추적과 체포를 걱정하지 않아도 되는, 지금까지 그들의 생애에서 가장 길고도 행복한 생활이었다. 그 행복은 1937년 초 주세죽이 임신을 하면서 더욱 커져만 갔다. 그러나 스탈린에 의해 숙청의 광풍이 불기 시작하면서 그들의 앞날에도 비극의 그림자가 드리워졌다.

❀ 오명을 쓴 채 사형당한 김단야

　　　　　　　　　　김단야가 주세죽의 임신으로 행복에 겨워할 무렵, 코민테른 집행위원회 앞으로 장문의 '상신서'가 접수됐다. 김춘성이라는 전 조선공산당원이 작성한 이 상신서에는 김단야의 출신과 과거 행적을 왜곡하고 김단야가 1925년에 체포를 면한 것은 그가 일본의 밀정이었기 때문이라는 암시들로 가득했다. 이 상신서로 인해 1937년 11월 5일 김단야는 일제의 밀정이라는 혐의로 소련 내무인민위원부 요원에게 체포됐다. 체포 후 그는 소련 최고 재판소 군사 법정에서 재판을 받았다. 무죄를 기대한 김단야에게 청천벽력 같은 선고가 떨어졌다. 재판관은 20여 년 동안 조국의 독립과 혁명 운동에 앞장선 그가 일제의 밀정이고 반혁명을 목적으로 결성된 단체의 지도자라며 제1급 범죄자로 선고했다. 제1급 범죄자가 받는 형벌은 사형 외에는 없었다. 선고가 떨어지기가 무섭게 끌려 나간 김단야는 항변 한번 제대로 못하고 사형에 처해졌다. 스탈린 암흑기의 공포 정치가 빚어낸 안타깝고 비극적인 죽음이었다.

김단야의 죽음은 그 후 50여 년 동안 묻혔다가 1980년대 말에 이르러서야 사형당했다는 사실이 밝혀졌다. 당시 이런 사실을 몰랐던 일제는 그가 1937년에 조선으로 들어와 경성콤그룹 활동을 하다가 1940년에 다시 국외로 탈출한 것으로 파악하고 있었으니 죽은 김단야가 살아 있는 악의 화신을 조롱한 셈이었다. 10여 년 동안의 추적에도 불구하고 조선을 들락날락하며 일경을 농락하던 김단야의 신출귀몰함이 빚어낸 웃지 못할 일화였다.

한편 김단야의 죽음 이후 주세죽의 삶도 나락에 떨어졌다. 그녀는 제1급 범죄자의 아내라는 이유로 1938년 3월 15일 내무인민위원부에 체포돼 심문을 받았다. 당시 그녀의 품에는 이제 막 백일이 지난 아들 비딸리이가 안겨 있었다. 심문에서 주세죽은 김단야가 일제 밀정이라는 사실을 알고 있었느냐고 추궁받았다. 그런 사실은 모른다고 대답했지만 내무인민위원부는 그녀에게 '사회적으로 위험한 분자'라는 혐의를 씌워 그녀가 재판을 거쳐 법적인 처벌을 받아야 한다고 결정했다. 하지만 재판을 열리지 않았고 대신 1938년 5월 22일 열린 내무인민위원부 특별협의회에서는 주세죽을 5년간 카자흐스탄으로 유배한다는 결정을 내렸다.

그녀의 삶이 갑자기 온통 헝클어져 버렸다. 결정이 내려진 당일로 카자흐스탄으로 떠나는 주세죽의 품에는 아무것도 모르는 젖먹이 아이만이 칭얼거리며 안겨 있었다. 어른도 힘든 유배 생활을 갓난아이가 견딜 수는 없었다. 유배 생활이 시작된 지 얼마 되지 않아 김단야의 유일한 혈육인 비딸리이는 아버지의 뒤를 쫓아갔다. 홀로 남겨진 주세죽이 의지할 사람이라고는 1932년 육아원에 맡긴 딸 박비비안 나뿐이었지만 유배지를 떠날 수 없었던 그녀는 딸을 만나러 갈 수도 없었다.

✱ 박헌영의 두 번째 결혼 생활

1939년 9월 대전형무소에서 세 번째 수감 생활을 마친 박헌영은 마중 나온 가족과 함께 따뜻한 인사를 나누었다. 우선 몸을 회복하기 위해 고향인 예산 집으로 오랜만에 돌아온 그에게 친척들은 아내 주세죽은 어떻게 됐느냐고 물었다. 박헌영은 아내가 아이를 낳은 후 몸이 안 좋아 죽었다고 대답했다. 천만 뜻밖의 대답이었다. 훗날 아지트 키퍼Agit Keeper 정순년과 연분을 맺고 난 후에도 결혼했었느냐는 정순년의 질문에 그는 첫 번째 아내와 딸 하나 낳고 헤어졌는데 아마 죽었을 거라는 말을 했다. 박헌영은 자신이 1933년 상하이에서 잡힐 때 주세죽의 건강이 좋지 않았기 때문에 혼자 남은 그녀가 죽었을 거라고 짐작한 것이었다.

그해 말 박헌영은 화장실 갈 때도 쫓아다니던 형사를 따돌리고 경성으로 향했다. 다시 활동을 재개한 것이었다. 박헌영은 경성콤그룹의 지도자 이관술, 이순금과 만나 이후 운동 계획을 협의했다. 당시는 민족주의자와 사회주의자를 막론하고 운동가들 대부분이 일제와 타협하거나 운동을 저버린 시기였다.

김단야의 죽음을 알 리 없는 고명자조차 친일 잡지인《동양지광》

의 기자로 있으면서, 소극적인 친일 활동을 하고 있을 때였다. 이관술, 김상룡이 지도하는 경성콤그룹만이 조선에서 거의 유일하게 조직적인 혁명 운동을 전개하고 있었으니 박헌영이 그들과 함께 운동을 시작한 것은 당연한 일이었다.

논의 끝에 박헌영은 당분간 청주에 내려가 있기로 했고 경성콤그룹의 정태식, 이순금은 그가 거처할 집을 마련하는 한편, 박헌영과 함께 거주할 아지트 키퍼를 구하기로 했다. 아지트 키퍼란 남성 혁명가와 함께 거주하면서 부부로 위장해 신변을 안정적으로 보호하고, 나아가 움직이기 쉽지 않은 혁명가를 대신해 연락을 담당하는 역할을 하는 여성을 말한다. 하지만 아지트 키퍼를 구하는 일은 쉽지 않았다. 대부분의 여성 운동가들은 체포된 경험이 있거나, 아니면 감옥에 있거나, 그도 아니면 운동을 포기한 상태였기 때문이었다. 결국 고민 끝에 정태식은 순박한 시골 처녀인 자신의 친척 동생 정순년을 데려다 아지트 키퍼 역할을 맡겼다. 정태식은 그녀에게 귀한 분을 모셔야 한다며 음식과 옷 등 생활을 맡아 달라고 부탁하는 한편, 아지트 키퍼로서 유념해야 할 점을 교육했다. 며칠 후 겨울 한파가 불어닥친 날 저녁 무렵 박헌영이 청주 아지트에 나타났다.

저녁 무렵이라 부랴부랴 저녁을 지어 세 분 밥상을 차려 방으로 들고 들어갔는데, 우리들 밥도 가지고 오라고 해서 어쩔 줄 몰라 하니 당숙과 여자 분이 방으로 들어가자고 해서 그 여자 분의 밥과 내 밥을 들고 들어갔어요. 상이 작아 돗자리로 된 방바닥에다 밥그릇을 놓았지. 그러자 선생님이 "동지, 음식 솜씨가 우리 어머님 솜씨하고 똑같소. 된장 끓이는 솜씨며, 아무튼 동지의 수고를 고맙게 생각하겠소"라고 말했지. 이것이 선생님이 처음으로 나에게 하신 말씀이었어. 선생님이라고 해서 수염이 길게 난 노인이라고 생각했던 인상이 바뀌었어. 청주에서 40일 정도 선생님과 생활하면서 나는 웃방, 선생님은 아랫방을 썼지.

－〈원경 스님 생모 구술〉,《역사비평》1997년 여름호

그렇게 40여 일을 지낸 후 박헌영과 정순년은 경성으로 거처를 옮겼다. 박헌영은 배운 것은 없지만 순박하고 상당히 눈치가 빠른 정순년에게 차츰 애정과 신뢰를 품기 시작했다. 정순년 또한 처음에는 이상한 사람이라고 생각했지만 그 집을 드나드는 모든 사람들이 깍듯하게 존경을 표시하는 선생님에게 정을 느끼게 됐다. 서로에게 연정을 느낀 그들은 자연스레 부부의 연분을 맺었고, 1940년 봄에 정순년은 임신을 했다.

그러나 지금까지 그러했던 것처럼 박헌영의 두 번째 부부 생활도 일제의 추격에 의해 1년여 만에 끝을 맺게 됐다. 경성콤그룹에 대한 일제의 추적이 시작돼 이관술, 이현상, 김삼룡 등이 체포되자 위기감을 느낀 박헌영은 정순년과 헤어지기로 했다. 우선 그녀를 청주에 있는 비밀 아지트로 내려보내고 자신은 대구로 피신하기로 했다. 산달이 가까운 그녀를 그냥 보낼 수는 없어서 고향 집에 계신 어머니에게 몰래 연락해 정순년의 출산을 돌봐 줄 것을 부탁했다. 헤어지던 날 박헌영은 정순년에게 "자네가 이 세상에서 참으로 나에게는 큰 힘이 됐네" 하는 말을 남기며 민들레 문양이 새겨진 쌍가락지를 그녀의 손가락에 끼워 주었다.

청주로 내려온 정순년은 이듬해 1월 박헌영 어머니의 도움으로 건강한 사내아이를 출산했다. 아이의 이름은 박병삼이라 지었는데 이후 출가하면서 원경이라는 법명으로 불리게 됐다.

✿ 일제의 패방뒤
　총비서가 된 박헌영

　　　　　　　　홀로 대구로 피신한 박헌영은 일제의 추적을 피하기 위해 행상인, 약사, 심지어 점쟁이 노릇까지 하며 남쪽 지방을 돌아다녔다. 그런 와중에도 그는 남아 있는 동지들과 끊임없이 연락을 주고받으며 당 재건 운동을 벌였다.

1945년 8월 15일 드디어 일제가 패망하고 조선이 해방되자 광주의 벽돌 공장 노동자로 있던 박헌영은 굴레를 벗어던지고 서울로 향했다. 1920년대 이후 조선 혁명 운동 역사상 가장 걸출한 인물로 추앙받게 된 박헌영에게는 "해방 조선의 산 역사", "후퇴를 모르고 휴식을 모르고 오직 생애를 세계사의 행정行程과 함께 걸어 온 사람"이라는 찬사가 쏟아졌다. 경성고등보통학교 재학생으로 1919년 독립만세운동에 참가한 것부터 시작해 이후 혁명 운동의 지도자 위치에 있으면서 해방되기 직전까지도 꺾이지 않고 투쟁을 벌여 왔던 인물에게 그러한 찬사는 당연한 것이었다.

8월 18일 서울에 도착한 박헌영은 감옥에서 풀려난 경성콤그룹의 동지들과 함께 회합을 가졌다. 이 자리에서는 조건공산당 재건 준비위원회를 결성하고 그 기관지로 《해방일보》를 창간할 것을 결정했다. 모든 것이 순조롭게 진행돼 약 한 달 후인 9월 11일에 조선공산당을 재건했고, 박헌영은 총비서에 선임됐다. 아직 옌안에 있는 허정숙의 남편 최창익은 중앙위원에 선출됐다.

한편 고명자는 일제 말기에 자신이 저질렀던 친일 행위 때문에 조선공산당에 참여하지 못했다. 조선공산당은 민족 반역자와는 절대로 손을 잡지 않겠다고 선언한 상태였다. 이 점은 이후 친일파를 중심으로 한 이승만 세력과 조선공산당이 가장 첨예하게 부딪친 지점 중 하나였다. 이로 인해 일제 말기 친일 행위를 했거나 운동을 포기했던 사람들은 박헌영이 분파주의적 행태를 보이고 있다고 비난했는데, 고명자도 이러한 비난 행렬에 동참할 수밖에 없었다. 그 이후 박헌영과 다른 길을 걸은 그녀는 훗날 여운형이 결성한 근로인민당에 참여했다가 1950년 5월 경 남조선노동당 특수부 조직 사건에 연루돼 체포됐다.

그 후 그녀의 행방은 확인되지 않고 있는데, 한국 전쟁이 발발하자 형무소에 갇혀 있던 좌익들을 몰살시킬 때 같이 처형된 것으로 추측된다. 연인이었던 김단야의 죽음은 50여 년이 흐른 후 밝혀졌지만, 그녀는 아직도 언제 어떻게 죽었는지조차 밝혀지지 않고 있다.

✿ 비극적 운명들

　　　　　　　카자흐스탄공화국 크질오르다로 유배된 주세죽은 1943년 5월 22일 형기가 만료됐음에도 불구하고 자유로운 몸이 되지 못했다. 소련을 침공한 독일군과 맞서 싸우는 전쟁의 소용돌이는 사회적 위험 분자인 주세죽에게도 영향을 미쳤던 것이다. 그녀는 여전히 카자흐스탄을 벗어날 수 없었다.

그렇게 카자흐스탄을 전전하며 생활하던 1946년 이른 봄, 카르마크치의 협동조합에서 근무하던 주세죽은 우연히 《프라우다》 신문을 보게 됐다. 찬찬히 신문을 훑어보던 그녀의 눈은 조선에 관한 기사에 박혀 움직일 줄 몰랐다. 그 기사에서는 죽을 줄로만 알았던 첫 남편 박헌영을 조선공산당 총비서라고 소개하고 있었다. 그녀의 눈에서는 자신도 모르게 뜨거운 눈물이 흘러 내렸다. 이제 그녀는 외롭고 쓸쓸한 유배 생활에서 벗어나 해방된 조국으로 돌아갈 수 있다는 희망찬 생각이 들었다.

우선 그녀는 무용 학교에 다니고 있는 딸 박비비안나에게 박헌영에 관한 언급이 실린 프라우다 신문 기사를 오려 박헌영의 이름에 밑줄을 치고 '이분이 바로 너의 아버지'라는 편지와 함께 보냈다. 어머니의 편지를 받고서야 딸은 태어나서 처음으로 자신에게도 아버지가 있다는 사실을 알게 됐다. 가끔 학부모의 날에 딸을 찾아가곤 했던 주세죽은 박헌영이 죽었다고 생각했기 때문에 아버지에 대해서 어떠한 말도 하지 않았던 것이다. 딸에게 아버지의 생존 사실을 알린 주세죽은 스탈린 앞으로 청원서를 제출했다.

저는 조선공산당 중앙위원회 총비서 박헌영 동지의 처입니다. …… 1922년 저는 박헌영 동지에게 시집가서 딸 박비비안나를 낳았는데, 그녀는 현재 17세로 모스크바에서 발레 학교에 다니고 있습니다. …… 한편 저는 12년 동안 제 남편 박헌영이 어디에 있는지 전혀 알 수가 없었습니다. 주변 상황은 저로 하여금 김단야와 함께 살지 않을 수 없게 했습니다. 그런데 저는 올해 1월에 《프라우다》신문을 통해 제 남편 박헌영이 살아 있으며 감옥에서 석방돼 다시 혁명 활동에 종사하고 있다는 사실을 알게 됐습니다.

친애하는 스탈린 동지! 제 남편 박헌영을 통해 저에 대해 확인하셔서 제가 조선에서 다시 혁명 활동에 종사하게끔 저를 조선으로 파견해 주실 것을 간청하는 바입니다. 저는 진정 충실하게 일할 것이며 제 남편을 이전과 같이 보필할 것입니다. 제 요청을 받아들여 주시기를 간곡히 빕니다. 만일 제가 조선으로 가는 것이 불가능하다면, 제가 모스크바에서 살며 제 딸을 양육할 수 있도록 허락해 주실 것을 빕니다. 제 딸 박비비안나는 지금 제136학교에서 제9학년 과정을 밟고 있습니다. 다시 한 번 제 요청을 거절하지 말 것을 간절히 빕니다.

1946년 5월 5일 한베라(주세죽)

– 〈스탈린 동지에게 – 청원서〉, 《이정 박헌영 전집 8》

그녀는 실제로 어쩔 수 없는 상황에서 김단야와 결혼한 것이었을까? 아니면 자신이 살기 위해 '제1급 범죄자'로 처형당한 김단야와의 관계를 조금이나마 부정하는 것이 유리할 것이라고 생각한 것일까? 과연 그녀가 밝힌 '주변 상황'이란 무엇이었을까?

주세죽의 청원서를 접수한 소련 당국은 곧 조사에 착수했다. 한편 주세죽이 스탈린 앞으로 간절한 호소를 담은 청원서를 제출할 무렵 박비비안나는 '비밀'이라는 붉은 도장이 찍힌 한 통의 편지를 받았다.

사랑하는 딸아!

멀리 조선에서 내 혈족인 너에게 안부를 전한다. 내 딸이 살아서 성년이 됐다는 것이 믿기지 않는구나. 내가 세살박이인 너를 보육원에 남겨 두고 떠난 지 벌써 15년이 흘렀구나. 너에 관한 유일한 기억으로 지금도 보관하고 있는 너의 사진이 하나 있을 뿐이다. 아버지가 왜 너와 이별할 수밖에 없었는지 알아야 한다. 당시 아버지 앞에는 어렵고도 위험한 길이 놓여 있었다. 나는 너와 함께 갈 수 없었단다. 딸을 데리고 가지 못한 아버지에게 화내지 말기를 바란다.

…… 나의 비보치까! 너의 엄마 꼬레예바(주세죽)가 어디 계시는지 아니? 엄마는 아팠었는데, 상태가 어떠신지 모르겠구나. 조선에 오고자 한다면 편지를 띄우거라. 네가 나의 유일한 혈육임을 잊지 말거라. 너와의 만남은 영원히 나를 기쁘게 할 것이다. …… 어떻게 사는지 편지로 상세히 써서 보내거라. 뭔가 어려움이 있다면 서둘러 편지할 필요는 없다. 편지에 너의 사진도 보내 다오.

1946년 4월 29일 너의 아버지 박헌영

– 〈박비비안나에게 보낸 편지〉,《이정 박헌영 전집 2》

　

죽었으리라고 생각한 딸의 생존 사실을 알게 된 박헌영이 보낸 편지였다. 편지를 받은 딸은 곧바로 답장을 썼고, 그해 7월 박헌영은 김일성과 함께 모스크바를 방문했다. 조선을 신탁 통치한다는 모스크바 3상회의 결정을 지지함으로써 정치적 위기에 몰린 박헌영이 돌파구를 모색하기 위해 평양을 방문했다가 다시 김일성과 함께 모스크바로 향한 것이었다.

박비비안나는 모스크바에 온 아버지와 15년 만에 극적인 해후를 했다. 딸은 사흘간 아버지가 머무는 별장에서 함께 지냈지만 고아처럼 자라난 딸은 서먹하게 아버지를 대했다. 그녀에게 아버지는 너무 낯선 존재였고 아빠라고 부르지도 않았다. 박헌영은 딸에게 어머니에 대해서는 전혀 물어보지 않았고 주세죽을 찾지도 않았다. 딸의 생존 사실을 소련 당국에 의해 알게 됐으므로, 분명 주세죽이 살아 있다는 사실을 알고 있었을 터이지만 끝내 그녀를 찾지 않았다. 훗날 딸로부터 아버지를 만났다는 사실을 들은 주세죽은 박헌영이 자신을 찾지는 않더냐고 물었다. 비비안나는 아무런 말도 하지 않았다고 대답했다.

당시 소련 당국은 주세죽이 제출한 청원에 대해 심사하는 와중이었으므로 이때 박헌영이 주세죽을 찾았다면 그녀는 조국으로 돌아올 수도 있었을 것이다. 하지만 박헌영은 냉정하게 그녀를 버렸고, 주세죽의 청원은 이듬해 11월 소련 국가보안성에 의해 기각됐다. 결정서에 기각 사유는 적혀 있지 않았다. 이제 주세죽에게 남은 길은 죽을 때까지 유배 생활을 하는 것뿐이었다.

한편 박헌영은 딸과의 짧은 만남을 뒤로하고 귀국길에 올랐다. 작별 인사를 나누면서 초청장을 보낼 테니 꼭 오라는 말을 남기고 박헌영은 귀로에 올랐다. 하지만 정세는 부녀의 만남을 쉽사리 허락하지

【아버지 박헌영과 딸 박비비안나】
1949년 3월 조선민주주의인민공화국 대표단의 일원으로 모스크바를 방문한 박헌영과 박비비안나가 함께 찍은 사진. 박비비안나 제공

않았다. 그로부터 3개월 후인 1946년 10월 박헌영은 미군정이 내린 체포령을 피해 북한으로 넘어가야만 했고, 딸을 초청하는 것은 1949년에서야 가능해졌다.

✿ 박헌영의 세 번째 결혼과
　　김일성의 저주

　　　　　　　　　1948년 9월 9일 남한에 뒤이어 북한에도 정부가 수립됐고 박헌영은 부수상 겸 외무상에 선임됐다. 주세죽의 친구이자 동지인 허정숙은 문화선전상으로 취임했다. 숨 가쁘게 달려온 박헌영의 인생도 이제 지천명의 나이가 됐다. 정부 수립이라는 막중한 일을 치르고 난 박헌영은 그의 인생에 새로운 변화를 모색하기로 결정했다. 자신의 지위에 걸맞게 행복하고 단란한 가정을 꾸밀 필요가 있었기에 세 번째 결혼을 하기로 결심했다. 상대 여성은 자신의 비서로 있던 스물다섯 살의 꽃다운 처녀 윤레나였다. 결혼식을 앞두고 그는 모스크바에 있는 딸을 평양으로 초청했다.

　초청을 받은 박비비안나는 자신이 활동하고 있는 모이셰프민속무용단과 함께 1949년 8월 평양으로 가서 아버지와 재회했다. 따사로운 가을 햇볕이 내려쬐는 야외에서 첫 번째 딸과 하객들의 축하를 받으며 결혼식이 거행됐다. 반쯤 벗겨진 머리를 깔끔하게 빗어 넘기고 단정하게 양복을 차려 입은 박헌영과 하얀색 양장으로 차려 입은 신부 윤레나는 미소를 지으며 하객들을 맞이했다. 흰 양복을 차려입고 중절모를 쓴 김일성은 환한 웃음을 지으며 박헌영에게 축하의 꽃다발

을 건넸다. 그러나 그 꽃다발에는
김일성의 저주가 숨겨져 있었다.

그로부터 5년 후인 1953년 3월
하순, 김일성은 미 제국주의 간첩
이라는 혐의로 박헌영을 체포했
다. 그의 동지 김단야가 자신이
저항했던 일제의 간첩으로 몰린
것처럼, 박헌영도 그가 맞서 싸우
던 미국의 간첩이라는 누명을 썼
다. 한편 신문 보도를 통해 박헌
영의 체포 사실을 접한 주세죽은
이 사실을 딸에게 알리기 위해 서

【세 번째 부인 윤레나(오른쪽)과 딸 박비비안나 (왼쪽)】 아버지의 초청으로 평양에 온 박비비안 나는 아버지의 결혼식을 보고 모스크바로 돌아갔 다. 박비비안나 제공

둘러 모스크바로 향했다. 그녀는 크질오르다를 출발해 모스크바로
오는 동안 딸의 신변에 위험이 생기지 않았을까 하는 걱정으로 인해
폐렴에 걸렸고, 모스크바에 도착할 무렵에는 심한 각혈과 함께 거의
의식을 잃을 지경이었다. 그러나 힘들게 찾아간 딸의 집에는 사위만
이 남아 있었다. 딸은 순회공연 때문에 키예프에 가 있었다. 이미 생
명의 불꽃이 사그라든 주세죽은 딸의 얼굴도 보지 못한 채 사위의 품
에 안겨 숨을 거두었다. 그녀의 유해는 모스크바 공동묘지에 묻혔고,
박비비안나는 어머니가 유배 중이었다는 사실을 1994년에서야 국가
보안위원회 문서 보관소의 낡은 문서를 통해 알게 됐다.

주세죽이 박헌영의 체포 소식을 듣고 숨을 거둔 지 2년 후 박헌영
은 특별 재판에서 사형 및 전 재산 몰수형을 선고받았다. 하지만 막

강한 권력을 휘두르던 김일성조차도 저명한 혁명가를 함부로 처형할
수는 없었다. 재판이 끝난 박헌영은 내무성 독방에 갇혀 몇 개월을
보냈다. 이듬해 김일성이 자신의 권력 체제에 대해 위기감을 느끼게
된 사건이 발생했다. 바로 허정숙의 전 남편 최창익이 주도한 '8월
종파 사건'이었다. 1956년 7월 19일, 김일성은 마침내 박헌영의 사형
을 지시했다. 명령을 받은 사회안전상 방학세는 내무성 예심처장 주
광무를 불러 "박헌영의 사형집행을 준비하라"고 지시했다. 그날 밤
그들은 갇혀 있던 박헌영을 끌어내 평양 인근의 야산으로 데려갔다.
산을 오르며 자신의 죽음이 가까워졌음을 알아차린 박헌영은 방학세
에게 "오늘 죽을 것을 아니까 여러 가지 절차를 밟지 말고 간단하게
처리해 주시오" 하고 말했다. 마침내 처형 장소에 도착한 방학세는
박헌영의 뒤통수에 권총을 대고 마지막으로 할 말은 없는지 물었다.
박헌영은 아내 윤레나와 두 어린 자식을 외국으로 보내겠다는 약속
을 꼭 지켜 달라는 말을 김일성에게 남겼다. 이윽고 방학세는 방아쇠

[박헌영의 결혼식 피로연] 가운데에 박헌영, 윤레나 부부와 김일성의 모습이 보이다. 부인이 된 윤레나는
박헌영의 비서였다. 박비비안나 제공

를 두 번 당겼다. 싸늘하게 식어 가는 박헌영의 시체는 쓰러진 그 자리에 묻혔다. 그러나 김일성은 박헌영과의 마지막 약속을 지키지 않았고, 윤레나와 두 자식의 생존 여부는 아직도 알려지지 않고 있다.

서로 손을 맞잡고 찬란한 젊음의 에너지를 독립과 혁명 운동에 쏟으며, 경성 거리를 휘젓던 삼인당과 여성 트로이카 중 허정숙과 임원근을 제외한 네 명은 비극적인 최후를 맞았다. 물론 전 남편을 죽음으로 내모는 고발대에 서야만 했던 허정숙의 삶도 행복했다고는 할 수 없을 것이다. 두 번째 감옥살이를 한 후 다른 길을 걸어갔던 임원근을 제외하고는.

박헌영과 똑같이 세 번 결혼했던 허정숙이 '정조 관념이 희박한 여성'으로 동지들의 기억 속에 남은 반면, 박헌영의 결혼 생활에 대해서는 어떠한 비판이나 조소도 없었다. 그가 너무나 위대한 혁명가였기 때문이었을까? 아니면 허정숙의 경우 자발적 선택이었고 박헌영은 역사의 소용돌이 속에서 불가피한 선택이었다고 보는 것일까? 그러나 혁명 운동이야말로 가장 시급한 공적인 일이므로, 매력을 느끼면 육체적 결합은 자유라는 콜론타이의 연애론을 가장 잘 실천한 것은 허정숙보다는 박헌영이 아니었을까? 어쨌든 혁명가들 사이의 붉은 연애도 낭만주의 연애가 그러했듯 여전히 남성 중심의 이데올로기에서 벗어나지 못한 것이었다.

박진홍과 이재유, 그리고 김태준

일제하 운동사상 가장 낭만적인 로맨스

❀ 경성 트로이카의 탄생

1933년 4월 감옥에서 출소한 이순금은 주변 사람들에게 물어 소개받은 이재유의 집을 찾았다. 1년 전 오빠 이관술과 함께 일본의 만주 침략을 규탄하는 유인물을 뿌리다 구속된 경력이 있는 그녀는 본격적으로 노동 운동을 하기 위해 이재유를 찾아온 것이었다. 이재유도 마침 4년 4개월 동안의 수감 생활을 마치고 출소한 지 몇 개월 되지 않은 상태라 새로운 조직을 만들기 위해 여러 동지들을 규합하는 중이었기 때문에 이순금을 반갑게 맞았다. 이재유가 가장 전투적 투사라는 명성을 들었던 이순금은 별다른 고민 없이 이재유

【경성 트로이카, 이순금과 이재유】
경성 시대 전설적인 혁명가 이재유는
1933년 9월 이현상, 정태식, 이순
금 등과 함께 '조선공산당 재건을 위
한 경성 트로이카'를 결성했다.

의 조직에 참가해 이후 본격적인 노동 운동을 펼치게 된다.

1905년 함경남도 삼수에서 태어난 이재유는 고향에서 김씨 성을 가진 여성과 이미 결혼한 상태였다. 경찰의 감시로 인해 활동이 어려워진 이재유가 신설동의 빈민촌으로 거처를 옮긴 지 얼마 되지 않았을 때 고향에서 아내가 찾아왔다. 그러나 이재유는 먼 길을 떠나 자신을 찾아온 아내를 만나지 않았다. 김단야의 아내가 그러했듯 그의 아내도 남편을 이해하지 못했다. 그에게 있어 아내와 가정은 운동이라는 숭고한 가치를 포기하게 만드는 굴레였을 뿐이었다. 아내도 원해서 한 결혼은 아니었으니 미안할 뿐이었지만, 시대는 그로 하여금 편안함을 누리게 하지 않았다. 이재유로부터 버림받은 아내는 몇 년후 재혼했다.

첫 번째 아내와 영영 이별한 이재유는 새로운 조직 방식과 운동 방향에 관해 동지들과 토의한 끝에 1933년 9월 이현상, 정태식, 이순금 등과 함께 '조선공산당 재건을 위한 경성 트로이카'를 결성했다. 훗날 약칭 '경성 트로이카'라는 이름으로 불리며 해방 직전까지도 조선공산당 재건을 위해 끊임없이 노력하는 조직이 출현하는 순간이었다. 독특한 이름답게 경성 트로이카는 지도자 1인을 정점으로 하는 수직적 조직과는 달리 구성원 모두가 서로 지도받고 지도하는 수평적 조직이었다. 또한 모든 투쟁이 반일, 반전 투쟁임을 명확히 설정하고 이를 위해 대중 조직을 통한 실천을 강조했다.

경성 트로이카는 특유의 조직력과 투쟁력을 발휘해 본격적인 연쇄 파업과 동맹 휴업을 일으켰다. 동덕여고보와 숙명여고보의 동맹 휴업을 시작으로 이후 5개 학교에서 식민 지배에 저항하는 동맹 휴업이 발생했고, 서울고무, 별표고무 등과 영등포 공장 지대에서도 일제의 노동 착취에 저항하는 파업 투쟁이 불길처럼 일어났다.

하지만 연이은 투쟁은 이후 새로운 탄압을 예고하는 것이었다. 9월 종연방직에서의 대규모 파업 이후 몇 달 동안 계속된 파업의 주동자에 대한 경찰의 대대적 검거가 시작됐다. 경성 트로이카의 주요 활동가 200여 명이 연행됐으나 경성고무에 다니고 있던 이순금만은 연행됐다가 곧 풀려났다.

✱ 3주간의 짧은 동거 생활로
끝난 첫사랑

연행된 활동가들을 악랄한 고문으로 취조한 일경은 계속된 저항의 중심에 이재유가 서 있다는 사실이 드러나자 그를 수배했다. 경찰의 압박이 심해지자 옮긴 지 얼마 안 된 신설동의 빈민촌마저 위험하다고 생각한 이재유는 1933년 12월 이순금이 구해 온 돈으로 내수동에 새로운 거처를 마련했다. 그 무렵 경성 트로이카 섬유부 책임자이던 이현상이 경찰에 검거됐다. 이현상과 연결돼 있던 이순금도 위험하다고 판단한 이재유는 그녀의 거처를 자신의 집으로 옮기게 했다. 일경의 추적 속에서 이재유와 이순금의 불안한 동거가 시작됐다.

어쩔 수 없이 시작된 동거 생활이었지만 이순금은 이재유를 향해 오래 전부터 존경과 함께 연정을 품고 있었다. 그랬던 만큼 언제 체포될지 모르는 두려움 속에서도 이순금에게는 행복한 시간이었다. 첫 아내를 떠나보냈던 이재유도 동지로서 자신을 연모하는 그녀를 마다할 이유가 없었다. 동지들조차 알지 못하는 둘만의 결혼 생활이었다. 하지만 그 행복은 고작 3주뿐이었다. 이듬해 1월 18일, 아직 이순금이 경찰에 노출되지 않았다고 판단하던 이재유는 그녀가 살던 익선동 집에 들렀다. 골목을 둘러보았지만 별다른 이상이 없다고 판단한 그는 마음 놓고 대문으로 들어섰다. 그때였다. 갑자기 대문이 벌컥 열리며 경찰이 들이닥쳤다.

권총을 들이댄 경찰은 누구냐고 물었고 그는 이 집에 놀러온 친척이라고 둘러댔다. 자신을 모른다는 사실을 눈치 챈 이재유는 "볼일이 급하오" 하고 둘러대고는 화장실에 들어가서 창문을 깨고 탈출했다. 창문 깨지는 소리에 일경이 뒤늦게 쫓아 나왔지만 날랜 이재유는 이미 골목을 벗어나 달리고 있었다. 자칫 연행될 위기를 무사히 넘긴 이재유는 내수동 집으로 돌아오자마자 이순금과 함께 다른 거처를 물색하는 한편 주변 정리에 들어가기 시작했다. 그러나 일경은 이틀 만에 내수동 집을 알아냈다. 잡혀 온 사람들을 무자비하게 고문한 덕분이었다.

이틀 후인 20일 밤 10시경, 집으로 돌아가던 이재유는 집 앞 골목 입구에서 이순금이 일경에 체포돼 집에서 끌려나오는 장면을 목격했다. 그녀는 혹시 귀가하고 있을지도 모를 이재유에게 위험을 전하기 위해 목청껏 비명을 지르고 있었다. 이로써 이재유와 이순금의 짧은 동거는 막을 내렸다. 강제로 이별해야만 했던 그들은 그 후 다시는 만나지 못했다. 감옥 안과 밖으로 엇갈린 운명은 끝내 그들에게 재회를 허락하지 않았다. 연행된 이순금은 이재유가 어디 있는지를 불라며 고문을 당했지만 끝내 그에 대해서만은 함구했다. 하지만 이틀 후 이재유마저 연행되면서 이순금의 저항은 쓸모없는 것이 되고 말았다.

한편 이순금이 연행되는 모습을 지켜본 이재유는 그 길로 중림동에서 가정교사로 있던 안병춘의 집으로 피했고 새 거처를 구하기 전까지 그곳에서 지내기로 했다. 이틀 후인 22일 안병춘은 인천에서 노동조합 결성을 위해 활동 중인 김삼룡과 만나기 위해 집을 나섰다. 김삼룡과 만난 후 안병춘은 이재유와 오후 3시에 중림동에서 만나기로 했다. 하지만 코민테른조차 인정할 수밖에 없었던 광범위한 정보력을 자랑하는 일제 경찰은 안병춘과 김삼룡이 만나는 장소를 덮쳐 한꺼번에 체포하는 개가를 올렸다. 이제 남은 사람은 이재유뿐이었다. 둘 중에 적어도 한 사람은 이재유의 행방을 알고 있으리라 추측한 경찰은 집요하고 악랄한 고문을 가했다. 결국 안병춘이 먼저 무너져 이재유와 만나기로 했다는 사실을 자백했다. 신속하게 움직인 일경은 오후 3시경 중림동 전차 정거장에 도착했다.

동지들이 체포된 사실을 알 턱이 없는 이재유는 만나기로 한 장소에 나갔으나 안병춘이 오지 않자 그의 신변에 이상이 생겼음을 직감했다. 자리를 피하기 위해 빠른 걸음으로 걸어가는 그의 눈에 전차 정거장에서 내리는 형사대가 보였다. 위험을 느낀 그는 자신도 모르게 발걸음을 멈추고 돌아서서 걷기 시작했다. 갑자기 뒤돌아선 남자를 수상히 여긴 형사들은 그의 뒤를 쫓아오기 시작했고 마침내 봉래교 위에서 따라잡게 됐다.

"당신, 이재유지?"

"나는 철도국에 다니는 김 아무개라는 사람입니다만, 사람 잘못 보신 것 같습니다."

며칠 전 이순금의 집에서 하던 대로 거짓말로 위기를 모면하려 했지만 불행하게도 형사 중에 그의 얼굴을 잘 아는 사람이 있었다. 그렇게 출옥한 지 1년여 만에 다시 체포된 이재유는 서대문경찰서로 끌려가 조직원들을 자백하라는 혹독한 고문을 받았다. 조선 시대에나 있었던 인두로 넓적다리를 지지는 고문과 전기 고문까지 받았지만 이재유는 꺾이지 않았다. 죽음으로써 자기의 신념을 지키고 조직을 보호하려는 숭고한 정신은 일경의 악랄한 고문으로도 꺾을 수 없었다.

그러자 일경은 정신적, 육체적으로 지쳐서 자포자기하도록 장기 취조로 방식을 변경했다. 이재유에 대한 고문과 취조는 겨울이 지나고 봄이 다가왔음에도 끝날 줄을 몰랐다. 특이하게도 일경은 그를 유치장에 가두지 않고 고등계 사무실 분실 2층에 두고 감시했다. 다른 운동가들과 함께 두면 사건의 내용에 대해 서로 입을 맞출 염려가 있기 때문이었다. 그러나 일제 경찰의 이런 사소한 걱정이 이재유에게 탈출할 기회를 제공해 주었다.

✿ 신출귀몰한 이재유의 탈출

3월 중순의 어느 비 오는 밤 이재유를 감시하는 간수가 의자에 앉아 꾸벅꾸벅 졸고 있었다.

> 서대문경찰서는 목조 2층 건물이었는데 2층에서 뛰어내렸다. 비틀거리는 몸에 힘을 주어 광화문 쪽을 향해서 달음질쳐 정동 입구까지 이르니 벌써 경관들의 추적하는 요란한 소리가 들렸다. 그는 정동 골목으로 들어서서 마침 지나가는 장작 수레 뒤를 밀어 주며 따라가노라니 추적이 급한지라 어떤 담을 뛰어넘었다. 서대문서에서는 이재유를 놓치고 갈팡질팡하며 비상 동원을 하여 수사 중이었는데, 이 분망奔忙 중에 서대문서 사법계로 미국 영사관에서 도적을 잡아 놓았으니 데려가 달라는 전화가 왔다. 처음에는 들은 척도 안했더니 여러 차례 전화가 오는지라 귀찮아서 순사를 보냈다. 순사가 현장에 가 보니 천만 의외에도 이재유 동무가 앉아 있었다고 한다. 이재유 동무가 담을 뛰어넘은 곳이 미국 영사관인데 그때 마침 순시하던 사람이 도적으로 오인하고 붙들어 놓았다고 한다. 이래서 이재유 동무의 제1차 탈주는 실패하고 말았다.
>
> ─〈민족 해방의 영웅적 투사 이재유 탈출기〉, 《신천지》1946년 4월호

고문과 각기병으로 걷는 것조차 힘들었던 이재유가 들어간 곳이 하필이면 미국 영사관이었던 것이다. 러시아 영사관으로 들어가려다 잘못해서 미국 영사관으로 갔다고 생각한 일경은 이재유가 차라리 죽는 게 낫겠다고 생각할 정도로 무수한 매질과 욕설을 가했다. 탈출에 대한 분풀이를 실컷 한 일경은 그가 다시는 탈출을 시도할 수 없도록 손에는 항상 수갑을 채우고 발에는 커다란 쇳덩어리를 매달았

다. 그리고 허리에는 방울을 채워서 몸을 움직일 때마다 딸랑딸랑 소리가 나도록 했다. 그것도 모자라 열쇠란 열쇠는 고등계 주임형사인 요시노가 퇴근할 때 전부 다 가져갈 정도로 엄중히 감시했다.

하지만 탈출할 기회만 노리고 있는 이재유에게는 엄중한 감시조차 무용지물이었다. 며칠 후 이제 손 정도는 자유롭게 쓸 수 있도록 해도 괜찮다고 판단한 일경은 이재유의 수갑을 풀어 주었다. 손이 자유롭게 되자 그는 족쇄를 풀 열쇠 제작에 착수했다. 먼저 아무도 보지 않는 틈을 타 몰래 남겨 둔 밥알을 족쇄 안에 넣어 형을 떴다. 그리고는 우유통 뚜껑을 형틀에 맞춰 구부려 열쇠를 만들었다. 어설프기 짝이 없는 열쇠였지만 족쇄는 쉽게 풀렸다. 1차 탈출이 실패한 원인을 알고 있던 그는 이번에는 창문으로 나가지 않고 다른 루트를 이용할 생각에 변장용 마스크까지 만들었다. 모든 준비를 끝낸 이재유는 탈출할 기회만 엿보고 있었다.

4월 13일, 저녁밥을 일부러 남긴 그는 이질 환자 김찬규에게 먹으라고 주었다. 잦은 설사 때문에 항상 배고픔에 시달리던 김찬규는 이게 웬 떡이냐 하는 눈빛으로 미안한 표정도 없이 이재유의 밥까지 먹어 치웠다. 그날 밤 자정이 되자 김찬규는 오랜만의 포식으로 인해 뱃속이 부글부글 들끓기 시작했다. 아랫배를 부여잡고 화장실에 가고 싶다며 순사에게 졸라 댔지만 순사는 들은 척도 하지 않았다. 새벽 4시까지 김찬규의 애원에 시달리다 못한 순사가 마침내 그를 데리고 화장실로 향했다. 순사가 자리를 비울 때만 기다리고 있던 이재유는 그들이 눈앞에서 사라지자마자 자리에서 일어났다. 준비해 두었던 열쇠로 족쇄를 풀고 마스크로 얼굴을 가린 다음 모자를 깊이 눌

러쓰고는 경찰서 정문으로 유유히 걸어갔다. 다른 순사가 변장한 그를 형사로 착각하고는 "이제 퇴근하십니까?"라고 인사하자 태연하게 "수고하오" 하고 대답하고는 경찰서를 빠져나와 택시를 탔다.

한참 후 이재유가 또 탈출했다는 사실이 밝혀지자 경성 시내 5개 경찰서에 비상이 걸렸다. 고등계 주임인 요시노는 직위 해제를 당했고 이재유에게는 500원의 현상금이 걸렸다. 경성 한복판에서 경찰의 엄중 감시를 뚫고 탈출한 이 사건은 큰 화젯거리가 됐고 탈출 방법을 두고 각종 추측이 난무했다.

❀ 일본인 미야케 교수,
　　이재유를 숨겨 주다

　　　　　　　　　　한편 탈출에 성공한 이재유는 어디로 갈 것인가 고민하다가 정태식의 소개로 몇 차례 만난 적이 있던 경성제대 미야케 교수의 동숭동 관사로 찾아가기로 결심했다. 미야케는 교수였지만 이재유가 '매우 전투적인 좌익 교수'라고 평가했을 만큼 투철한 일본인 혁명가였다. 하룻밤을 그 집에서 보낸 이재유는 미야케에게 다른 곳에 당분간 거처할 수 있는 집을 마련해 달라고 부탁했다. 하지만 탈출한 그를 잡기 위해 광분한 일경의 경계가 너무 삼엄해 한 발짝도 움직일 수 없는 상황이었다. 설상가상으로 동대문경찰서에서 미야케 교수의 관사에 대한 춘계 청결 검사를 4월 15일에 하겠다고 통지한 상태였다. 밖으로 나가지도 못하고, 경찰이 찾아오는데 관사 안에 있을 수도 없는 상황에서 미야케는 기상천외한 방법을 생각했다. 그 방법은 바로 토굴이었다. 그는 다다미방 아래에 혼자 누울 수 있을 정도의 굴을 파고 당분간 그 속에서 지내는 것이 어떻겠냐고 이재유에게 제안했다. 막다른 상황에서 체포를 피하기 위해 무엇이든지 할 수 있는 이재유였다. 가족들에게 들키지 않도록 조심스럽게 토굴을 판 이재유는 밤늦게 완성된 토굴 속으로 들어가 누웠다. 식사는 별도로 파 놓은 통풍구를 통해 넣어 주기로 하고 대소변은 구멍을 파 그곳에 본 후 흙으로 덮었다. 이튿날 경찰의 청결 검사는 무사히 통과했다. 경찰이 가고 난 후에도 이재유는 토굴 속에 머물렀으며 어느 정도 시일이 지난 뒤에는 가끔 밖으로 나와 미야케와 앞으로의 운동에 대한 협의를 하기도 했다.

그러나 굴 속 생활은 5월 21일 미야케가 연행됨으로써 38일 만에 막을 내리게 됐다. 먼저 정태식을 체포해 미야케와의 연관을 확인한 경찰은 미야케를 연행하기 위해 관사를 덮쳤다. 경찰은 이재유가 그곳에서 토굴을 파고 숨어 있으리라고는 상상도 하지 못했다. 미야케가 연행되는 소리를 들으며 이재유는 숨소리조차 내지 않고 토굴 속에 누워 있어야만 했다. 이윽고 일경이 모두 물러가자 그는 토굴 속을 나와 조용히 미야케의 관사를 벗어났다. 한편 서대문 경찰서로 끌려간 미야케는 하루만 시간을 주면 자백하겠노라고 했다. 하루가 지난 후 미야케는 이재유가 자신의 집에 숨어 있다고 자백했다. 뜻밖의 자백에 놀란 경찰이 관사를 다시 급습했지만 이재유는 벌써 사라지고 없었다. 또 이재유를 놓친 경찰은 미야케에게 그 분노를 쏟아 냈다.

몇 번이나 일경을 농락한 이 사건은 일제의 보도 통제로 인해 기사화되지 못하다가 1년 후인 1935년 8월 24일에서야 일제히 각 신문에 보도되면서 세간에 알려졌다. 사람들은 서대문경찰서를 탈출한 이재유가 숨어 있던 곳이 경성제대 교수의 집이었다는 사실에 '조선 공산 운동 사상 초유 사태'라며 흥분했다. 그 중심에 선 이재유는 '조선 공산 운동 사상의 일대 인물'이 되어 점점 신화적인 존재가 되어 갔다.

한편 이재유가 미야케 교수의 집에서 사라진 후 행적이 묘연하자 세간에는 그가 중국으로 도망했다느니, 소련으로 망명했다느니 온갖 추측이 난무했다. 하지만 그 추측을 비웃기라도 하듯 그는 경성 시내를 벗어나지 않은 채 무너진 경성 트로이카 조직을 복구하기 위해 분투하고 있었다.

❀ 아지트키퍼 박진홍과
사랑에 빠지다

미야케의 집에서 도주한 이재유는 약 2개월 동안 노동자로 생활하며 경찰의 추적이 잠잠해질 때까지 기다렸다. 그러는 동안 연행됐던 동지들이 하나 둘 풀려나기 시작했다. 이재유는 그 중 같은 고향 출신인 심계월을 만나 박진홍과 만날 수 있도록 해 달라고 부탁했다.

허정숙의 고향이기도 한 함북 명천에서 태어난 박진홍은 동덕여고보 재학 중에 '개교 이래 최고의 재원'으로 불릴 정도로 공부를 잘했으며 한때 문학가로서의 길을 꿈꾸기도 한 여성이었다. 4학년 때 동맹 휴업을 주도하다 끝내 퇴학당했으며 그 후 공장에 들어가 노동 운동을 할 정도로 열성적인 혁명가이기도 했다. 이재유가 일면식도 없던 박진홍을 만나고자 한 것은 이순금을 통해 운동에 대한 그녀의 헌신적 태도에 대해 얘기를 들었기 때문이었다.

8월 초순, 용두정 전차 정거장에서 박진홍을 만난 이재유는 그녀에게 자신이 안정적으로 운동을 하기 위해 필요한 아지트 키퍼를 구해 달라고 부탁했다. 당시에는 이사를 하게 되면 주재소에 신고를 하도록 되어 있었는데, 남성 혼자인 경우는 의심받기가 쉬웠다. 그래서 남녀 혁명가가 부부로 위장해 방을 얻어 같이 사는 경우가 많았다. 한 방에서 부대끼며 살다보면 자연스럽게 동지에서 실제 부부로 발전하기도 했고, 말 그대로 위장 부부로 끝나는 경우도 있었다. 이때 같이 사는 여성을 두고 '아지트 키퍼'라 불렀다.

이재유로부터 부탁을 받은 그녀는 다른 사람과 연락하기가 쉽지 않으므로 자신이 그 역할을 하겠다고 자청했다. 2주일 후 그들은 신당정에 방을 구해 동거를 시작했다. 이재유는 경성부청 토목과 측량기수인 노순길로 가장했으며, 박진홍도 이영숙이라는 가명을 사용했다. 주위의 의심을 받지 않기 위해 이재유는 실제 측량 기사처럼 오전 8시에 출근했다가 오후 4시에 퇴근하고, 가끔 측량 도구를 가지고 집으로 들어가기도 했다.

같이 살기 시작하면서 그들이 가장 신경 쓴 것은 경찰의 추적을 피하는 일이었다. 박진홍은 이재유가 검거됐던 원인으로 하부 조직원을 직접 만났기 때문이라고 비판하며 이후로는 그녀가 연락원 역할을 하기로 했다. 그리고 연락 때 주의해야 할 몇 가지 수칙도 정했다. 다른 사람을 만날 때 약속 시간에서 5분이 지나도 당사자가 나타나지 않으면 지체하지 않고 자리를 떠나기로 결정했다. 박진홍이 외출

했다가 돌아올 시간이 되면 이재유가 미리 집 밖에 나가서 그녀에게 미행이 있는지를 확인한 다음 집으로 돌아오는 등 경찰의 습격에 철저히 대비하기로 했다.

그렇게 동지로서 출발한 동거 생활은 얼마 되지 않아 부부 관계로 발전했다. 이 시기는 어느 때보다 힘든 시기였다. 같이 활동하던 동지들은 대부분 감옥에 있거나 전향을 선택했고, 새로 운동을 시작할 만한 동지를 포섭하는 것도 쉽지 않은 상황이었다. 힘든 시기에 박진홍의 존재는 이재유에게 크나큰 정신적 안정과 위안을 가져다주었다. 이순금과의 아주 짧은 동거 생활 외에는 고향을 떠난 이후 언제나 혼자만의 생활에 익숙했던 그는 자상하게 자신을 살펴 주는 박진홍에게 사랑을 느꼈다. 박진홍 또한 몇 년 동안의 수감 생활, 부모와의 대립으로 지친 몸과 마음을 위대한 혁명가와의 사랑을 통해 회복했다. 돈이 없어 추운 겨울에도 불조차 때지 못하고 지내기 일쑤였지만, 두 혁명가는 서로의 체온으로 따스함을 나누며 혁명의 끈을 놓지 않았다.

그렇게 몇 달을 지내던 사이 어느 날 박진홍은 자신이 임신했다는 사실을 알아차렸다. 그 순간 그녀의 머릿속에는 기쁨보다 걱정이 떠올랐다. 언제 체포될지 모르는 그녀에게 임신은 마냥 기뻐할 일만은 아니었다. 이재유에게 임신 사실을 말하자 그는 무거운 표정을 지은 채 조용히 박진홍의 손을 잡고 미안하다고 말했다. 남들처럼 단란한 가정을 꾸밀 수 없는 혁명가의 처지는 서글픈 것이었다. 아이도 그렇지만 박진홍의 장래 또한 걱정이었다. 그의 걱정은 머지않아 현실로 나타났다.

이 무렵 이재유는 이순금의 오빠인 이관술, 박영출과 함께 운동 방향을 논의한 후 기존의 '경성 트로이카'를 '조선공산당 재건 경성 재건 그룹'으로 조직명을 바꿔 활동하는 중이었다.

【박진홍을 붉은 악마의 꼬임에 걸려 감옥에서 썩는 재화라고 설명한 기사】여성을 주체로 보지 않는 시각을 드러내고 있다. 《매일신보》 1937년 4월 30일자

박진홍은 이 재건 그룹의 여성부 책임자격으로 활동하며 유순희, 이종희 등과 모임을 갖고 있었다.

✿ 박진홍, 임신한 몸으로 체포되다

1935년 1월 10일 독서회에 참석한다고 나간 박진홍이 약속한 시간이 지났는데도 돌아오지 않았다. 6개월 동안 함께 살면서 한 번도 없었던 일이었던 만큼 이재유는 그녀가 영영 집으로 오지 못할 것이라는 사실을 직감했다.

심계월의 집에 독서회가 열리게 된다는 것을 알고 형사대가 '잠복'을 하게 됐는데, 이것을 모르고 들어선 여자가 이재유의 애인이오, 동지였던 박진홍이었다. 그동안 박진홍은 심계월 등과 독서회를 조직하고 있으면서 이재유와 신당정 349번지 산 43호 윤진룡의 건넌방에 셋방살이를 했는데 이때 월세는

매월 3원씩이었고 박진홍은 차림이 촌부인 같아서 조금도 '뒤포'(연락원)같

지가 않았다고 한다. 여기서 둘이 동거하는 동안 이재유는 측량 기수로 혹은

야경으로 변장을 하고 출입을 하여 퍽 가난한 살림을 해 왔기 때문에 석 달치

나 방세가 밀렸었다고 한다.

―〈삼원 세방 극궁한 동서同棲〉,《매일신보》1937년 4월 30일자

그녀가 돌아오지 않자 이재유는 약속했던 대로 집 안에 있던 중요
문서들을 폐기하고 박영출의 하왕십리 집으로 향했다. 그 시각 경찰
에 연행된 박진홍은 임신 3개월의 몸임에도 불구하고 이재유의 거처
를 자백하라는 혹독한 고문에 시달리고 있었다. 그러나 '하루 동안의
시간 벌기' 약속을 지켜 사랑하는 남편을 도주시키기 위해 사력을 다
해 고문에 저항했다. 박진홍이 자백하지 않자 경찰은 용두정과 신당
정 일대를 샅샅이 뒤졌다. 밤새도록 600여 집을 수색할 정도로 기록
적인 작전을 펼쳤지만 경찰은 허탕만 치고 돌아갔다.

한편 박영출의 집으로 간 이재유는 그곳에서 이순금의 오빠인 이
관술, 박영출과 논의한 끝에 박영출이 신당정 집에 가서 박진홍의 검
거 여부를 확인하기로 했다. 아이까지 임신한 박진홍이 무사하기를
바라는 마음에서 이재유가 강력히 원했던 것이었지만, 그 확인은 무
모한 것이었다. 잠복해 있던 형사들에게 박영출마저 연행되고야 말
았다. 뜻밖의 인물을 검거한 일경은 분명 이재유가 어디에 있는지 알
고 있으리라 생각하고 야만적인 고문을 가했다. 하지만 박영출은 끝
내 함구무언했다. 이때의 고문으로 인해 그는 훗날 대전형무소에서
복역 중 사망하고 만다. 약속한 시간이 지났음에도 나타나지 않았다

면 박진홍이 체포된 것은 확실했음에도 불구하고, 아내에 대한 걱정과 연민이 다른 혁명가의 체포와 사망으로 이어진 것이었다. 체포된 후에도 태산과 같은 의지로 몇 번이나 탈출하며 운동에 대한 헌신과 열정을 꺾지 않았던 강철 같은 혁명가 이재유도 사랑하는 아내를 걱정하는 마음은 어쩔 수 없었던 것이다.

며칠 후 박진홍은 경찰서에서의 취조를 마치고 서대문형무소로 이송됐다. 어느덧 배가 많이 불러 와 뒤뚱뒤뚱 걷는 박진홍이 형무소 여사女舍에 나타나자 동덕여고보 동창생 이효정은 놀라움을 감추지 못했다. 어느 남자의 아이냐는 질문에 박진홍이 이재유의 아이라고 대답하자 그 놀라움은 더욱 커졌다. 박진홍이 이재유의 아이를 임신했다는 사실은 전 여사에 널리 퍼졌다.

이로 인해 서대문형무소 여사에서는 한바탕 소동이 벌어졌다. 다른 감방에 갇혀 있던 이순금이 임신 소식을 듣고는 흥분해 박진홍에게 소리를 질러 대자, 박진홍이 맞대응을 하면서 벌어진 소동이었다. 이재유와 잠시 동거하며 나누었던 사랑을 여전히 간직하고 있던 이순금에게는 박진홍이 그의 아이를 가졌다는 사실은 날벼락 같은 것이었다. 정 많고 눈물 많던 이순금은 어떻게 자기가 사

【박진홍, 이순금, 유순희가 레포의 배턴을 이어받았다고 보도한 기사】 이 기사에서는 오른쪽으로부터 유순희, 이순금, 이재유라고 설명했다. 《매일신보》 1937년 4월 30일자

랑하는 사람을 빼앗아 갈 수 있냐며 눈물을 터뜨렸다. 이순금과 이재유가 잠시나마 동거했다는 사실을 몰랐던 박진홍은 어리둥절했지만 곧 그 사실을 알게 됐다. 동덕여고보 시절부터 절친한 사이였던 그들은 졸지에 이재유를 사이에 둔 삼각관계가 됐다.

그러나 이재유는 훗날 경찰에 체포된 후 취조 과정이나 재판 과정에서 그녀들과의 관계를 전부 부인했다. 이러한 '이재유와 이순금, 박진홍의 연애 관계에 대한 이재유의 태도'는 이재유가 구속된 후 이관술을 중심으로 결성된 조직 내에서 비판을 받았다. 박진홍도 이재유가 대중의 신망을 잃는 발언을 했다고 비판하며, 만약 이순금이 다른 남성과 결혼한다면 자신도 이재유와의 관계를 청산하고 다른 남성과 결혼하겠다고 말했다. 끝까지 연적인 이순금과의 대립 관계를 놓지 않으면서도 절친한 친구이자 동지이기도 한 그녀에게 예의를 지키려는 모습이었다.

그해 6월 경 박진홍은 형무소에서 아들을 낳았다. 모진 고문과 열악한 식사 탓에 몸무게도 적고 체격도 왜소했던 아이는 윗입술이 갈라진 기형아로 태어났다. 비록 기형아이긴 했지만 이재유와의 관계에서 태어난 아이였으므로 그녀에게는 매우 소중한 아이였다. 박진홍은 아이에게 이철한 李鐵恨이라는 이름을 붙여주었다. 식민지라는 철창에 갇혀 있어 철창에 한이 맺혔다는 뜻이었다.

끝으로 재판장은 이재유와 동거 생활로 어린애를 낳게 됐는데 그 애는 지금 어디 있냐고 물은즉 피고는 비장한 얼굴로 그에 대해서는 더 묻지 말아 달라고 하면서 어린애는 지금 피고의 어머니 홍씨가 기르고 있다고 답변한 것을

끝으로 오전 십리는 마치게 됐다. …… 작년 1월에 박진홍은 철창 생활을 또
다시 하게 되어 예심 중에 박진홍은 죄 없는 제2세 이재유를 낳게 되어 제1세
는 땅 밑에서 암약을 하고 있는 대신에 제2세 이재유는 1년 동안을 감옥살이
를 하다가 지난 6월 30일에 박진홍의 어머니 홍씨가 기르기로 하여 출감하게
됐다 한다.

ー〈우정이 부부애로〉, 《동아일보》 1936년 7월 16일자

　박진홍이 1년 동안 형무소에서 키우던 아이를 어머니의 손에 넘긴
후 처음으로 보게 된 것은 1936년 7월에 열린 재판에서였다. 그녀는
어머니가 안고 온 아들을 꼭 껴안은 채 한참 동안 눈물을 흘렸다. 그
러나 그 만남이 아이와의 마지막이었다. 이재유와 박진홍의 유일한
혈육이었던 아이는 그해 가을 잦은 병치레 끝에 결국 죽고 말았다.

　그로부터 한 달 여 후 아이가 죽었다는 사실을 이효정을 만나 알게
된 이재유는 아무 말도 하지 않은 채 묵묵히 하늘만 바라보았다.
박진홍이 체포된 후 이재유는 이관술과 함께 경성 외곽에서 농사를
지으며 활동을 계속 하고 있던 중이었다. 수배 중인 몸이라 아이를
찾아가 보지도 못하고 신문에 실린 사진만 보았던 이재유는 가슴속
으로 슬픔을 추스를 뿐이었다. 그 순간만큼은 아이의 장례식조차
치르지 못한, 슬픔을 나누기 위해 아내를 만날 수조차 없는 비운의
아버지였다. 박진홍은 징역 1년 6월을 선고받고 복역 중이기 때문
이었다.

❀ 전향을 거부한 이재유,

　감옥에서 죽음을 맞다

　　　　　　　　　　1936년 12월 25일, 일경을 농락하며 신
출귀몰하던 이재유가 끝내 체포됐다. 당시 그는 새롭게 만난 서구원,
최호극과 함께 활동을 전개하고 있었는데, 12월 15일과 16일 잇달아
체포된 그들이 일경에게 이재유와 만나기로 했다는 사실을 털어놓았
다. 12월 25일 오전 11시에 이재유와 창동 인근의 산에서 만나기로
했다는 것이었다. 정보를 입수한 일경은 무려 30여 명의 형사들을 농
부, 장돌뱅이, 노동자로 변장시켜 약속 장소 근처에 잠복시켰다. 아
무것도 모른 채 약속 장소로 향하던 이재유는 잠복해 있던 형사들에
게 둘러싸여 무참하게 짓밟히며 연행됐다. 4개월 후 경찰의 취조가
끝나고 이재유 체포 소식이 해금되자 조선총독부 기관지인 매일신보
는 호외를 발행해 가며 이제 조선공산당 운동은 끝이 났다고 호들갑
을 떨었다. 특히 매일신보는 박진홍과 이순금을 등장시켜 그들의 운
동을 폄하했다.

어떠한 '로맨스'를 물론하고 그 '로맨스'의 그늘에는 언제나 '녀성의 존재'라
고 하는 것이 주제主題가 되어 있으며 어떠한 사건에든지 여자의 '존재 가치'
가 인정되는 만큼 이번 이재유 사건에 관련해서도 이재유를 싸고도는 '삼인
녀三人女'의 존재라고 하는 것은 자못 크다고 아니할 수 없다. 물론 이재유를
중심으로 여러 사건을 전후해서 삼몽녀三夢女의 활약이라는 것은 자못 뚜렷
했고 또한 미묘한 관계까지 있었던 만큼 이재유 한 사람에 대한 삼인녀의 '뇌
모', '하우스키퍼' 또는 유일한 투쟁의 반려자인 '해인'으로서의 이들의 투지

와 애정은 남에게 지지 않는 바가 있었다. 즉 이재유가 1932년 말 출옥한 이후 반제 동맹 운동과 적색 노동조합 조직에 있어 교묘하게 이용을 한 여성으로 그 첫째가 이순금, 그 둘째가 박진홍, 그 셋째가 유순희의 세 사람이었다.

－〈삼전三傳된 레포 바통, 사상선상思想線上의 애욕화〉,

《매일신보》1937년 4월 30일자

유순희는 실제로 이재유와 동거한 적이 없기 때문에 유순희를 이재유의 레포이자 애인으로 쓴 것은 오보이다. 이재유와 그의 애인들을 교묘하게 연결시켜 사람들로 하여금 사회주의자들이 여성을 이용한다는 생각을 갖게 한 매일신보의 보도 논조는 해방 후까지 이어졌다. 해방 후 최초의 반공 검사로 이름을 날린 오제도는 여기서 더 나아가 빨갱이들이 성을 이용해 여성들을 포섭한다는 내용을 조작, 발표해 세상을 깜짝 놀라게 했으며, 1980년대 보수 신문들은 운동권 남녀 학생들이 성을 혁명 도구화한다고 악선전했다. 김원주와 나혜석이 살아서 그 기사를 보았다면 "뭘 그 정도 가지고"라며 코웃음 쳤을 일이었다.

[박진홍의 어머니 홍씨가 손자 이철한을 안고 박진홍의 공판정에 나온 사진] 《동아일보》 1936년 7월 16일자

이재유가 체포되고 5개월 후인 1937년 5월 박진홍이, 그로부터 2개월 후에는 이순금이 형을 마치고 출소했다. 둘 중에 이재유를 면회하며

일용품 차입 등 옥바라지를 담당한 것은 박진홍이었다. 그러나 그들은 다시는 감옥 밖에서 만나지 못했다. 징역 6년을 선고받고 복역하던 이재유는 1943년에 만기가 됐으나 전향을 거부했고 일제는 그를 석방하지 않았다. 해방을 10개월 앞둔 1944년 10월 26일, 폐결핵을 앓던 이재유는 청주예방구금소에서 41세의 나이로 사망했다. 훗날 그가 살아 있었다면 조선 혁명 운동의 판도가 달라졌을 것이라는 평이 나올 정도로 이재유는 1930년대 좌익 운동의 신화였다.

❀ 박진홍, 김태준과
부부가 되어 망명하다

1944년 10월 9일, 박진홍은 경성콤그룹 사건으로 체포됐다가 네 번째 옥살이를 한 후 출소했다. 오랫동안의 수감 생활로 인해 건강이 악화됐지만 박진홍은 출소하자마자 운동을 재개하기 위해 노력했다. 하지만 같이 활동할 사람을 찾기는 쉽지 않았다. 이순금이 광주의 벽돌 공장 노동자로 있던 박헌영과 연락하며 운동을 펼치고 있었지만, 일경의 추적을 피해 은신하며 다니던 터라 찾는 것이 쉽지 않았다. 그러다 찾아간 사람이 경성콤그룹에서 같이 활동했던 김태준이었다.

김태준은 1930년 경성제대 재학 시절에 동아일보에 〈조선 소설사〉라는 뛰어난 고전문학 연구 논문을 연재해 학계를 놀라게 했던 인물이었다. 그 실력을 인정받아 조선인으로서는 이례적으로 1939년에 조선 문학을 강의하는 경성제대 강사가 됐다. 재학 시절부터 사회주의 사상을 공부했던 그는 1940년 경성콤그룹에 가담해 얼마 활동하지도 못한 채 1941년에 체포돼 병보석으로 석방되기까지 3년여 동안 감옥살이를 했다. 형무소에 있는 동안 노모와 아내, 그리고 갓난아이까지 잃은 김태준은 출소 후 민족과 가족의 원수인 일제와는 도저히 같은 하늘 아래 머리를 두고 살 수 없다며 혁명가로서의 삶을 선택했다. 경성 시대 최고의 지성으로 꼽히던 위대한 학자가 직업 혁명가가 된 것이었다.

박진홍을 만난 김태준은 처음에는 존경심을, 나중에는 사랑을 느끼게 됐다.

> 그때에 마침 박헌영 동지의 거처를 찾는 박진홍 동지가 있었다. 그는 나와 동일한 사건 때문에 투옥돼 있다가 나온 지 몇 날도 되지 않아서 나를 찾았다. 얼굴이 붓고 다리가 부어 있음에도 불구하고 일제의 치안유지법 4범四犯의 경력을 가진 그는 아직도 투지가 왕성한 데 나는 놀랬다. 나는 그가 한 개의 연약한 여자의 몸으로 그렇게 용감하게 싸워왔다는 데서 무한한 존경을 하게 됐고 그 후 몇 차례 접촉하는 동안에 그 존경은 사랑의 감정으로 변질됐다.
>
> ─〈연안행〉, 《문학》 1946년 8월호

김태준과 만나며 운동 계획을 논의하기 시작한 지 얼마 지나지 않아 박진홍에게 이재유가 사망했다는 소식이 전해졌다. 아들에 이어 남편까지 잃은 그녀는 슬픔과 절망에 잠겼다. 하지만 날로 그악스러워져 가는 일제의 탄압과 감시는 그녀가 마냥 슬픔에 젖어 있도록 내버려 두지 않았다.

얼마 후 공산주의자협의회에서 활동 중이던 김태준에게 일제의 수배령이 떨어졌다. 이 사실을 김태준의 집에 갔다가 알게 된 박진홍은 김태준을 데려다 자신의 집에 숨겨 주었다. 그렇게 결혼식조차 올리지 못한 그들의 부부 생활이 시작됐다.

한편 공산주의자협의회에서는 소련과 옌안에서 무장 투쟁을 하고 있던 김일성, 김두봉 등을 만나 국내에 대한 군사 정책을 세우기로 결정했고, 옌안 쪽 책임자로 결정된 김태준은 고국을 떠나 중국 옌안으로 가기로 결의했다. 옌안은 중국 공산당이 대장정 끝에 도착해 활동 근거지로 삼고 있는 지역으로 중국 내륙 깊숙이 위치한 곳이었다. 이 사실을 박진홍에게 말한 김태준은 그녀에게 같이 가자고 요청했다. 마침 예전에 같이 활동하다 전향한 한 남성이 박진홍에게 구혼했는데 이를 거절하자, 보호 관찰소에서 왜 결혼하지 않느냐며 여러 가지로 협박을 하던 차였다. 여차하면 다시 체포될 수도 있는 상황이었다. 그녀는 김태준과 같이 옌안으로 떠나기로 결정했다.

1944년 11월 27일. 출발할 날짜를 정하고는 김태준은 여비 마련을 위해 학자로서 20여 년 동안 수집했던 고서들과 집을 팔았다. 그리고 당시 삼엄한 일제의 감시와 국경 수비를 뚫고 옌안까지 무사히 들어가기 위한 밀행로를 미리 파악해 두었다. 김태준이 수배 중이었으므로 둘이 함께 떠나면 위험할 수도 있기 때문에 박진홍은 하루 전날 먼저 경성을 떠났다.

다음 날 김태준은 대학 병원 조수로 일하던 사위의 신분증과 청진기, 의학 서적 등을 이용해 의사로 변장하고 경성역으로 향했다. 그러나 경성역에서부터 출발이 순탄치 않았다. 그의 얼굴을 아는 형사가 대합실에서 들고 나는 사람들을 살펴보고 있었다. 김태준은 사위가 형사의 시선을 다른 곳으로 돌리는 동안 후문으로 들어가서 숨어 있다가 신의주행 북행 열차에 올라탔다. 악마 같은 일제의 탄압과 감시에 고통받는 민족을 등지고 고국산천을 떠난다는 생각에 눈물이 흘렀다.

기차가 안주를 지났을 때 이동 경찰대의 검문이 있었지만 준비해 간 사위의 신분증으로 아무런 의심도 받지 않았다. 신의주까지 가지 않고 비현역에 내린 그는 전날 출발했던 박진홍이 머물고 있는 집으로 찾아갔다. 무사히 김태준을 만난 박진홍의 눈에는 광채가 빛났고 얼굴에는 기쁨이 가득했다. 그곳에서 하룻밤을 지낸 그들은 다음 날 신의주를 거쳐 압록강을 건넜다. 국경에서의 검문은 수월하게 통과했으나 만주를 거쳐 옌안으로 가는 길은 험난함 그 자체였다.

펑톈에서 만난 홍씨는 김태준과 박진홍 부부의 망명 여행을 두고 "여행 형태로서는 최대의 로맨티시즘"이라는 농담을 했다. 하지만 10년 동안의 형무소 생활과 고문으로 인해 병든 몸을 이끌고 전장을 통과해야 했던 박진홍은 이후 여러 차례 죽을 고비를 넘겨야 했다. 로맨티시즘과는 거리가 먼 여행이었던 것이다.

펑톈을 떠나 도착한 진저우에서는 일제 경찰이 '진저우 경찰서의 위치'까지 물으면서 집요한 추궁을 해 왔다. 그나마 미리 시가지를 둘러보고 주요 건물의 위치를 외워 둔 덕분에 무사히 검문을 벗어날 수 있었다. 싱청에서는 여행증을 마련하지 못해 열흘이 넘도록 머물러 있어야만 했다. 간신히 마련한 가여행증을 가지고 일본인 장사치로 위장한 부부는 싱청을 떠나 첸소로 향했다. 자정 무렵에 첸소에 도착해 소개받고 찾아간 조선 동포는 경찰에 신고하겠다며 노골적으로 돈을 요구했다. 그 바람에 박진홍은 가지고 있던 옷과 시계까지 끌러 주어야 했다. 김태준, 박진홍 부부는 우여곡절 끝에 그 동포로부터 산하이관까지 타고 갈 수 있는 나귀를 받고 산하이관을 무사히 통과할 수 있는 방법을 알아냈다. 부부는 배급 행렬에 끼어 만리장성 동쪽 끝에 위치한 천혜의 요새이자 만주국과 중국과의 경계에 위치한 산하이관을 아무런 의심도 받지 않고 통과했다. 그렇게 산하이관을 통과해 도착한 친황다오에서는 새벽 4시에 출발하는 기차를 기다리기 위해 스파이로 몰리지나 않을까 하는 공포에 떨며 대합실에서 하룻밤을 지샜다.

새벽 4시, 마침내 기차를 탄 그들은 톈진과 베이징을 거쳐 왕두역에서 내렸다. 왕두에서부터는 걸어서 목적지인 리자좡까지 이동해야 했다. 리자좡은 일본군과 팔로군의 경계 지역에 위치한 마을로 그곳까지만 가면 팔로군과 만날 수 있었다. 하지만 치열한 전쟁으로 인해 일본군의 경계가 삼엄했다.

왕두역에 내리자마자 일본 헌병이 승객에 대한 일제 검문을 실시했다. 김태준과 박진홍은 슬그머니 뒤로 빠져나와 큰길로 나섰다. 컴컴한 밤중에 길을 찾는 것은 쉬운 일이 아니었다. 어쩔 수 없이 그들은 사람들을 피해 길 옆 웅덩이 속에 엎드려야 했다. 숨조차 크게 쉬지 못한 채 김태준은 하늘에 떠 있는 차가운 별들을 바라보며 '우리 부부의 운명은 어찌될 것인가' 하고 스스로에게 물어보면서 상념에 잠겼다. 그렇게 엄습해 오는 추위를 견디며 새벽까지 숨어 있다가 날이 밝은 후에야 길을 찾아 나섰다.

미리 알아둔 대로 탕현 가는 길을 찾아 접어든 지 얼마 안 되어 큰 토치카를 발견했다. 이미 토치카에 있던 병사들도 그들을 본지라 되돌아갈 수도 없었다. 부부는 천연덕스럽게 토치카로 다가갔다. 수십 명의 군인이 길을 막고 검문하기 시작했다.

"어디서 오는 사람이야"

"톈진 숙위로 X번지 XXXX."

명함을 내보이면서.

"무엇하러 가는가?"

"탕현에 양피 장사 동업하는 사람이 하나 있는데 수 개월 전에 양피를 수집해 달라고 돈을 주었는데 도무지 소식이 없길래 들렀다가 가려고 하는 게요."

"양피 가격은?"

"톈진 시세는 1장 X원, 탕현 시세는 1장 X원, 한 장에 X원씩은 남습니다."

가장 열렬한 장사치의 어조로.

헌병은 몸 검사를 한다. 아무리 뒤져도 별로 신통한 소득은 없는 모양. 김휘명 씨의 집에서 얻어 넣은 베이징 방면 왜놈 군대 장교의 명함이 약 30매 가량 들어 있는 것을 보더니 다시 더 검사하지 않고 통과시킨다. 이와 같은 토치카가 50리 사이에 열네 개 나왔다. 한 개의 토치카를 지나갈 적마다 간이 마르고 창자가 녹는다. 더구나 박진홍이 발이 부르터서 잘 걷지도 못하니, 내 속 서러움을 호소할 데가 없었다.

— 〈연안행〉, 《문학》 1946년 9월호

톈진에서 만난 김휘명의 도움을 받아 양피 장사로 위장한 것이 효과를 발휘했다. 가슴을 졸이며 쉬지 않고 걸어 탕현에 도착한 부부는 성내에서 우동으로 점심을 때우고는 탕현 동문으로 나갔다. 리자창으로 가기 위해서는 남문으로 가야 했으나 헌병에게 의심받지 않기 위해서 일단 왕두 방향인 동문으로 나섰다. 부부는 동문에서 수천 미터쯤 걸어가다가 갑자기 방향을 바꾸어 서남쪽 방향으로 달리기 시작했다. 뒤에서는 헌병이 따라오는 것 같기도 하고, 남문 위에 있는 기관총이 당장이라도 자신들을 조준해 사격할 것 같은 느낌이 들었다. 죽음을 각오한 모험이었다. 여행 내내 발이 아파 제대로 걷지 못하던 박진홍도 이때만큼은 모든 아픔을 잊고 죽기 살기로 남편을 쫓아 달렸다. 그렇게 밭으로, 두렁으로 서남쪽 하늘만 바라보고 몇 리를 뛰어갔다.

기관총이 보이지 않을 정도로 무성한 버드나무 숲에 도착해서야 부부는 달리기를 멈추었다. 얼마쯤 걸으니 리자창 입구가 보였다. 그런데 입구에는 정복 차림의 청년들이 서서 경비를 서고 있었다. 신경이 바싹 곤두선 상태에서 그들을 본 부부는 일본 헌병이라 판단했다. 박진홍은 다시 돌아서서 달리자고 했으나, 김태준은 "기왕 왜적에게 발견된 바에아 도망해시 될 일이요?" 하며 우선 일본 헌병인지 중국 팔로군 민병인지 확인해 보자고 했다. 김태준의 주장대로 가까이 다가가서 보니 민병이었다.

기쁜 마음으로 마을로 다가가자 삽시간에 수백 명의 주민들이 에워싸고는 고함을 지르며 누구냐, 누구를 찾아왔느냐며 붙잡으려고 했다. 최낙아 노인을 찾아왔다고 대답하자 한 중국 청년이 글로 쓰라고 명령했다. 김태준은 만년필을 꺼내 장천상의 소개로 왔다며 같이 원수 왜놈들을 때려 쫓아내자고 썼다.

잠시 후 나온 최낙아 노인은 그들을 데리고 자신의 집으로 향했다. 그곳에서 따뜻한 환대를 받으며 저녁을 먹은 후 노인의 안내로 팔로군이 있는 곳으로 발걸음을 옮겼다. 팔로군 정치 공작원의 심사를 거쳐 간첩이 아님을 확인받은 후 일본군의 손길이 미치지 않는 안전한 곳으로 이동했다.

한 달이 넘는 여행 끝에 안전한 팔로군 지역에 도착한 부부는 중국인들의 따뜻한 환대를 받고 다시 일제에 대한 저항 의지를 다지며 혁명가로서의 모습을 되찾아 가고 있었다. 환영식이 끝나자 팔로군 정치 공작원이 전날 머물렀던 최낙아 노인의 집을 일본군이 습격했는데 아무런 사고도 일어나지 않았다고 전해 주었다. 둘은 최낙아 노인에게 미안함을 느끼면서도 한편으로는 거기서 밤을 보냈으면 잡힐뻔했다는 생각에 가슴을 쓸어내렸다.

그렇게 안전한 팔로군 해방구로 들어간 부부의 고생은 그때부터 본격적으로 시작됐다. 최종 목적지인 옌안까지는 아직도 머나먼 길이 남아 있었다. 더구나 그때부터 본격적인 겨울의 시작이었다. 일본의 침략 전쟁과 물자 공출 등으로 인해 주민들조차도 제대로 먹지도 못하고, 불조차 때지 못하고 지내던 시절이었다.

부부는 팔로군의 호위를 받으며 험준한 산악 지대를 통해 옌안으로 이동하기 시작했다. 건강이 좋지 않은 박진홍은 나귀를 타고 이동했으나 나귀를 처음 타 보는 탓에 몇 차례 떨어지기도 했으며 어지러움을 느껴 실신하기도 했다. 그렇게 여행한 지 3일째 되는 날, 이들 부부 사이에 연애를 둘러싼 일대 논쟁이 벌어졌다.

박진홍이 영국 황제가 심프슨 부인을 사랑한 것을 극도로 예찬하는 나머지, 그것을 마치 박진홍은 내가 너무도 이지적이어서 애정의 세계를 이해 못한다고 야유하는 것 같이 들렸기 때문에 내가 박진홍의 연애지상주의에 일격을 가하자 박진홍은 나에게 적당한 비례로 이지理智와 감정이 그리고 애정이 계급적으로 통일된 부부 생활이 아니면 참다운 부부 생활이라고 할 수 없는 것이고, 적어도 박진홍의 요구하는 나는 좀 더 풍부한 정서가 없으면 안 된다는 것이다. 그러면서 나의 봉건적 이념에 사로잡힌 생활과 표정의 결핍이 박진홍에게 접수되지 않는다는 것을 말했다.

－〈연안행〉, 《문학》 1946년 10월호

한문학자의 집에서 태어나 어릴 적부터 한문을 배웠으며 스스로에 대해 '한문에 중독된 사대주의자'라고 평가할 정도로 보수적이면서 엄격했던 김태준에게 박진홍은 좀 더 따뜻한 애정 표현을 요구했다. 그렇게 사랑 논쟁을 하면서, 배고픔과 추위에 허덕이면서, 일본군의 추격에 쫓기면서 그들의 옌안행은 계속됐다.

1월 23일, 함박눈이 쏟아지고 바람이 거세게 불어오는 가운데 이른 아침부터 행군이 시작됐다. 눈이 쌓여 있는 높은 산을 몇 개나 넘으면서 배고픔을 달래기 위해 눈을 집어 먹었으나 오히려 허기를 부추길 뿐이었다. 밤 9시경 박진홍이 산마루턱에서 쓰러졌다.

"더 갈 수 없으니 나는 당신과 여기서 결별해야겠어요. 당신은 혼자 고국에 가서 이 진상을 동지들과 어머니께 알려 주길 바라요."

자신도 배고픔과 추위에 지쳐 주저앉고만 싶던 김태준은 쓰러진 박진홍을 일으킬 생각은 하지 않고 그녀를 쳐다보면서 생각에 잠겼다. 박진홍을 버리고 그냥 가고 싶은 이기적인 생각도 들었다. 그러나 감옥에서 나온 지 40여 일밖에 안 되어 퉁퉁 부은 다리가 회복되지도 않은 그녀를 데리고 온 책임을 져야 했다. 이름 모를 산중에 그녀의 시체를 남겨 두고 갈 수는 없었다. 박진홍의 몸을 만져 보니 가슴과 배엔 아직 더운 기운이 남아 있었다.

일행은 벌써 그들을 남겨 둔 채 어디로 사라졌는지 보이지도 않았고, 지척을 분간할 수가 없을 정도로 어두웠다. 김태준은 용기를 내서 박진홍을 등에 업고 20리 정도의 산길을 허둥지둥 걸어서 내려갔다. 산 중턱에 있는 조그만 마을에 도착해 보니 일행이 머물고 있었다. 먼저 도착한 사람들이 지어 둔 감자밥을 먹고 박진홍은 다시 기운을 차렸다. 부부는 이렇게 또 한 번의 죽을 고비를 넘겼다.

머나먼 이국땅에서 갖은 고생을 겪어 가며 계속된 행군 끝에 봄기운이 완연한 1945년 4월 드디어 옌안에 도착했다. 그들은 옌안에서 허정숙과 최창익이 속해 있는 조선독립동맹의 우대를 받으며 조선 혁명가를 양성하는 조선혁명군정학교에서 몇 차례 조선 정세에 대한 강의를 한 것을 제외하고는 특별한 활동을 하지 않고 지냈다. 옌안행의 목적이 김두봉과 김일성을 만나 국내 진입 작전을 논의하기 위한 것이었으므로 김태준은 전투 훈련을 받지는 않았다.

그러던 중 박진홍이 아이를 가졌다. 이재유와의 사이에서 만들어진 아이는 감옥에서 낳았는데, 이번 아이는 혁명가 어머니를 둔 탓에 외국에서 태어나야 할 운명이었다. 그해 8월, 그들은 고문과 징역살이에도 굴하지 않고 싸우며 희망을 잃지 않았던 조국의 독립을 맞이했다. 어렵게 옌안을 찾아온 지 얼마 되지 않았지만 다시 해방 조국으로 가는 길을 서둘러 준비해야 했다. 조선독립동맹과 함께 조선으로 돌아가는 길도 험난하긴 마찬가지였다. 전쟁이 끝났다고는 하지만 아직 투항하지 않은 일본군 잔병과의 잦은 전투를 치르며 그들은 펑톈으로 향했다.

출발할 때 이미 만삭의 몸이었던 박진홍은 르허성 람핀에서 아들을 출산했다. 첫 번째 아들과는 달리 건강한 아들이었다. 이름은 김세연이라 지었다. 돌림자인 '세'자에 옌안에서 낳았다는 의미인 '연'자를 합해 지은 이름이었다. 하지만 산후 조리를 하고 있을 여유가 없었다. 김태준은 들것을 준비해 아내와 갓난아이를 싣고 고국행을 재촉했다. 3개월여의 귀국길을 거쳐 11월 초 김태준과 박진홍은 드디어 해방된 경성으로 돌아왔다. 옌안으로 떠난 지 1년 만에 다시 돌아온 것이었다.

귀국하자마자 그들은 열정적으로 혁명 운동과 새로운 조국 건설 운동에 동참했다. 박진홍은 산후 조리를 제대로 하지 못해 결리는 가슴을 안고 조선부녀총동맹에서 문교부장을 맡았으며, 김태준은 조선공산당 서기국원 및 민주주의민족전선의 문화부 차장 등을 맡았다. 박진홍은 귀국 직후 독립신보와 가진 인터뷰에서 혁명가 가정의 모습과 그녀가 지닌 프롤레타리아 가정관을 설명했다.

부부가 이러고 다니느라 가정적인 단란한 맛은 통 없어요. 동덕 때부터 난 문학소녀였고 사회 생활이란 그리 오래되지 못했어요. 10년의 감옥 생활을 빼면 이제 겨우 스물세 살이니까요. 그래서 이따금씩 꿈을 그리다가 현실 앞에 깜짝 놀라곤 해요. 가정은 퍽 민주적이긴 합니다. 서로 다 혁명 운동에 이해가 있지요. 그러나 집사람도 봉건 의식이 조금은 남아 있어요. 내가 무얼 쓰면 여자가 저런 걸 다 쓴다고 퍽 신기하게 여겨요. 호호호호. 우리 부녀 운동이 물론 봉건 도덕에 얽매여 버리는 극우적인 현상도 잘못이지마는 너무 가정을 경멸, 파괴하고 남편을 투쟁 대상으로 삼는 것은 극적인 오류요. 현 단계에 있어서는 부부가 단결해서 혁명의 기초가 돼야 할 줄 압니다.

－〈여류 혁명가를 찾아서 3〉,《독립신보》1946년 11월 15일자

남편을 '집사람'이라고 부르는 것이 이채로운 이 인터뷰에서 박진홍은 극좌와 극우를 모두 배격하는, 혁명 이론에 입각한 가정관을 보여주고 있다. 단란한 맛이 없다고 투덜대긴 했지만 행복했던 가정생활은 3년 후 남과 북으로 갈린 조국의 운명처럼 산산이 부서지게 된다.

✺ 남에서 사형당한 김태준, 북에서 숙청당한 박진홍

1948년 박진홍은 남조선노동당이 불법화돼 탄압이 극심해지자 삼팔선을 넘어 북으로 향했다. 그리고 9월에 열린 조선민주주의인민공화국 제1기 최고인민회의 대의원으로 선출된 이후 그녀의 행적은 어느 기록에도 나타나지 않고 있다. 대대적인 남로당파 숙청 때 죽은 것으로 추정되고 있을 뿐이다.

한편 박진홍과 헤어지고 남한에 남은 김태준은 남로당 문화부장을 맡아 문화 공작대를 조직하는 활동을 하다 1949년 7월 26일 서울시경에 체포됐다. 두 달 후, 그는 공개 군법 회의에서 사형을 선고받았

다. 전향만 하면 살아남을 수 있었으나 그는 공개적으로 전향 의사를 표시하지는 않았다. 하지만 '앞으로 용인된다면 대한민국을 위해 상아탑에서 고전을 정리, 고증하는 일들을 하겠다'는 의사를 피력했다. 이승만 정권이 원했던 공개적이고 명백한 전향 표시에 비하면 매우 부족하고 애매한 의사 표현이었다. 결국 그는 체포된 지 3개월 만에 수색의 군 처형장에서 총살형에 처해졌다.

잔악한 일제 통치하에서도 굴하지 않았고 조국의 독립을 위해 고통스러운 옌안행도 마다하지 않았던 혁명가 부부는 분단된 조국에서 형장의 이슬로 사라졌다. 그리고 그 아들의 행방은 지금까지도 밝혀지지 않고 있다. 비극으로 끝난 이 부부의 사랑은 옌안에서 돌아와 김태준이 《문학》지에 투고해 남긴 〈연안행〉을 통해 '일제하 운동사상 가장 낭만적인 로맨스'로 전해지고 있다.